普通高等教育“十二五”规划教材

连锁经营类教材系列

连锁超市经营管理

（修 订 版）

姜登武　张　梅　主　编

李玉霞　韩玉凤　副主编

科 学 出 版 社

北　京

内 容 简 介

本书以“理论上够用，突出培养实践能力”为原则，结合编者多年的教学和工作实践经验，并吸收了国内外学者的论著精华编写而成。

本书主要阐述了连锁企业的产生与发展、零售业态与目标市场定位、连锁超市开发决策及其卖场设计；连锁超市的商品策略、价格策略和促销策略；连锁超市的物流系统管理、服务管理、人力资源管理、信息管理和财务管理。每章开头附有“学习目的与要求”、“导入案例”，每章之后都附有“复习思考题”和“案例分析”，以供读者学习与参考。

本书体例新颖、内容清晰、实用性强，推荐课时为72学时，可作为高等院校及高职高专连锁经营管理、市场营销、电子商务、物流管理等相关专业的专业基础课教材，也可作为连锁企业及其他零售企业的培训教材。

图书在版编目（CIP）数据

连锁超市经营管理/姜登武，张梅主编. 一北京：科学出版社，2010
（普通高等教育“十二五”规划教材·连锁经营类教材系列）
ISBN 978-7-03-014961-9

Ⅰ. 连… Ⅱ. ①姜… ②张… Ⅲ. ①连锁商店-商业经营-高等学校：技术学校-教材 ②连锁商店-商业管理-高等学校：技术学校-教材 Ⅳ. F717.6

中国版本图书馆CIP数据核字（2005）第008071号

责任编辑：任锋娟 / 责任校对：柏连海
责任印制：吕春珉 / 封面设计：一克米工作室

科学出版社 出版
北京东黄城根北街16号
邮政编码：100717
http://www.sciencep.com
北京中科印刷有限公司 印刷
科学出版社发行 各地新华书店经销
*
2005年3月第 一 版 开本：787×1092 1/16
2021年8月修 订 版 印张：20
2021年8月第十六次印刷 字数：474 000

定价：52.00元

（如有印装质量问题，我社负责调换〈中科〉）
销售部电话 010-62134988 编辑部电话 010-62138978-2015（VF02）

前　言

连锁经营的出现，是我国流通业的一次革命，也是我国未来零售业发展的航标。连锁超市诞生于美国，由于其经营模式不受国家和地区的限制、不受民族和文化传统的限制、不受行业的限制、不受零售业态的限制，所以一经出现便很快传遍了整个世界，在一切具备条件的地方和领域形成了规模化发展。

近几十年来，我国连锁经营取得了令人瞩目的成绩，但是与发达国家的连锁企业相比，我国的连锁企业无论在销售规模、行业市场集中度上，还是在信息化管理水平以及物流基础设备上，都存在着较大的差距。随着竞争的加剧，国际零售业巨头沃尔玛、家乐福、麦德龙等纷纷涌入中国市场，对我国的零售企业已经形成巨大的冲击。借鉴世界 500 强连锁企业先进的管理理念、管理模式、先进技术及其灵活的经营方式，对我国零售业的繁荣和发展，具有深远而现实的意义。

为了满足高等院校连锁经营管理人才培养的要求，作者在充分调研与实践的基础上编写了本书。全书分为十一章，主要阐述了连锁企业的产生与发展、零售业态与目标市场定位、连锁超市开发决策及其卖场设计；连锁超市的商品策略、价格策略和促销策略；连锁超市的物流系统管理、服务管理、人力资源管理、信息管理和财务管理。本书配备了大量的图表，并在每章开头附有“学习目的与要求”、“导入案例”，每章之后都附有“复习思考题”和“案例分析”，以供读者学习与参考。

本书的作者来自西安欧亚学院，他们都是连锁经营管理教学一线的教师和专家，不仅具有丰富的教学经验，而且由于深入到连锁企业一线，还积累了大量的实际工作经验，为提高本书的编写质量奠定了坚实的基础。具体分工如下：韩玉凤编写第一、三、四、五章，孙晶编写第二章，李玉霞编写第六、七、八、九、十章，张梅编写第十一章。

由于时间仓促，加之作者水平有限，书中疏漏与不足之处在所难免，敬请广大读者批评指正。

目　录

第一章

概　论

【学习目的与要求】

本章主要阐述连锁超市的产生与发展过程，商业零售业态与业种，超市的功能特点和目标市场定位策略及超市的连锁经营等内容。要求学生了解零售业的三次革命、连锁超市的产生与发展历程以及各种零售业态的含义与未来发展趋势。着重理解超级市场的特征，各种超市业态的功能特点和目标市场定位策略，连锁经营的概念、本质特征和特点以及连锁经营的优势和作用。掌握为什么发展超市必须实行连锁经营及连锁超市经营管理应注意的一些问题。

导入案例

人人乐连锁商业集团股份有限公司的经营

人人乐连锁商业集团股份有限公司（以下简称人人乐）是一家优秀的民营零售连锁企业，自1996年成立至今，人人乐已经快速成长为中国30强零售连锁企业品牌之一。从深圳到华南、西北、西南、华北，截至2008年12月，人人乐在全国20多个市级以上城市，已拥有经营门店81家，签约门店100多家，员工人数超过1.8万人，2008年销售额突破100亿元；自2002年以来，连续6年荣获中国企业500强、中国服务业企业500强；连续5年荣获深圳市100强企业、深圳商贸流通企业20强。2007年荣获中国服务业企业500强；中国连锁企业30强。

人人乐主营大卖场、社区超市和百货三种业态；同时针对细分市场，人人乐首创了“大卖场＋大百货”的卖场格局，并逐步加以完善，形成了“大型超市、大型百货、大超市＋大百货、大超市＋小百货、小超市＋大百货、中型超市、社区超市”七种混合零售业态的基本产业业态。人人乐坚持“为顾客创造服务、为员工创造机会、为社会创造财富”的经营理念，以“为顾客提供整洁的环境、优质的商品、实惠的价格、快捷的服务”为己任，多种业态优势互补，为消费者提供高质、超值、安全的商品与服务，最大限度地满足消费者的各种购物需求。

人人乐，一个在与世界零售巨头近距竞争中成长起来的民族企业，一个以满足大众生活需求为己任的优秀零售企业，以不断勇于竞争的精神不断开拓，以不断超越自我为宗旨，用心打造着一个优秀的民族商业品牌。

（资料来源：http://report.stockstar.com/info/Darticle.aspx?id=SS,20100113,30066916&columnid=3947&pageno=2）

第一节　连锁超市的产生与发展

一、零售业的五次革命

1. 第一次零售革命：百货商店的兴起

1852年，法国人A. 布西哥在法国巴黎开创了一家“博马尔谢”（Bon Marche）商店，这是世界商业史上第一家实施新经营方法的百货商店。学术界称其为现代商业的第一次革命。

百货商店实行明码标价和商品退换制度；店堂装饰豪华，顾客进出自由；

店员服务优良，对顾客一视同仁；商场面积巨大，陈列商品繁多，分设若干商品部，实施水平一体化管理等。

百货商店以其规模大、品种全、设施好、定时定位、系列服务和明码实价的经营方式，改变了历史上传统的小商贩、杂货店等讨价还价、一物多价、经营时间和地点变换的状态，使零售业经营由“贱买贵卖”、掠夺产销的小商人经营，转变为以大生产为基础、实行等价交换的大商人经营。提倡为社会服务、创造最佳职业道德成为新商人的经营宗旨。现在看来，百货商店的经营方式是一件十分平常的事情，但在当时却是零售业经营管理上的根本性革命。

2. 第二次零售革命：连锁商店的出现

1859 年世界上第一家现代连锁店产生在美国纽约，由乔治·F. 吉尔曼和乔治·亨廷顿·哈特福特在杂货业中创办了“大美国茶叶公司”。该公司到 1865 年已经营了 26 家分店，1859 年改名为“大西洋和太平洋茶叶公司”。

连锁经营有四个统一：一是经营理念的统一，二是经营管理的统一，三是企业识别系统及经营商标的统一，四是商品和服务的统一。连锁经营作为一种里程碑式的交易模式，是核心竞争力和规模效益的联合体。它不仅是一种经营形式的变革，而且是商业制度的创新，成为现代流通产业的基本组织方式，甚至改变了城镇居民的现代生活方式，当今世界处于零售业顶峰的大公司都实行连锁经营，堪称现代商业的第二次革命。

学术界对连锁商店和超级市场谁是第二次和谁是第三次商业革命的排序还有不同的争论，本书不对其研讨，仅按其历史上产生的年代进行排序。

3. 第三次零售革命：超市的诞生

1930 年 8 月，具有几十年经营食品经验的美国人迈克尔·库伦在美国纽约州长岛的牙买加皇后区创办了世界第一家超市——金库伦联合商店。这种新的经营形态 1950 年传至欧洲，1952 年传至亚洲，1981 年传至中国。

超市实行自助服务和集中式一次性付款的销售方式，以满足消费者对基本生活用品一次性购足需要的零售业态，并普遍运用大工业的分工机理，实施对零售经营过程和工艺过程专业化和现代化的改造，普遍实行连锁经营方式。采取了开架自选售货方式以及低费用、低毛利、低价格的“三低”政策，从而使顾客购买商品时感到更方便、轻松和自如，体现了当时先进的生产和生活方式。

超市与连锁经营的结合堪称经典之作，按历史上产生的年代超级市场排为第三次商业革命。

4. 第四次零售革命：购物中心崛起

1920年，杰西·尼克尔斯在美国堪萨斯创建的乡村俱乐部广场，被认为是购物中心时代的开端，但购物中心的快速发展是在第二次世界大战以后，因此，人们普遍认为购物中心革命是20世纪50年代爆发的。

购物中心不是一种零售业态，它是若干零售商店聚集在一起经营的零售场所。美国国际购物中心协会认为，购物中心具有统一产权、统一组织体系、能使顾客一次购足、拥有足够数量的停车场、有更新或创造商圈的贡献等特征。购物中心革命所带来的零售创新表现在综合购物、创新生活服务、统一管理功能等方面。

5. 第五次零售革命：无店铺销售流行

无店铺销售包括访问推销、邮政销售、电话销售、自动售货机销售、网上商店销售等，其中网上商店的出现，被认为是最具代表性的无店铺销售方式，也是第五次零售革命的主要标志。

网上商店诞生于 1994 年的美国，如维切葡萄酒公司的维杜勒葡萄园、领先旅游公司等率先采用网上销售方式。在这场零售革命爆发时，最著名的当属杰弗瑞·贝索斯于 1995 年开设的亚马逊网上公司。之后随着互联网的发展，网上商店迅速在全球得到发展。网上商店把店铺销售和无店铺销售的优点结合在一起，使人们购物进入一个全新的境界。其创新之处表现在交易过程高效化、零售商与顾客的互动性、销售活动无空间限制、营业无时间限制等方面。

网上商店的发展对流通业的影响是深远的，虽然目前受商品质量标准、商业信用、支付安全以及电脑和网络普及程度等方面因素的影响，它还没有成为零售的主要形式，但可以预期的是网上商店为零售商开辟了新的销售通路，扩大了市场空间，为消费者提供了时间成本低、购物更加便利的消费方式，因此，具有巨大的发展潜力和光明的发展前景。

综观上述五次大的零售革命，其爆发的时间与地点均与社会生产的发展程度及信息技术的发展状况息息相关。在五次大的零售革命中，除百货商店革命出现在工业革命最早发源地——欧洲以外，其他四次均首发于美国，这是与美国强大的经济及信息技术实力分不开的。

二、连锁超市在美国的产生与发展

1930年连锁超市在美国诞生，1941年发展到8000家，1965年连锁超市的食品年销售额已占美国食品年销售总额的76%。1980年连锁超市发展到37 000家，目前，连锁超市已遍布美国的各大、中、小城市和乡镇。成为美国零售业的主要经营形态，消费者购买食品和日用生活品的理想场所。

世界第一大零售商美国沃尔玛（Wal-Mart）集团，1962年从一个折扣百货店起家，2002年，在世界富豪排名中，前10位有5位来自沃尔玛家族。2009年，沃尔玛的业务范围扩展至全球16个国家，在全世界分店数量超过7000多家，员工人数达到190万。沃尔玛拥有全美国最大的卡车编队，上百架飞机的运输机群，全美最大的民用卫星通信系统。沃尔玛2008年全球销售额首超4000亿美元，利润达到134亿美元。20世纪80年代以后，美国连锁超市主要的变化表现在下列方面。

1. 经营规模越来越大

超市的营业面积超过1万平方米，销售的商品种类超过1.2万种。随着美国经济的发展，营业面积在7400～20 400平方米的巨型超市相继涌现，经营品种延伸到各类服装、家具、重型器具、床上用品、体育用品、建筑装饰和珠宝钻石等。

2. 商品和服务多样化与综合化

现在美国的大型超市日常生活用品无所不包，非食品类商品已占超市总销售量的25%。经营范围已扩大到药品、运动用品、五金园艺工具，并发展到高毛利的产品线以提高毛利率。通过店址选择在繁华地段，建造大型停车场，缜密设计超市的建筑与装潢，延长营业时间，广泛提供各种顾客服务等措施来提高顾客的便利性。为了增加盈利，而提高了促销预算，采用私人品牌商品，减少对全国品牌商品的依赖性。

3. 经营业态专业化与细分化

连锁超市包含有影像制品店、书店、服装专营店、洗衣店、食品店、酒店、百货店、女士用品专营店等的商品与服务。

4. 经营组织集团化

超市基本上实现了连锁化经营，规模庞大。全国超市已经演变为几个零售集团的对垒。

5. 经营场所向郊区购物中心转移

随着郊区购物中心或步行商业街的发展，连锁超市有了较为理想的运营场所。购物中心内有各种类型的专营店、娱乐场所、餐饮店、电影院、图书馆等，是人流汇集的地方，同时附设有较大的停车场。连锁超市在购物中心占据一席之地，常有较高的投资报酬率，因此，成为连锁超市的理想选择之地。

美国的连锁超市经过70多年的发展，已成为美国零售业的主要经营形态。

到 21 世纪初，美国连锁超市的食品与生活日用品的年销售量已达全国同类产品年销售量的 90%以上，连锁超市在美国已进入成熟阶段。

三、日本连锁超市的发展

日本是亚洲最先引进超级市场的国家，1952 年在东京青山区开设了第一家综合食品超级市场“纪国屋”。以后又相继开设了“西武”店（现在的“西友”公司）、“主妇之店”大荣（现在的“大荣”公司）、“伊藤洋华堂”等。

20 世纪 60 年代中期，日本正式导入了以连锁经营为主要方式的超级市场连锁，使连锁超市发展十分迅速。1972 年，依靠正规连锁经营的“大荣”公司经过 15 年的努力，销售额超过了有 300 年经营历史的“三越”百货店，居日本零售业的首位。1982 年销售额最高的前 20 名零售店中，连锁超市就占了近 10 家，而且包揽了前 4 名。70 年代连锁超市建立了富有竞争力的采购系统和稳定的配送体系，经营规模越来越大，商品种类繁多，发展速度远远超过百货商店。

日本的连锁超市主要分为两类：综合类连锁超市分为大型、中型和其他综合超市；专业类连锁超市分为食品、衣料和住宅用品超市。目前，日本的连锁超市的整体规模、管理水平和经营技术已经达到世界的一流水平。

四、连锁超市在中国的发展

超级市场在中国的发展速度是全世界最快的，中国超市的发展用了十年的时间走过了西方百年的路程。从超市的生命周期来看，中国超市的发展可以分为两个时期：1981～2000 年为引入期；2000 年以后为成长期。20 多年超市的发展大致可以分为五个阶段。

1. 1981～1985 年：引进阶段

1981 年 4 月 12 日，中国第一家超市在广州诞生。广州友谊商店附设的小型超市，占地 270 平方米，出口处设置 3 台收款机，用外汇结算，服务对象主要是外籍人士。此后，佛山出现了第一家用人民币结算的自选商场。北京、上海和天津等城市的地方政府将一些原来的粮店、副食店和菜场改建为食品自选商场（即不规范的超市）。通过行政命令下拨了一些收款机和冷冻柜等，出售部分紧俏商品，并享有一定的优惠政策。到 1985 年底，全国共有 155 家自选商场。

2. 1985～1990 年：调整阶段

中国的超市引进，由于经营理念和管理水平未提高以及各种条件的限制，开店不久就纷纷倒闭，基本上处于停滞的状态。主要原因如下：

1）1985 年前生活用品是凭票供应，1985 年市场开放后，商品走向市场，超市的商品供应更加困难，顾客不能一次购齐商品。

2）当时国家采用市场价格和计划价格并行的双轨制，超市又未采用规模经营、薄利多销，使其进货价格偏高，导致售货价格偏高，超市都是采用的市场议价。

3）大众的收入水平还不高，当然消费水平也不高。

4）商品的加工和包装能力较低，人们对包装后加价还难以接受。

5）超市必需的设备供应困难，独家经营规模小、投资大、成本高、投资收益率低等。

由于上述原因的影响，超市处于反复调整状态。

3. 1990～1996 年：*复苏阶段*

1990 年 12 月底广东省东莞虎门镇出现了中国第一家连锁超市——美佳超级市场。1991 年 9 月，上海联华超市商业公司在一个居民区开设了第一家真正意义上的超级市场，在 800 平方米的营业面积内供应近 3000 种日用工业品和副食品，开业 1 个月内顾客天天要排队进店购物，由此掀起了“超市热”。1992 年之后，广东省超市发展出现了高潮，呈现出国有、集体、私营和“三资”企业一起上的局面。1993 年，中国百货业巨子上海华联商厦投巨资于超市业，创下了一天内同时开设 6 家超市的盛况，并在 1 年内增加到 11 家。随之，全上海几乎以每 3 天开一家超市的速度发展。至 1993 年末统计，全市各类超市已达 300 多家，总营业面积 5 万多平方米，月均销售额 3 亿多元。连锁超市不但在中国大地上诞生了，而且真正的复苏了。

4. 1996～2000 年：*发展阶段*

1996 年，这是中国零售市场发生巨大变化的一年。世界第一大零售集团美国的沃尔玛于 1996 年进驻深圳；世界第二大零售集团法国的家乐福于 1995 年底进驻北京；世界第三大零售集团德国的麦德龙于 1996 年进驻上海；世界第一家仓储式商店荷兰的万客隆于 1996 年进驻广州，给中国的超市带来巨大的挑战和机遇。一些违反商业规律运作的超市，如广州阳光超市和北京红苹果超市等企业纷纷倒闭；另一些掌握超市运作规律的企业却诞生和发展起来，如天津家世界连锁商业集团有限公司和深圳市人人乐连锁商业有限公司等。1999 年，上海联华超市销售额终于超过了上海第一百货公司名列中国零售企业榜首，从此，持续了几十年的百货商店统治地位终告结束，大型连锁超市将成为中国零售业的第一主力。

5. 2000 年至今：*竞争阶段*

从 2000 年中国超市 20 强的排行榜上，可以看出中国超市的发展呈现一种区域不平衡性，主要集中在上海、广东、北京、江苏和浙江等地，即经济较发达的沿海地区和首都北京。2002年，上海华联集团有限公司居中国零售业百强之首，销售总额为2 147 300万元；上海联华超市股份有限公司居中国连锁百强之首，销售额为1 833 022万元，连锁店数为1921个，其中食品超市851个、大型综合超市25个、便利店1045个。连锁超市呈现出激烈的竞争态势，主要是：内资超市与外资超市的竞争；国内超市中不同区域企业的竞争；大型综合超市与中小普通超市的竞争。各地超市通过合并、收购、破产等方式将脱颖而出一些具有真正实力的全国性超市集团，为中国超市的发展进一步积蓄力量。

第二节 零 售 业 态

业态是指商业服务于某一顾客群或某种顾客需求的店铺经营形态。业态是现代商业在店铺上的经营形态，它与传统商业业种的本质区别是：业态是根据“如何销售”这一营销学的命题来划分零售业的，而业种则是根据“销售什么”这一社会商品供应不充分条件下的命题来划分零售业的；前者是在细分目标市场确定顾客目标的基础上来开展商品经营的，而后者则是先确定经营什么种类的商品，一般对顾客不作区分，即面向所有人。从业态和业种的区别可以知道，以业态来设定零售店是符合市场环境变化实际的，这正是现代商业的要求。

业态又是指由零售商品、环境、服务等要素组合的经营形态，如超市、百货店、便利店等。业态是零售经营方式的外部形态，是零售商用以组合经营要素的形式，如百货店有百货店的要素组合形式，超市有不同于百货店的组合形式，仓储店又有不同于前二者的组合形式等。

零售业态的概念来源于日本，但其具体定义主要也借鉴了美国的惯例。对于零售业态的含义有两种不同的见解。一种是认为，以人为中心、以服务为手段的销售方式称之为业态。但更多的人认为零售业态是“营业的形态”，认为业态是零售业经营的形态。业态作为外部形态，它体现零售商与零售顾客之间的关系，或者说体现零售经营方式的市场功能。业态的问题是经营方式的功能设计问题。

具体而言，业态主要包括两大部分——提供物（offering）和专业技能（know-how）。提供物包括消费者可见的外部因素（花色品种、购物环境、服务态度、位置和价格等）、物流配送和吸引消费者购物的娱乐设施。专业技能是指其内部因素，决定零售商的经营优势和战略方向，包括两个方面：一个是零售技术，即零售企业所采用的系统、方法、程序和技巧；一个是零售文化，包括理念、惯例、规则、操作和经验。通过对零售业态的分析，可以增

强零售商评估环境、明确趋势和机会进而解决问题的能力。零售业态可以区别零售商的竞争能力，是其竞争规划的重要组成部分。其中，在零售技术中的零售服务——产出、经营效率与零售文化中所蕴涵的知识和经验决定了零售商在市场上的定位。

目前世界或中国共有多少种零售业态，并没有一个准确的数字。粗略估计，自从百货商店产生以来的 150 年的时间里，共产生的 20 多种零售业态，几乎都在中国出现了。主要有百货商店、超级市场、便利店、仓储商店、折扣店、专业商店等多种类型的零售业态。

一、概述

零售业态是零售企业为满足不同的消费需求进行相应的要素组合而形成的不同经营形态。零售业态的分类主要是依据零售业的选址、规模、目标顾客、商品结构、店堂设施、经营方式、服务功能等确定。根据国家质检总局、国家标准委联合发布并与2004 年10月 1 日起开始实施的新国家标准《零售业态分类》，可将我国的零售业态分为 17 种。各种零售业态在经营方式、管理水平、经营面积、经营品种、销售对象等方面有很大的不同。本节主要探讨 8 种有代表性的零售业态。

1. 百货商店

百货商店是指在一个大建筑物内，根据不同商品部门设销售区，开展进货、管理、运营，满足顾客对时尚商品多样化选择需求的零售业态。百货商店的主要特点是：①选址在城市繁华区、交通要道；②商店规模大，营业面积在 5000 平方米以上；③商品结构以经营男、女、儿童服装、服饰以及衣料、家庭用品为主，种类齐全、少批量、高毛利；④商店设施豪华，店堂典雅、明快；⑤采取柜台销售与自选（开架）销售相结合的方式；⑥采取定价销售，可以退货；⑦服务功能齐全。

中国第一家百货商店诞生于 1900 年，即俄国人在哈尔滨开设的秋林公司。20 世纪初，先施百货、永安百货、新新百货等相继在上海开业，形成南京路上百货商店三足鼎立的局面。到 20 世纪 90 年代中期，中国零售市场都是百货商店的黄金时期，成为零售业中发展最为成熟的业态。1995 年以来，百货业的经营日渐不景气，百货商店关门歇业者不断。有人甚至称 1998 年是大商场倒闭年。2000 年以后，中国的百货商店更是举步维艰，难以为继。

2. 超市

超市是指采取自选销售方式，以销售食品、生鲜食品、副食品和生活用品为主，满足顾客每日生活需求的零售业态。

超市的主要特点是：①选址在居民区、交通要道、商业区；②以居民为主要销售对象，10 分钟左右可到达；③商店营业面积在 1000 平方米左右；④商品构成以购买频率高的商品为主；⑤采取自选销售方式，出入口分设，结算由设在出口处的收银机统一进行；⑥营业时间每天不低于 11 小时；⑦有一定面积的停车场地。

超市之所以能得到迅速的发展，主要在于它创新性的经营方法。它继承了百货商店规模大、品种多的优势基础上，再加上自己的创新，采取了开架自选售货方式以及低费用、低毛利、低价格的“三低”政策，从而使顾客购买商品时感到更方便、轻松、自如，体现了先进的生产方式和生活方式。

3. 大型综合超市

大型综合超市是指采取自选销售方式，以销售大众化实用品为主，满足顾客一次性购足需求的零售业态。其主要特点是：①选址在城乡结合部、住宅区、交通要道；②商店营业面积在 2500 平方米以上；③商品构成为衣、食、用品齐全，重视本企业的品牌开发；④采取自选销售方式；⑤设有与商店营业面积相适应的停车场。

大型综合超市在我国发展很快，主要集中在大城市。外资大型零售企业主要是以这种业态进入我国，如美国的沃尔玛、法国的家乐福、泰国的易初莲花等。我国的上海联华超市公司、上海华联超市公司、深圳市人人乐连锁商业有限公司等也都开设有大型综合超市。

4. 便利店（方便店）

便利店是指以满足顾客便利性需求为主要目的的零售业态。其主要特点是：①选址在居民住宅区、主干线公路边以及车站、医院、娱乐场所、机关、团体、企事业单位所在地；②商店营业面积在 100 平方米左右，营业面积利用率高；③居民徒步购物 5～7 分钟可到达，80%的顾客为有目的的购买；④商品结构以速成食品、饮料、小百货为主，有即时消费性、小容量、应急性等特点；⑤营业时间长，一般在 16 小时以上，甚至 24 小时，终年无休日；⑥以开架自选货为主，结算在收银机处统一进行。

便利店在 20 世纪 40 年代起源于美国的南陆公司，当时它延长的营业时间是从早上 7 点到晚上 11 点，故称“7-11”商店，目前这家方便店的营业时间已演变成 24 小时全天营业，而且全年不休。成立于 1973 年的日本“7-11”便利店多年来一直高速成长，1991 年控股美国南陆公司，2000 年销售额 2.2 万亿日元超过了大荣公司，荣登日本零售业榜首，2002 年在日本已开设 8600 多家便利店，成为世界最大的连锁便利店集团。近年来，日本“7-11”便利店又将市场扩张战略从有形店铺转移到无形店铺——电子商务上，并获得了巨大的成功。我国的上海联华超市、上海家得利超市等开设了很多便利店。便利店投资少、选址方便、资金回收快。随着人们生活水平的提高，工作节奏的加快，生活习惯的改变，便利店在我国将有很大的发展空间。

5. 专业店

专业店是指以经营某一大类商品为主，并且具备有丰富专业知识的销售人员和适当的售后服务，满足消费者对某一大类商品的选择需求的零售业态。其主要特点是：①选址多样化，多数店设在繁华商业区、商业街或百货店、购物中心内；②营业面积根据主营商品特点而定；③商品结构体现专业性、深度性，品种丰富，选择余地大，主营商品占经营商品的 90%；④经营的商品、品牌具有自己的特色；⑤采取定价销售和开架面售；⑥从业人员需具备丰富的专业知识。

专业店是一种比较古老的零售业态，早在百货商店出现以前，专业店就出现了，如布料店、糕点店、鞋帽店、书店、药店等。1997 年以后，我国专业店借助连锁经营方式取得了突破性的发展，在未来较长时期内，连锁专业店将处于高速增长中。其中两个行业的专业店增长十分迅速，一是家电专业店，二是医药专业店。家电行业以国美和苏宁为代表，在竞争中不断发展壮大，在全国大城市中以连锁经营的形式大肆扩张。2008 年，国美电器在中国连锁百强中排行第 1 位，年销售总额 10 459 378 万元，有 1362 家连锁店；苏宁电器排行第 2 位，年销售额 10 234 242 万元，有 812 家连锁店；江苏五星电器有限公司排行第 13 位，年销售额 2 300 000 万元，有 256 家连锁店。医药行业的药品专业店中，深圳市海王星辰医药有限公司在中国连锁百强中排行第 69 位，年销售额 280 000 万元，有 2709 家连锁店。

6. 专卖店

专卖店指专门经营或授权经营制造商品牌，适应消费者对品牌选择需求和中间商品牌的零售业态。其主要特点是：①选址在繁华商业区、商业街或百货店、购物中心内；②营业面积根据经营商品的特点而定；③商品结构以著名品牌、大众品牌为主；④销售体现量少、质优、高毛利；⑤商店的陈列、照明、装潢、广告讲究；⑥采取定价销售和开架面售；⑦注重品牌名声，从业人员必须具备丰富的专业知识，并提供专业知识性服务。

专卖店是 20 世纪 90 年代才在国内出现的新型业态。1993 年 8 月，广州市北京路第一家“佐丹奴”服装专卖店的出现，拉开了专卖店发展的序幕。1997 年以后，我国专卖店借助连锁经营方式取得了突破性的发展。除了传统的服装、化妆品等依然旺销外，引人注目的便是电脑专卖店。以联想、方正、连邦为代表的电脑软硬件连锁体系已日臻完善。在今后相当长的时期内，我

国专卖店会有较大的发展。专卖品在树立品牌形象，防止假冒产品方面有着很好的效果。

7. 购物中心

购物中心是指企业有计划地开发、拥有、管理运营的各类零售业态、服务设施的集合体。其主要特点是：①由发起者有计划地开设、布局统一规划，店铺独立经营；②选址为中心商业区或城乡结合部的交通要道；③内部结构由百货店或超级市场作为核心店，与各类专业店、专卖店、快餐店等组合构成；④设施豪华、店堂典雅、宽敞明亮，实行卖场租赁制；⑤核心店的面积一般不超过购物中心面积的80%；⑥服务功能齐全，集零售、餐饮、娱乐为一体；⑦根据销售面积，设相应规模的停车场。

我国称为购物中心的零售企业很多，但真正的购物中心并不多。

8. 仓储式商场

仓储式商场是指以经营生活资料为主的，储销一体、低价销售、提供有限服务的零售业态（其中有的采取会员制形式，只为会员服务）。其主要特点是：①选址在城乡结合部、交通要道；②商店营业面积大，一般为1万平方米以上；③目标顾客以中小零售商、餐饮店、集团购买和有交通工具的消费者为主；④商品结构主要以食品（有部分生鲜食品）、家庭用品、体育用品、服装衣料、文具、家用电器、汽车用品、室内用品等为主；⑤店堂设施简朴、实用；⑥采用仓库式陈列；⑦开展自选式销售；⑧设有较大规模的停车场。

仓储式商场起源于20世纪60年代，这是由折扣商店发展而来的一种不同形式、价格较廉而服务有限的售货方式。1968年，首家现代化的仓储式商店“万客隆”在荷兰正式创建。“万客隆”以其独特的经营方式获得了成功，使这一零售形式迅速风靡全球。美国在20世纪70年代初出现的“价格俱乐部”、“平价商场”，实行会员制销售，深受消费者欢迎。80年代末，我国台湾零售商引进仓储式销售模式；1993年，我国香港首家仓储式商场开业。我国内地自1993年第一家仓储商店——广州“广客隆”开业以来，又出现了北京的“京客隆”等仓储式商场。1996年美国沃尔玛的山姆会员店、锦江麦德龙等外资或合资合作仓储式商场陆续在我国扩展，其中锦江麦德龙现购自运有限公司2008年在中国的门店数量已达38家，年销售额达1 264 631万元，名列中国连锁百强第26位。

上述八种零售业态在我国都已存在，其中的超级市场、大型综合超市、仓储式商场和便利店广泛采用连锁经营的组织形式，为了叙述的方便，本教材统称为连锁超市。

二、餐饮与服务业连锁商店

1. 餐饮业连锁店

餐饮业连锁店是连锁商业主要的业态种类之一，特别是经济发达的国家，餐饮连锁店经过长期的实践探索，已经走出了一条类似工业化生产的，以专业化、简单化、标准化为特点的进料、生产、加工、烹制、销售的工艺过程和管理方法。餐饮行业是以技术和服务成分占重要因素的行业，其主要特点是：①统一的企业识别标志和店容店貌；②统一的食品销售品种特色和质量标准；③统一的商品销售价格；④统一的服务宗旨、服务方式、服务规范和服务标准；⑤统一营销方式和广告宣传。

现代连锁经营形式是在20世纪80年代中期由国外传入我国的，开始主要是合资的餐饮业，如美国的"肯德基"。众所周知的"麦当劳"、"肯德基"、"比萨饼屋"等快餐连锁店已经是誉满全球的餐饮连锁店，据美国的统计，有80%的餐饮连锁店经营快餐业务。1993年我国正式提出要把发展连锁经营作为带有方向性的一项流通体制的改革。餐饮连锁店经过多年的发展，不但数量越来越多，而且规模越来越大。2008年，百胜餐饮集团中国事业部名列中国连锁百强的第12名，门店总数达2700家，年销售额2 620 000万元；内蒙古小肥羊餐饮连锁公司名列中国连锁百强第48名，门店总数达380家，年销售额608 800万元。

2. 服务业连锁店

日常生活中消费者离不开包括旅店、洗染、维修、美发、美容、健身、摄影等多种行业在内的服务业。服务行业经营的技能性和劳务性含量很高，经营过程的商品物流量很小。服务行业的连锁主要体现在店名店貌、技术特点、服务特长、价格水平、经营方式、管理模式等方面的统一上，其主要特点是：①专有技能、服务内容在服务程序上、形式上、质量上要求一致；②店名店貌形式以及店堂内摆设方面的统一；③服务项目类型要求统一，最好不要在经营主业的同时，各分店又自己经营其他项目；④经营服务项目收费标准的统一；⑤有条件的服务连锁行业，可尽量实行在进货、加工、配送方面的统一，如摄影连锁店，由总店统一购进胶卷、相纸，再由总店统一冲洗等；干洗连锁店由分店收取衣料，送总店统一洗涤、整熨等；⑥连锁商店经营宗旨、管理方式方面的统一。

服务业连锁店发展很快，如旅店或饭店，国外有名的希尔顿饭店连锁、喜来登饭店连锁，以及一些汽车旅馆连锁等。我国近年来发展较快的有干洗连锁店、婚纱摄影连锁店、美容连锁店和信息网站等。

三、中国零售业态未来十年的发展趋势

中国零售业态在未来十年内将出现较大的调整，其发展将呈现以下趋势。

1. 连锁超市将高速成长，并取代百货店成为我国零售业新的主导力量

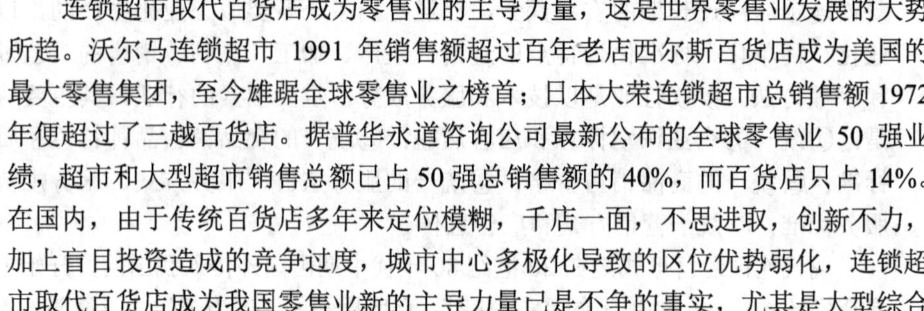

连锁超市取代百货店成为零售业的主导力量，这是世界零售业发展的大势所趋。沃尔马连锁超市 1991 年销售额超过百年老店西尔斯百货店成为美国的最大零售集团，至今雄踞全球零售业之榜首；日本大荣连锁超市总销售额 1972 年便超过了三越百货店。据普华永道咨询公司最新公布的全球零售业 50 强业绩，超市和大型超市销售总额已占 50 强总销售额的 40%，而百货店只占 14%。在国内，由于传统百货店多年来定位模糊，千店一面，不思进取，创新不力，加上盲目投资造成的竞争过度，城市中心多极化导致的区位优势弱化，连锁超市取代百货店成为我国零售业新的主导力量已是不争的事实，尤其是大型综合连锁超市将成为零售业的主力军。

2. 百货商店在生存压力下重新定位，明确竞争战略，形成经营特色

百货商店这一业态虽然已进入了成熟期，发展停滞但不会衰亡。尤其在现阶段，中国商业繁华中心仍是消费者首选的购物地点，百货店占据地理优势仍然可以保持其一定的市场份额。不同零售业态必须错位竞争，各自形成鲜明特色，才能在竞争中互相促进，而不是互相取代。传统百货店将重新确定自己的差别化竞争战略，通过提高服务质量来提高商品附加价值，赢得对服务和品质敏感顾客的青睐，并以商品丰富时尚、品牌信誉高、多种服务、展览功能和窗口功能、繁华地带、购物环境好等竞争策略在市场上拥有一块沃土。

3. 便利店发展潜力巨大，将成为新的竞争焦点

便利店将成为零售业的新宠而备受关注，其发展将呈现急剧上升态势。其原因主要包括：①居民生活方式的改变，生活节奏越来越快，空闲时间越来越少，便利店 24 小时营业、紧邻住宅区、实施各种便民服务措施，较好地适应了现代人的生活方式；②国内大量的小型商店经营规模小、商品质量无保证、经营费用较高、管理水平差，由连锁便利店来整合或取代已是大势所趋；③便利店适宜采用特许经营方式发展连锁网络，在这方面比其他业态占有优势；④网络购物将成为人们购物的一种未来发展趋势，但网络购物现在面临的最大难题是物流问题，而便利店正好可以解决电子商务的物流瓶颈，通过强大的配送能力将网上所购商品由散布在各个居民区的销售网络送到消费者手中，这一新的利润增长点使得未来的便利店具有广阔的发展前景，并成为各商家的争夺焦点。

4. 电子商务来势汹汹，但纯粹的网络商店发展有限

随着 Internet 技术的运用与发展，一种崭新的企业经营方式——电子商务应运而生，由于其具有无可比拟的优越性，而越来越受到企业的广泛重视。如今，全球已有 52%的企业先后开展了电子商务，同时也出现了一种新型商业业态——网络商店。作为零售业第四次变革标志的网络商店，既是一种新型业态，又是传统业态的一种新型经营模式，表明信息时代零售业态不再像以往那样被划分为朝阳业态和夕阳业态，信息技术的冲击，不会有传统业态消亡，只会有企业的消亡。因此，未来零售企业的业态创新不再是单纯的某种新型业态的出现，而是利用新型业态来改造传统业态，使各种业态发挥各自的竞争优势。

5. 各种业态联盟，出现多功能经营的购物中心

电子商务如火如荼地发展，并不能使到有店铺商店购物的行为消亡，而会转变为一种轻松的休闲活动继续存在。传统零售业已经不仅仅在扮演着消费者购物场所这一角色，它同时还扮演着为消费者提供休闲、娱乐、学习等功能场所和文化交流场所的角色。在信息化时代，传统商场作为购物场所的角色将会淡化，但它与其他角色结合在一起的综合功能不会被取代。因此，在传统零售业态基础上兴起的购物中心（shopping mall）以其全方位、多功能的优势将能满足人们去购物场所休闲、娱乐的需求而获得迅速发展。购物中心不是某一新型业态，而是各种业态的一种集合，它表明各种业态的企业正在从传统的竞争思维中走出来，在消费者需求的导向下走向新的联盟。

第三节 超市的功能特点和目标市场定位策略

超市的业态模式是多种多样的，但绝大多数超市的类型都是以价格折扣为导向的。这种导向是由超级市场经营的商品属性和采取的连锁经营方式所决定的，即满足基本生活需求所需的商品属性是低价格、高周转的。经营方式是自助服务、一次结算的。

我国常见的超市业态模式有超市、大型综合超市、仓储式商场和便利店，现将上述几种业态的功能特点和目标市场定位策略分述如下，并首先论述超市的共同特征。

一、超市的特征

1. 经营方式是自助服务、一次结算

超市采取顾客自助服务和一次结算的售货方式，可以节省营业人员，降低

流通费用，为降低商品价格提供了条件。

2. 经营品种主要是食品和日用必需品

超市是以经营食品和日用必需品兴起的，以后逐渐发展到经营服装、家用电器等综合性商品。

3. 经营原则是大量销售

扩大店铺营业面积和商品销售品种成为超市顺利发展的重要条件，采用连锁经营是迅速发展超市的关键，它可以多店铺来扩大销售。大量销售是超市的经营原则，它也是超市进行廉价销售的前提之一。

4. 经营特色是低费用、高周转

超市采用自助服务方式，不仅节约人力费用，而且顾客与营业员可以共享货架和店铺通道空间，因此，超市卖场比非自助服务方式的零售店可多陈列和销售20%～30%的商品，相应使营业面积大大增加。此外，食品本身周转比较快，销量比较大，因而流通费用低、周转率高成为超市优于其他商店之处。

5. 经营方针是廉价销售

超市从诞生开始就以其销售价格低、经营品种多、营业面积大、选购方便而大受欢迎并迅速发展起来。其中，销售价格低是超市能够在不景气的经济背景中脱颖而出并大受消费者青睐的主要因素。美国超市的食品价格比一般食品店低15%～20%，超市一般用控制利润率的方法来保证廉价销售这一方针的执行，实现薄利多销，他的净利率一般只占零售额的1.5%～2%。

二、超市业态的功能和特点

1. 超级市场的功能和特点

这里所谈的超级市场是指传统食品超市和标准食品超市（生鲜食品超市）两种业态的集合。传统食品超市营业面积一般为 300～500 平方米，主要经营食品和日用品，它综合了食品店、杂货店、小百货店、粮店、南北货店等传统商店的功能，也是超级市场最初的原始模式。20世纪80年代末90年代初我国最早发展起来的超级市场大多数属于传统食品超市。

标准食品超市也称生鲜食品超市，其经营面积一般在 1000 平方米左右，它以经营生鲜食品为主，其营业面积的50%～70%用来销售生鲜食品。标准食品超市实际是在传统食品超市基础上，强化了生鲜食品经营的超市。

据国外的经验，超级市场生存的条件是：年人均国民收入1000美元以上，电冰箱普及率在50%以上，千人拥有小汽车100辆以上，生产和包装达到标准化，电脑技术得到一定范围的应用，超级市场才能生存和发展。中国一些比较发达的城市，基本具备了超级市场发展的条件，广大农村还与上述条件有不小的差距。

2. 大型综合超市的功能和特点

大型综合超市是标准食品超市与大众日用品商店的综合体，衣、食、用品齐全，可以全方位地满足消费者基本生活需要的一次性购足。其营业面积可以分为两类，大型综合超市营业面积 2500～5000 平方米，超大型综合超市营业面积6000～10 000平方米。超大型综合超市还需配备与营业面积相适应的停车场，一般的比例为1：1。大型综合超级市场有两个最基本的特点：一是经营内容的大众化和综合化，适应了消费者购买方式的一次性购足；二是经营方式的灵活性和经营内容的组合性，它可以根据营业区域的大小，消费者需求的特点而自由选择店铺规模的大小、组合不同的经营内容，实行不同的营业形式。

3. 仓储式商场的功能和特点

仓储式商场是实行储销一体、低价销售、提供有限服务并采取自我服务销售方式的零售业态，大多数采取会员制，营业面积一般在1万平方米以上，设有较大规模的停车场。仓储式商场实际上是用零售的方式来完成批发配销业务的商店。它的功能主要是实现对小型零售商业、餐饮业和服务业商品配销业务，对法人和个人会员实行低价销售，规范企事业单位集团采购的行为，降低采购成本。仓储式商场一般采取以固定顾客为满足对象的会员制，这是它区别于其他超市的最大特点。整个卖场的容积是否有70%以上用来储存商品是判断一个商店是否属于仓储式商场的首要标准，且营业面积的20%要用于到货区，并使用6米以上仓储型高货架。

仓储商店20世纪60年代在欧洲产生，70～80年代才在欧美发展起来。从发达国家和地区仓储商店的发展情况看，年人均国民收入在1万美元左右时，仓储商店产生并发展。仓储商店生存的条件是：城市郊区化和卫星化，轿车进入家庭，中小店铺较为发达。仓储商店不是为穷人提供廉价商品，而是为有车的、一周购物一次的有钱人提供廉价的商品，或是为有车的小商人提供批发服务。

4. 便利店的功能和特点

便利店是采用超级市场销售方式和管理技术，以食品、饮料和服务性产品为经营内容的小型商店，营业面积在80～100平方米，具有消费的即时性、小容量和应急性的特点。便利店的发展在我国有特殊的地位，我国城市人口密度高，购物时主要靠步行，就近便利购物是城市消费者主要的购物方式。便利店是发达城市的一个社会化的服务系统，它综合了银行、邮电所、书店、票务、快餐店、药店、音像制品店、洗染店等的功能。便利店常选址在居民区、闹市和交通枢纽地带，营业时间高达 24 小时，全年不休息，但商品价格往往比超市高出 10%～20%。

便利店于 20 世纪 40 年代在美国产生，60～70 年代开始大规模发展。年人均国民收入 3000 美元时，便利店才崛起；年人均国民收入 5000～6000 美元时，便利店才快速发展。一般便利店生存的条件是：年人均国民收入在 3000 美元以上，城市夜生活丰富并成为人们消费的一种习惯，“购物是家务，休闲是享受”意识成为一种流行，电脑技术得到广泛应用。所以，我国一些比较发达的城市，开始具备发展便利店的条件，其他绝大多数地区还不具备上述条件。

实际上，每一种零售业态都有自己独特的生存和发展条件，零售业态的调整和选择，不能凭感觉，而应以其生存和发展的条件为依据。

三、超市业态的目标市场定位策略

消费者的需求在不断变化，市场竞争也日趋激烈，使得超级市场各种业态模式的目标市场定位处在动态变化之中。需要不断地进行目标市场定位的修正与调整，运用各种营销策略，结合各类超市的功能特点，追踪与锁定目标顾客。

1. 超市的目标市场定位策略

对于一般的超市，其目标市场的定位主要有以下几种消费者：①由职业妇女组成的双职工小家庭；②追求新鲜、卫生、品质良好且对价格较不敏感的消费者；③收入水平或教育水平较高、较喜欢尝试新事物或追求时尚的消费者；④较注重购物环境舒服感的消费者；⑤女性或男性的单身族，年龄为 18～45 岁的消费者；⑥单身外出或旅行的消费者；⑦喜欢闲逛的消费者；⑧礼品的购买者。

传统食品超市是对传统小商店的替代，其商品的综合度不够，特别是缺少生鲜食品，无法满足一次性购足的需求。随着大型综合超市和便利店的发展，传统食品超市无竞争优势，它的市场空间的缩小从世界范围来看是最快的，为了摆脱困境，增加功能与创新业态是其目标市场定位的首要策略。

标准食品超市初步实现了满足消费者一次性购足生活必需商品的需求，发展标准食品超市，必须强化生鲜食品经营，其目标市场定位策略如下：

1）实行生鲜食品细分市场的划块租赁制，将生鲜食品细分成蔬果、鲜肉、活鱼、冰鲜、熟食、快捷菜、配菜等，按营业面积设定分块租赁给专业性供应商经营，并实行统一标准化管理和一次性集中付款。

2）标准食品超市公司总部统一采购各类生鲜食品，配送上采取由专业供

应商直送门店的办法，以减少建立生鲜食品配送中心投资过大难以消化成本的现象。当分店达到一定规模数量时，再建立生鲜食品配送中心，实现从统一采购、统一加工到统一配送的完整供应链。

标准食品超市在满足消费者一次性购足的需求上，与大型综合超市仍有较大的差距，因此，要调整自己的目标市场区域，并对大型综合超市尽量采取规避性策略。

2. 大型综合超市的目标市场定位策略

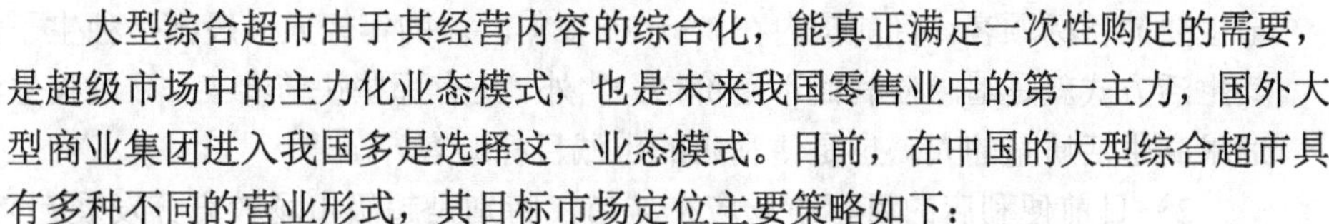

大型综合超市由于其经营内容的综合化，能真正满足一次性购足的需要，是超级市场中的主力化业态模式，也是未来我国零售业中的第一主力，国外大型商业集团进入我国多是选择这一业态模式。目前，在中国的大型综合超市具有多种不同的营业形式，其目标市场定位主要策略如下：

1）在有空间的城市开设大型综合超市，特别是超大型综合超市，以争夺零售业的制高点。譬如在人口为100万左右的中型城市开设中等规模（4000～6000平方米）的大型综合超市；在人口为20万左右的小型城市开设小型规模（2500～4000平方米）的大型综合超市。

2）在空间区域上应与竞争对手保持距离，以免造成恶性竞争。而对目标顾客群要采取近距离发展战略，重点选择20万人口左右的居民区开设大型综合超市。

3. 仓储式商场的目标市场定位策略

仓储式商场实际上是批发性质的超级市场，为我国的小商业和企事业的规范化低成本采购提供了很好的场所，创造了一种社会化配销的商店形式，它是批发配销型的主力化业态。针对目前我国零售业的大分化改组与业态的不断创新，尤其是大型综合超市的快速发展，仓储式商场可采取以下一些目标市场定位策略：

1）运用好会员制，牢牢地锁定小商店、小酒店、小服务业及机关、学校等企事业单位这些稳定的顾客群，而不应与大型综合超市争夺一般的个体型的消费者。

2）采取法人与个体会员制的仓储式超市，其目标顾客的重点仍应是法人会员。以法人为重点服务对象的目标市场定位策略，实际上就是坚持仓储式商场的批发配销的业态性质。

3）在目标市场区域确定上，应采取以交通便利为首要的选择目标，以高速公路为各目标市场之间的物流连接线，而不应仅以靠近居民区为第一选择目标。

4）采取疏密结合的目标市场布店策略。仓储式商场现购自运的销售体制，决定了它的商圈范围要较其他类型的超级市场大得多，因此，在不同区域的目标市场布店，采取店与店商圈的衔接，而不要交叉重复。在不同顾客数量的目

标区域市场，可采取疏密结合的目标市场布店策略。

4. 便利店的目标市场定位策略

我国的便利店也将成为服务便利型的主力化业态，当城市超级市场已经较充分地发展起来后，特别是大型综合超市和仓储式商场发展较快的城市和地区，便利店就有了发展的机会。事实证明，超级市场没有发展起来，便利店就不能得到真正的发展，便利店在中国目标市场的定位策略是：

1）把年轻人，特别是大学生、中学生和已经进入工作岗位的年轻人作为最主要的目标顾客。目前国内在15～25岁年龄段的年轻人一般都是独生子女，其生活方式就是追求便利而不是价格。此外，还有那些快节奏工作、过夜生活、追求高生活质量的人，也是便利店的忠诚目标顾客。

2）目前便利店的目标市场应在城市，特别是超级市场较充分发展起来的城市，应集中扩大便利店在大城市的规模数量。

3）在目标市场的区域布点上，应采取集中布店的策略。因为便利店仅有货架存货而无库存存货，是对集中统一配送依赖性最强的需要天天配送的业态，区域集中布店可以减少配送成本并能形成区域相对垄断的优势。

4）便利店目标市场的布店条件，首要的是人流而不是居民区，如两者结合当然更好。

第四节　超市的连锁经营

据国外经验，一个国家年人均收入达到 250～600 美元，连锁经营便可以起步；年人均收入达到 600～800 美元水平时，连锁经营有可能大规模发展。连锁经营作为一种商业组织形式和经营管理制度，是指经营同类商品或服务的若干企业，以一定的形式组成一个联合体，通过企业形象的标准化、经营活动的专业化、管理活动的规范化以及管理手段的现代化，使复杂的商业活动在职能分工的基础上实现相对的简单化，把独立的经营活动组合成整体的规模经营，从而实现规模效益的一种经营组织形式。

按我国国内贸易部（内贸政体法字[1997]第 24 号）的《连锁店经营管理规范意见》，连锁店应由 10 个以上门店组成，连锁商店是至少有在一家总店控制下的 10 家以上的经营相同业务的分店组成的联合体，才能构成连锁经营。

一、连锁经营的本质特征

1. 组织形式的联合体和标准化

连锁经营的组织形式是由一个连锁经营总部和众多的分店所构成的一种

企业联合体，被纳入连锁经营体系的商店，如同一条锁链相互连接在一起，所以称之为“连锁商店”。传统的商业也存在着一定程度的联合，但主要是合作，如工商联营，引厂进店等。而连锁经营则是整体性、稳定性、全方位的联合，使用同一店名，具有统一的店貌，而且提供标准化的商品和服务。因此，连锁经营是标准化的联合，如果只有店名和店貌的统一而无商品和服务的标准化，那就只有连锁经营的“形”而无连锁经营的“神”了，本质上也就不是连锁经营了。

2. 经营方式的一体化和专业化

连锁经营把传统的流通体系中相互独立的各种商业职能有机地组合在一个统一的经营体系中，实现了采购、配送、批发、零售的一体化，从而形成了产销一体化和批零一体化的流通格局，提高了流通领域的组织化程度。并且，因为连锁公司拥有大量的分店，具有大批量销售的市场优势，可以引导供应商真正做到根据市场需求和商业经营者的要求组织生产，从而形成了以大商业为先导，以大工业为基础的现代经营格局的一体化经营与专业分工的结合。这就从根本上改变了传统的经营方式，它是连锁经营的核心内容。

3. 管理方式的规范化和现代化

一体化经营和专业分工的有效性，主要取决于连锁公司的管理水平。由于购销职能的分离，必然要求连锁总部强化各项管理职能。例如，经营方针和经营规划的制订，以及计划、人事、培训、采购、配送、加工、包装、保管、分拣、促销、财务、会计、保险、法律事务、房地产、店铺的选择、设计与装潢、商品配置与陈列等工作的规划、服务、调控和发展等各项职能，都由连锁总部来承担。为此，连锁总部必须有一套规范的做法，建立专业化职能管理部门、规范化管理制度和调控体系，并配备相应的专业人才。同时，为了使庞大而又分散的连锁经营体系内部的各类机构能协调一致，有效地运转，就需要运用现代化的管理手段。实施计算机管理，公司总部、配送中心以及各连锁分店都要建立相应的计算机管理信息系统，通过网络系统将整个公司组成一个整体。

总之，连锁经营是通过规模经营获取规模效益的。组织形式的联合化和标准化是连锁经营的前提条件；经营方式的一体化和专业化是连锁经营的核心内容；管理方式的规范化和现代化是获得连锁经营规模效益的基本保证。

二、连锁经营的类型和特点

连锁经营的类型在各个国家或从不同的角度会有不同的划分方式，按所有权和经营权的集中程度来划分，常将连锁经营的类型划分为下列三类：直营连锁、自愿连锁和特许连锁。

1. 直营连锁的特征

直营连锁（regular chain，RC）又称正规连锁、公司连锁、一般连锁、联号商店等名称。

（1）直营连锁的主要特点

1）所有权集中统一。所有成员企业必须是单一所有者，归一个公司，一个联合组织或单一个人所有。

2）实行总公司统一核算。各连锁店只是一个分设的销售机构，销售利润全部由总公司支配，各成员商店经理是雇员而不是所有者。

3）经营管理的统一性和规范性。由总部或总店集中统一领导，实行标准化经营管理，如统一店名店貌、统一采购、统一配送、统一商品、统一服务、统一价格、统一财务、统一广告、统一人事、统一决策等，公司总部为每个连锁分店提供全方位的服务，以保证公司的整体优势。

（2）直营连锁的主要优点

1）由于具有统一资本、集中管理和分散销售的特性，企业可以根据市场发展变化的情况，快速做出决策并有效地贯彻执行企业决策，大大提高了企业的竞争性和经营的灵活性。

2）可以有效地统一调动人力、物力、财力和信息，集中配置连锁企业所有内部资源，提高企业的经营效率和竞争实力。

3）在经营方式、项目开发、人才培训和信息使用等方面达到最大限度地统筹兼顾、全面策划，达到发挥企业整体优势和兼顾长远利益的目的。

（3）直营连锁的主要缺点

1）由于投资主体单一，在开办众多分店时，需要大量的资金，若企业资金不足，对企业的发展速度和连锁规模的扩展将会受到限制。

2）各分店没有经营自主权，利益关系不紧密，不利于充分调动经营管理者的主动性、积极性和创造性。

3）大规模的直营连锁商店管理系统庞杂，容易产生官僚化经营，使企业的交易成本大大提高。

2. 自愿连锁的特征

自愿连锁（valuntary chain，VC）又称自由连锁、志愿连锁、志同连锁、任意连锁等名称。自愿连锁实际上是一种横向发展的合约系统，既可以由某一个或几个批发企业发起组成批零一体化的合约关系，也可以由众多的零售企业联合组成一个具有采购和配送等功能的商业机构，为零售企业服务。

（1）自愿连锁的主要特点

1）成员店的所有权、经营权和核算权都是独立的。可以使用成员店各自

的店名和商标，但是，当自愿连锁店发展到合股建立一家能为成员店提供服务的商业机构时，使用不同店名和商标的成员店往往会转换成使用统一店名和商标的连锁店。

2）连锁集团内经济关系的契约性。总店与成员店之间是协商与服务关系，总店主要负责统一采购和配送，各分店在核算、盈亏、人事安排、经营方式、经营规模、经营策略方面都有很大的自主权。

3）总店或主导企业通过商业信誉建立一种互助互利的关系，以便达到规模经营的目的。

（2）自愿连锁的主要优点

1）可在尽量减少投资的前提下，大大提高连锁商业的分店数量、网点布局面和规模化程度。

2）各成员店自主权大、独立性强，企业经营效果与所得利益关系密切，有利于充分调动每一个成员企业经营的主动性、积极性和创造性。自愿连锁具有较好的灵活性、转换性和发展潜力，可以逐渐发展成为独资连锁或特许连锁。

3）成员店既可保持企业的独立性，又可享受到由统一进货、统一经营而得到的降低成本、提高商誉和规模效益的好处。

（3）资源连锁的主要缺点

1）连锁组织内核心企业对各成员分店的直接、集中、统一领导力度受到限制，在大政方针、经营决策等方面不如直营连锁管理效率高，使连锁集团的总体竞争实力受到影响。

2）连锁集团内经济关系不如直营连锁紧密，成员企业独立性大，影响了整体企业的凝聚力和稳定性。

3）自愿连锁受地域限制较大，对于中小企业众多的地区发展自愿连锁才较为适宜。

3. 特许连锁的特征

特许连锁（franchise chain，FC）又称合同连锁、加盟连锁等名称。

（1）特许连锁的主要特点

1）特许连锁具有资产的独立性，即特许连锁店之间，以及连锁店与总公司之间的资产都是相互独立的，主导企业必须具有自己的产品、服务、技术或有名的商标、商号等，能以其独有的物质技术或知识产权而给企业带来经济效益，这种组织体系是以主导企业为核心的纵向经济联合体。

2）特许连锁实行独立核算，特许连锁店与其总公司都是独立核算的企业，加盟企业仍然具有独立的企业法人资格和企业的人事、财务权，在经营管理上自主权较小。

3）特许连锁经营的经济关系纽带是特许授权经济合同。这种特许授权经

济合同不是由双方协商确定的，而是由主导企业制订的。加盟者以接受主导企业制定的合同内容为条件才能加盟。例如必须按主导企业提供的各项标准进行生产经营；必须按主导企业提出经营管理方法办事；必须按合同规定的数量和方法向主导企业交纳一定的特许金额等。这些特许金额包括首次加盟费、特许商品销售额或所得利润提成费等。主导企业也在合同中规定出相应承诺的授权责任与义务，如提供必要的技术指导，提供独有商品、原材料，允许使用商标，进行必要的员工技术培训等。

（2）特许连锁的主要优点

1）总公司方面：主导企业可以用较少的人力、物力、财力等，迅速地拓展业务范围，扩大规模，多占市场，以取得规模经济效益；同时，也具有一种融资的功能；通过经营权的转让也能为总公司积累大量的资本，使公司的无形资产转变为有形资产，从而增加公司的实力和发展能力。

2）投资者方面：对于那些具有一定资金，希望人事商业活动但又苦于没有经营技术和经验的企业和个人，特许连锁是一种很好的方式；既可以利用总公司的技术、品牌和商誉开展经营，又享有总公司全方位的服务，所以经营风险较小，利润比较稳定；由于特许店是独立的经营实体，有内在的激励和发展机制，因而不需要总公司在调动其经营积极性方面花费精力。

3）社会方面：特许连锁主要是大生产企业或批发企业向中小企业有偿提供经营垄断权和经营技术，实现在节省资本投入的情况下达到大规模扩张目标的最佳形式，在美国主要是采用特许连锁的组织形式；通过特许连锁方式发展商业网点，可以提高商业的组织化程度；也有利于中小企业的稳定 发展。

（3）特许连锁的主要缺点

1）如果总公司片面追求品牌授权金，大量发展特许店而又缺乏有效的管理和强有力的服务能力，不仅会使企业形象受到严重损害，而且也会使投资者的权益受到侵犯，最终很有可能导致整个特许连锁系统的崩溃。

2）由于加盟企业的生产技术和管理水平不高等原因，可能使所经营的项目质量下降或达不到标准，从而对主导企业长期培育出来的独特经营项目的市场信誉造成不良影响。

3）也可能造成主导企业长期探索与积累的成熟的技术、配方、管理等知识资产失密或外流的不良后果。

三、连锁经营的优势与风险

1. 连锁经营的优势

连锁经营之所以能取得良好的经济效益，最本质的原因是把现代化工业大生产的原理应用于零售业，实现商业活动的标准化、专业化、统一化和差别化。

一方面，先进的营销技术可以在众多的店铺大规模推广而获得技术共享效益；另一方面，投资的成本和风险又可以在众多的店铺得到均摊，从而可以降低商品的成本。此外，连锁经营网点多、辐射范围广、市场占有率高，以及能够迅速大规模的集中资金，实现投资的灵活转移，取得市场机会效益等，也都是连锁经营取得良好经济效益的重要原因。连锁经营的体制是一种兼收并蓄的体制，具有许多其他经营形态没有的优越性。

（1）经营技术开发的专业化，有利于店铺经营水平的提高

连锁经营总部的重要职责之一就是研究企业的经营技巧，包括货架的摆放、商品的陈列、店容店貌的设计、经营品种的调整等，直接用于指导店铺的经营，使店铺摆脱了传统零售业那种靠经验操作的影响，转而向科学要效益。由于连锁是同行业、多店铺的经营，总部统一开发的经营技巧可以广泛应用于各个店铺，使店铺的经营水平普遍提高，获得技术共享效益，同时分摊了技术开发的成本，这是单个企业无法做到的。在单个企业内部，经营技术开发的广度和深度，要受到其效益与成本比较结果的制约。连锁经营是克服单个零售商业小规模和分散性的弱点，追求商业资本运动的规模化，以期达到大规模带来的经营低费用、高销售能力、高劳动效率、强市场竞争实力等适应市场竞争规律的十分有效的组织形式。

（2）统一化的经营与管理，有利于降低企业的经营成本

连锁店成功的关键是总部功能强，连锁经营的同业性，使各个店铺的一些共同性活动，如采购、储运、广告宣传、形象设计、会计核算等，都集中起来由总部统一操作。这样，众多的店铺共享一套经营设施、一套管理机构，各分店的管理机构和人员简化，首先从总体上降低了企业的管理成本。其次，统一经营还能降低经营成本。例如，多店铺的大量销售，总部便可以大批量采购，从供应商处获得较低价格；商品由总部统一配送，使各分店库存面积和库存量较小，可以扩大销售面积，减少资金占用。集中统一经营，通过节约管理成本和经营成本，扩大了企业的经济效益。

（3）连锁经营有利于提高零售业的地位、指导生产及组织适销对路的商品

一是连锁店大批量购买，使生产过程的批量性和连续性得到保证，降低了生产成本。二是连锁店直接与消费者和厂商相联系，能及时向厂商反馈消费者的信息，指导厂商生产适销对路的商品。同时，连锁店还给厂家提供了在广大地域内迅速、经济地试验新产品的零售实验室。三是增加中了社会产品的总量，因为销售费用的降低相对扩大了消费者的购买力，购买力的增加反过来又刺激了生产的发展，也增加了商店的销售额。

应充分注意发挥连锁店统一批量采购商品的功能，在采购过程中注意抓好“拳头”商品、主力商品和标准商品的正常供应率、抓好商品的市场适销率、新产品导入率、滞销商品淘汰率和减少经营缺货率。保证主力商品的正常供应，

是稳定连锁经营的关键，保证商品的市场适销率是确保企业经济效益的关键，注意淘汰滞销品，是提高货架利用率的关键，保证新产品的不断供应是提高企业竞争力，吸引顾客的重要手段，吸引顾客购买的关键是减少商品缺货率，缺货率应控制在 1%为宜。零售商业企业亏损的首要原因是销售额下降，提高销售额就是提高市场占有率，现代商战中的关键问题就是市场占有率，市场占有率通常指企业在特定时间内，在特定市场上某种产品销售额所占总销售额的比例。

（4）连锁经营有利于减少商业投资风险

零售业的店铺规模通常指营业面积，连锁店经营多个店铺，即使个别店经营上失败也不会影响整体的经济效益；经营管理的核心就是决策，某一决策的失误所造成的损失，可以由许多店铺共同分摊。这样大大降低了商业投资的风险，并且刺激大的连锁企业依靠雄厚的实力去进行新产品的开发，成了为改变经营形式的有益的探索，因为经营之道常是讲究灵活变通和独创新意的。

加盟一个特许连锁店，可以利用一个已得到实践检验的成功的商业交易方式，特许连锁经营是进入商界的“安全通道”，因为它的失败率一般只有 4%。

（5）标准化的经营，有利于改善服务，扩大销售

商业连锁经营方式中，商店的开发、设计、标准化的设备、陈列、产品、操作程序、技术管理、广告策划等，都集中在总部。总部负责连锁店的选址、开办前的培训，提供全套的商业服务方案，并始终不断地对各连锁店进行监督指导和交流、培训工作，从而保证了各连锁店在产品、服务、店名店貌等各方面的统一性，以满足消费者对标准化的产品和服务质量的要求，以达到吸引顾客、扩大销售的目的。随着市场竞争的加剧，消费者由对商品的认识，转向对商店的认知。因此，标准化的经营对树立店铺的形象和连锁化扩张更显得具有重大意义，连锁分店数量高速增长的关键原因是标准化。

2. 连锁经营中的风险

连锁经营虽然有其巨大的优势，但也存在一定的风险，很多人只一味看到连锁经营发展多快，好处多多，而忘了事物总是存在着两面性，结果不加分析，盲目地参与连锁经营而遭到失败。连锁经营不是一用就灵，它只不过是一种经营组织方式，只有和经营者的能力、资金，以及市场环境等各方面因素相结合，才能发挥出最大的功能，所以在看好连锁经营的同时应对连锁经营存在的风险有清醒的认识，连锁经营的风险并非其本身带来的，而是运用它的经营者和市场环境带来的。

（1）经营者风险

连锁经营要求经营者具备相应的素质和能力，虽然总部会对加盟的经营者加以一定的技能培训，但面对变化不定的市场即时作出不同的决策所体现的一

种经营才能和天分并非人人都具有。而且连锁集团所提供给加盟的连锁经营者的经营诀窍体系和经营模式并不能保证成功，它只不过是提供了一个基本的业务工具，经营成功最主要的还是要靠加盟经营者的经营才能。而决策的失败意味着经营成果的丧失，这是由经营者带来的风险。

（2）市场风险

市场变化莫测，消费者的需求呈现多层次、多样化和个性化的趋势，连锁经营者面对的不确定因素的增加，即使是优秀的经营者也可能一着不慎，全盘皆输，此外，还面临着激烈的市场竞争，这是由市场本身带来的。

（3）总部指导不利及信息传递、广告宣传出现偏差等带来的风险

连锁经营者加盟的连锁集团的支援，指导不力，特别是信息传递、后勤支援、广告宣传等出现偏差或力度减弱，给经营者带来意外的风险，甚至连锁集团倒闭，使连锁经营者蒙受重大损失。

四、连锁经营的作用

连锁经营是适应市场经济条件下的零售业，服务实现社会化、现代化和国际化的有效经营方式，是社会经济的产物。连锁经营之所以能在竞争激烈的现代市场中占有重要的地位是与其自身的功能密不可分的。连锁经营的功能主要体现在扩大规模效应、扩大流通、最大限度的使资源分享、衔接生产与消费、创造新的消费点等五个方面。

1. 扩大规模效应

规模效益一般是指工业生产能力与单位产品生产成本在一定界限内成反比的关系，即生产能力越大，单位产品的平均生产成本越低。运用到零售经营上，一般指两种情况：一是单位营业面积和劳动时间内经营量越大，每件商品的平均经营费用越低；二是进货批量扩大，进价下降，企业经济效益亦随之提高。其实这两种情况是所有零售形式共同的，并不反映连锁经营的本质特征。连锁经营获取规模经济效益比之更有意义的是零售经营技术的革命。连锁经营使零售商业摆脱了传统形式对其获得规模效益的束缚，创造了零售商业更多地获得规模效益的机会和途径。

2. 扩大流通

连锁商店总部可以凭借多种手段：商业资本、经营技术、联合优势等迅速地将其经营意志、经营战略在全社会的范围内扩展。

（1）商业资本的集聚与流通规模的扩大

商业资本的集聚方法一般有：依靠企业自身的盈利；社会资金的利用，如股份制、合伙制等。例如，新加坡直营连锁商店——新加坡杂货店联营有限公

司，是由100多家小型杂货零售商组成的股份有限公司。开始，公司的主要经营活动是联购分销及批发杂货。经过十年的发展，经营范围扩大到行销总代理、指导服务连锁店、开发公司商标产品，供应对象也从原来的杂货店发展到650多家超市、批发商和自愿连锁店系统。

（2）经营技术的优化与流通规模的扩大

连锁经营具备一整套的现代连锁经营技术：

1）店址的选择。每个加盟成员分配给一定的区域，不能太近而相互冲突，致使争抢客源。

2）人员的培训。包括如何做经理、管理及训练员工等。

3）店面的设置。门面的设计、内部摆设、制服、商标等。

4）统一的广告。广告策略、广告设计、广告媒介的选择等。

5）商品和原料设备的供应或集中采购。

6）标准化的销售方式。服务规范、销售技巧、操作流程等。

7）经营管理顾问及财务支持、资金融通等。

因而，成员店通过加入连锁经营系统，可以降低经营风险及经营管理的麻烦，确保自身的成功。从总部的角度看，也可以更少的资金和人力，更为有效地扩展经营业务，使流通规模成倍地扩大。

（3）联合优势的发挥与流通规模的扩大

连锁经营与其他零售经营方式相比的一个重要特征是：通过组织系统的联络，使经营上各不相关的同类企业组成了一个命运共同体，从而多方面地发挥联合优势，降低连锁经营系统的运行费用。这种联合优势表现在：①统一的采购制度，通过大批量的集中采购，取得价格低廉的商品；②统一的资金管理，有利于提高资金利用率，合理调度和开拓新的市场；③统一的形象设计，包括统一的店堂设计、统一的经营标志、甚至统一的着装和商品陈列；④统一的物流系统，连锁店的物流系统一般由配送中心、仓库、加工中心、配送中心组成，其中配送中心在连锁店的物流网中起着核心作用，商品的集聚、检验、加工、保管、分拣、配送等工作均由它来完成。由于这些优势的存在，使连锁经营系统成员店的筹建和吸纳，可以采用工业标准化的方式成批地廉价制造并使其有效地发挥作用，如连锁店具有迅速适应市场扩张的反应能力。

3. 最大限度地使资源共享

连锁经营通过连锁商店网络系统的建立，实现了市场、信息、技术、人才、管理、信誉的内部共享，为社会资源及企业资源的充分利用提供了坚实的经营基础。谁控制了市场谁就控制了整个经济，连锁经营在市场竞争中的一个重要优势是拥有经过长期经营所开拓的现实市场。支撑这个市场的软件是：高素质的有敏锐洞察力的人才、竞争性和适应性的管理、快速准确的信息资源、配套的现代经营技术和良好的社会形象和企业信誉。连锁经营促进着资源的合理配置和充分利用，提高了流通效率。连锁经营对企业内部和全社会资源的优化配置主要是通过利润引导来实现的，现代社会经济遵循的是一切以利润为原则的运行方式。利润的存在及扩大是企业生存和发展唯一的经济基础，也是企业服务社会树立形象的现实依托。

1）连锁经营通过各种手段不断完善企业内的硬件和软件，并通过软件的有效组合使企业内部有限的经济资源得以充分利用。无论是商店的选址、店面的设计、店堂的布局、商品的陈列，还是经营技巧的运用，企业形象的策划，始终体现着利润的追逐和资源的有效配置。

2）连锁经营优势的存在，将迫使社会上其他商业企业采取相应的经营对策；或者是寻求机会加入连锁店，分享其资源优势；或者是组建新的有竞争力的商业经营组织，通过技术革新来获取新的竞争优势。无论是哪一种经营对策，都将带来全社会的资源重组，使社会资源的配置不断优化。

4. 衔接生产与消费

连锁经营把生产经营的大规模要求同现代消费的分散化特点有机地结合起来，创造了既不违背零售经营本质要求，又能实现大规模经营的现代零售形式。

（1）专业化经营与分散化设点相结合

规模经济的理论表明，由于大批量地重复生产，增加了学习掌握生产技术的机会，熟能生巧，可使产品成本不断下降，学习曲线总结出这样的规律，即当产量加倍或翻一番时，产品成本可能下降10%～30%。显然，生产企业可以找到一条较为成功的提高利润的途径：高的学习曲线－低的生产成本－降低价格－提高市场占有率－提高利润。可是，在买方市场条件下，整个经济运行起决定作用的是市场、消费者和消费需求。连锁经营正是在坚持专业化经营的同时，又通过其网点的分散化、商品的标准化，进一步实现现代化大生产和消费的结合。

（2）集中进货与分散销售相结合

传统的零售企业都是同时承担买卖两种职能。连锁经营中两种职能分别由总部和分店承担，总部集中进货，成员店分散销售。买卖职能的分离，固然对连锁店内部经营管理提出了新的课题，但却为连锁商业在市场中发挥优势、开拓市场打下了坚实的基础。

（3）促进了产销关系的有序化、规范化和现代化

提高流通产业组织化程度和鼓励零售商业发展连锁经营的主要原因是：

1）市场主体数量过多、面分散、小型、繁杂，只能带来有形市场表面上的繁荣和活跃，同时带来两个问题：生产的规模效益难以实现且交易成本不断

提高；消费行为扭曲且消费者利益难以得到保证。

2）完全依靠百货店这样的大型或综合性商店发展来提高商业组织水平，不仅会因为各种社会能力资源的制约而难以实现，而且会由此导致的市场垄断和中小商业企业的破产倒闭，削弱竞争机制，对生产和消费的健康发展极为不利，与流通产业化、现代化和国际化的目标更是背道而驰。

5. 创造新的消费文化

连锁经营创造了一种独特的消费文化。规范化使其适应现代快节奏的生活方式和消费特点，永恒的是标准化服务；变化的只是时间和地点；适应性和创造性使其适应各国独特的消费要求，形成标准化服务基础上的经营本土化。由独特的消费文化派生的连锁经营开始了一个创造消费的新时代。消费过程中承载的消费文化越多，创造消费的可能性就越大。连锁经营就是现代消费文化的集中体现者和重要承载者。连锁经营之所以能够在世界范围内迅速发展，赢得消费者的充分肯定，一个重要的根源就在于此。连锁经营所依存的消费文化，从如下两方面创造了新的消费。

（1）大众消费与创造消费

一种经营方式的服务对象选择，在很大程度上决定了其创造消费的可能性。长期居于一地的消费者，“钟情”于当地的连锁店，会产生不断重复的“依恋型”购买行为，这就使连锁分店的消费者数量等于消费入门的若干倍；不断流动的消费者，在各地都可享受到同样规范的服务、同样品质的商品，使消费者永远有一种回“家”的感觉和与连锁店一体化的体验，自觉地充当成连锁店流动的广告商，忠实的推销员。

（2）“文化”消费与创造消费

当消费过程凝结了特定的文化时，商品的消费也就变成了一种文化的消费，使商品的内在价值和外在社会价值在消费过程中得到了统一。

这种“文化”包括：①消费时尚，连锁店创造的是一种遍及全球的消费时尚；②平等人格，连锁店提供的是同等服务、同种商品，消费者付出的是同样的价格；③现代节奏，快速服务，快速消费；④简洁明快，连锁店的外观设计、内部装潢布局等，既能不断推陈出新又能保持赏心悦目的自然风格。对大众消费而言，在进行普通消费的同时能享受到如此丰富的“文化”消费，无疑是一种极富吸引力的消费方式。

连锁经营之所以能力创消费，与连锁经营在保持国际化的同时所进行的文化调适密切相关，国际化使其具有“异国风味”，本土化使其具有“本国特色”，两者的完美结合，使连锁商店成为力创消费的主角。这种文化调适表现在两方面：一是母国文化在连锁店输入国进行的调适；二是连锁店输入国文化对母国文化的调适。正是由于这种双向的文化调适，使连锁经营对消费者的吸引力恒

久不衰。

五、我国超市业态的连锁经营

1. 超市是我国零售业发展的首选模式

（1）超市代表现代零售业先进的销售方式

超市自助服务与集中结算的销售方式，对零售业传统的销售方式是一次革命性突破。超市销售的商品必须满足三个条件：一是明码标价；二是规格整齐、定量包装；三是有完备的商品说明。这意味着超市可以向顾客提供标准化的商品和服务。不但对包装工业，而且对工农业生产的工厂化和产品的规格化也提出了新的更高的要求，大大地节省了人力，提高了劳动生产率。超市销售方式的顺利实施，是各部门、各环节相互分工协作的结果。从事商品的购销调存的职能是专门化的，员工岗位工作是简单化的，在零售业中导入大工业分工协作的机理，彻底改变了传统零售业的工艺过程，使零售业走上了标准化作业和规模化发展的现代流通业轨道。

（2）超市代表现代零售业的规模经济性

超市与百货公司的规模经济性不同，百货公司是在一个大店里将分散的消费集中起来的集聚规模，而超市是分散的多门店的连锁规模，因此在网点规模上，超市比百货公司更贴近消费者，在购物便利性方面，超市的规模经济性将更具有活力和适应性。

超市的规模经济性还表现在对工业的渗透和批发功能的增强上。超市以连锁的模式发展到一定规模时，以众多的连锁店为市场销售依托，借助于自己的销售能力和销售渠道，开发自有品牌商品，直接加工、生产和销售，同时取得生产和商业两块利润。超市批发功能的增强依靠的是中央采购制和配送中心的联动功能效应，连锁超市较易取得商品的代理权和经销权，在既定的销售权力区域内，这些商品就不仅是在自己销售网络里出售，还可以通过批发和配送将销售能力放大到系统之外。

超市的规模经济性还表现在营业空间的有效利用和劳动效率的提高上。由于超市采用自助服务方式，使商场用于陈列商品的面积增加，同时超市的销售是一个各部门、各环节相互分工协作的活动，购销调存各部门是专业化的，员工岗位工作是简单化的，大大提高了超市的劳动效率。

（3）超市给消费者带来更多的利益

超市与其他传统零售业态相比，具有购物的便利性、商品的廉价性、购物环境的舒适性、购物时间的快捷性和购物精力的节约性等方面为广大消费者带来更多的利益。随着我国人民生活水平、消费能力的提高及精神文化消费的增长，特别是随着城市生活节奏的加快，人们的购物方式已从单纯购物转变为购物、娱乐

和休闲相结合，到连锁超市购物已成为城市居民购物的主要方式。

2. *发展超市必须实行连锁经营*

连锁经营的发展与超市密不可分，超市给零售业带来的革命性变革，是把现代工业的流水线、生产方式运用到商业经营上，连锁经营以其特有的包容性吸收了超市的这一经营特点，使商业经营由感性上升到理性。连锁超市经营中采用的开架销售、买者自选方式使买卖操作前的类似于生产线设计的需求预测、经营计划、商品陈列、价格设定等经营管理技术的合理化水平成为决定最终销售状况的主要因素。商业经营转变成为一种可管理的技术密集型活动，使经营过程中的不确定因素随之减少，比感性的柜台操作技巧更为重要的是理性的经营运作技术和企业经营管理技术。

连锁经营的集中、统一，不仅要在进货环节，而且要在销售环节实现。实现销售集中统一的一个重要前提是尽量排除每件商品经营上的不确定性，超市的经营方式正好适应了连锁经营的这种需要，连锁超市成员间的技术共享是其规模经济效益的一种实现形式。连锁超市经营中的技术诀窍的社会性和开放性，使现代连锁超市经营的技术优势，不但转化为连锁超市系统的经济效益，而且可以转化为零售业的社会经济效益，从而使商业生产力的迅速发展成为可能。

现代超市必须进行连锁经营，不仅因为超市这种业态最适合于运用连锁经营方式，而且这种业态的本质特征也决定了超市的发展必须实行连锁经营。首先，超市的突出特征是其廉价的大量销售，这是与其他的零售业态竞争能取胜的有力武器。而要做到商品能大量的廉价销售，必须做到采购的大批量进货。而采购的大批量进货所依靠的就是多店铺的销售网络，否则这一切都无法实现。其次，从这种业态要求的低成本营运来看，一套营运机构只为一家店铺服务成本就难于降下来，因此必须实行资源共享。再从营运的效率来看，若店铺只有一家，销售量有限，每种商品的进货批量很少，往往进货得不到供应商在价格、运输和促销上的配合与支持，各项工作的效率由于规模太小而无法做到专业化和社会分工的协作，效率必然低下。超市经营现代化的核心是计算机技术，而超市经营规模化的核心是连锁经营。

复习思考题

一、选择题

1. 美国纽约产生世界上第一家连锁商店的时间是（　　）。

A. 1852 年　B. 1859 年　C. 1895 年　D. 1929 年

2. 一个国家年人均收入达到（　）美元时，连锁经营便可以起步。

A. 150～250　B. 250～600　C. 600～700　D. 700～800

3. 一个国家年人均收入达到（　）美元时，连锁经营便可以大规模发展。

A. 150～250　B. 250～600　C. 600～800　D. 800～1000

4. 零售商业企业亏损的首要原因是（　）。

A. 成本过高　B. 税率过高　C. 管理不善　D. 销售额下降

5. 现代商战中的关键问题是（　）。

A. 市场覆盖面　B. 竞争对手多

C. 进货难　D. 购买力低

6. 世界上第一家超市于（　）年诞生。

A. 1930　B. 1950　C. 1952　D. 1981

7. 稳定连锁经营的关键是（　）。

A. 资金到位　B. 提高员工素质

C. 选好供应商　D. 主力商品正常供应率

8. 确保企业经济效益的关键是（　）。

A. 商品市场适销率　B. 销售额

C. 低成本　D. 货损率

9. 连锁店成功的关键是（　）。

A. 商品有特色　B. 价格低

C. 适销对路　D. 总部功能强

10. 吸引顾客购买的关键是减少商品缺货率，缺货率应控制在（　）为宜。

A. 1%　B. 2%　C. 3%　D. 4%

二、填空题

1. 零售业态的分类主要依据零售业的选址、规模、______、______、______、经营方式、服务功能等确定。

2. 如今美国超市食品与生活必需品销量占同期总零售量的______。

3. 正规连锁的特征包括______、______、______。

4. 特许连锁的特征包括______、______、______。

5. 自由连锁的特征包括______、______、______。

6. 连锁商店管理上本质特征体现在______、______、______和差别化，简称“4S”。

7. 超市经营规模化的核心是______。

8. 连锁分店数量高速增长的关键原因是______。

三、名词解释

1. 零售业态　　2. 连锁经营的类型
3. 百货商店　　4. 专业店
5. 专卖店　　6. 购物中心
7. 超级市场　　8. 大型综合超市
9. 便利店　　10. 仓储式商场

四、简答题

1. 常见的零售业态有哪些？
2. 超市与其他业态比有什么特征？
3. 什么是连锁经营？
4. 简述中国零售业态未来十年的发展趋势。
5. 超市的目标市场定位在哪些消费者？
6. 简述连锁经营的优势。
7. 简述连锁经营的作用。
8. 超市为什么要进行连锁经营？

案例分析

麦德龙在中国市场的竞争战略

一、麦德龙企业基本情况

1964年,Otto Beisheim博士教授在德国鲁尔区创建了第一家现购自运C&C (Cash & Carry) 商场，截至2005年12月31日，麦德龙集团已拥有包括仓储会员店、超市、百货商店和专卖店等业态在内的1836家店铺，2005财政年度的销售额达557亿欧元

1．中国麦德龙概况

麦德龙于1995年来到中国并与中国著名的锦江集团合作，按照6：4的执股比例建立了锦江麦德龙现购自运有限公司。1996年，麦德龙在上海开设了第一家商场。麦德龙的到来填补了中国在仓储业态上的空白。

2．发展情况

在中国连锁经营协会发布的《2005年中国连锁百强企业》排名中，麦德龙

以75.46亿元的销售额位居第28位。截至2006年1月12日，中国麦德龙已经开设了 29 家现购自运商场。麦德龙在中国的良好销售业绩主要来源于它采取的正确的竞争战略，也就是低成本集聚战略，主要反映在目标市场的选择和低成本的运作方法上。

二、“有限顾客论”的目标市场选择

麦德龙集团有多种经营方式，如百货商场、大型超市、超市、专营店、仓储式会员店、大型装饰建材商场等。经过对中国长达 6 年的市场调研，他们决定率先引入仓储式会员店。这种业态的主要顾客是小型零售商，他们对采购的要求是数量少、品种多，以有限的资金形成较丰富的商品结构，在中国目前还较缺乏能满足这样要求的批发机构。据统计，上海地区商业系统中从业 100 人以下的企业占 97%，资金在 100 万元以下的企业占 92.5%，市场潜力很大，具备实行低成本集聚战略的市场条件，但在中国大量的个人消费者也成为了其重要的目标顾客。为“有限顾客”提供高品质服务的主要做法有：

1）麦德龙直接为企事业单位、中小零售商、宾馆等法人团体服务，顾客一律凭会员卡入场购物，并可携带一名助手入内。

2）商场设计、商品的包装和经营管理都服从于为法人团体服务，并在商品信息和经营咨询上给予会员单位无偿的服务。例如，每周向会员单位寄送邮报、提供商品特性、质量、规格和价格，便于全球客户作采购决策。

3）公司和各商场均设立客户咨询服务部门，通过收集信息，针对各客户的经营情况进行业务咨询，提供有效的方案，帮助客户提高业绩。

4）在周边竞争对手增加的情况下，麦德龙又推出重点顾客服务制度，对采购量大的顾客进行特别的跟踪服务，始终保持密切联系。

三、以“有限顾客论”实现低成本战略

麦德龙以“低成本、低售价、低毛利、高销售、高标准”为指导思想赢得了顾客的合作与信任，获得了一大批稳定、忠诚的顾客群。其能长期保持低成本、低售价的原因有以下几个方面：

1. 实行 C&C 制，降低成本

C&C（cash and carry）制中的 cash 即现金结算，公司与工厂结算时间在 7～30 天，守信誉、不拖欠、保证资金回笼，与供货方保持良好的关系。Carry 即自运自送，商品有工厂送货上门，客户自已带车购货，超市免费提供600个车位，麦德龙是国际上最成功的和最大的 C&C 制企业。这种方式在降低成本方面的作用体现在以下几个方面：

1）缩短资金占用时间。商品在供应商、麦德龙、买方三者之间能以最低的成本和最少的资金占用时间流通，减少风险。

2）降低采购价格。以现金支付和借助麦德龙巨大的销售网络出售商品对于供应品而言是一种极大的便利：一是货出款到，有利于厂家回收资金投入再生产；二是可依托麦德龙通向广阔的市场，有利于均衡生产；三是可节约厂家开拓市场的人力、物力的成本。因此，供应商愿以较低的出厂价提供商品。

3）降低商场的运输成本。公司不设配送中心，厂家直接送货到商场，商场不需要到厂家提货和向买方送货，减少了运输支出和服务成本。同时，沿高速公路开设商场，利用便利的交通条件减少厂家的运输成本和买方的采购成本，体现良好的合作理念。

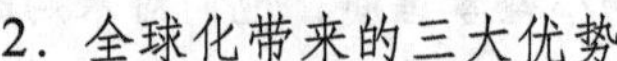

2．全球化带来的三大优势

(1) 强大的议价能力

集团强大的国际背景为其提供了世界范围内的议价能力。麦德龙由于采取大批量的销售方式，使得商品周转迅速，供应商愿以以较低价格提供商品，实现了一般企业难以实现的低成本采购。

(2) 学习曲线效应

麦德龙总部以其长期积累的经验，把整个企业范围内的管理、技术、营销技能结合起来，通过各种形式，为分部培养了大批人才，使一个个新的单位快速形成竞争力，并且能力体系不断扩大。

(3) 经营连锁化

公司实行统一采购、统一销售、统一核算、统一开发，各个商场分散经营，严格实行各级、各岗位的目标责任制和专业化分工，最大限度地运用资金、场地、时间、人员等各种资源，降低了整体运营成本。

3．用先进技术推动管理进步

麦德龙全球首创的以前台系统和后台订货系统为主干的管理信息系统，包括了商品进、销、存的全过程，实现了商流、物流、信息流的高度统一。这套管理信息系统是连锁经营的核心技术，是实现低成本优势的一个重要方式。当商品数量低于安全存量时，EOS 订货系统会自动打出订单，向供货单位发出订货通知，将存货量控制在最合理的范围内，保持了商品的持续供应，大大降低了流通成本。

4．企业价值链的每一环节都要求低成本

公司在各个环节都进行严格的成本管理和控制，如选址于城郊结合部，降低土地使用成本；采用简洁实用的建筑外观设计和内部装潢，降低投资成本；严格控制采购活动，杜绝场外交易，使进价控制在最低程度；精简的组织机构，减少管理人员（一个商场只设 1 名经理，不设副经理）；自助式的购入方式，减少销售员工数量和人力成本；根据不同的营业时间段，采取灵活

的用工制度；严格控制损耗率，如锡山店0.08%的损耗率为麦德龙全球之最；不做广告、不发邮件，控制广告费用以降低商品价格，让利给顾客等。

（资料来源：http://www.smxdd.cn/admin/edit/UploadFile/2009121893334479.doc）

思考与讨论

1. 麦德龙属于哪一种零售业态？
2. 麦德龙的业态特征有哪些？
3. 麦德龙的竞争优势是什么？

第二章

连锁超市开发决策

【学习目的与要求】

本章主要介绍超市商圈及其分析，店址选择的可行性研究，连锁超市选址技术及投资分析方法。要求了解商圈的概念及各种设定方法，店址选择的前提条件；深入理解商店成功经营的方略，费用、投资、销售额及盈亏平衡点的预测；清晰认识门店选址的重要性和程序；掌握商圈调查及其分析方法、选址报告的撰写技术等。

选址好等于成功一半

经营一个小休闲吧一年多的时间，从当初的惨淡维持到渐有起色，业主赵女士说，开店选地址是非常重要的，不能只凭自己的主观判断和房东的热情推荐，否则经营得再好也受先天不足的制约。

赵女士很早就有自己创业的想法，单位的效益不太好，更坚定了她自己创业的决心。经过自己的考察和朋友的建议后，她选择了开一个小型休闲吧。大连人在娱乐方面较喜欢打扑克，赵女士就看好了这个市场，考虑到大连一些繁华地带已经有了很多著名品牌的连锁咖啡店，赵女士就决定从次一级的地段入手，黄河路沿线成了她的首选。看了好几个地方，租金都太贵，后来一个大约60平方米的小店面吸引了她。这个地方原先开过饭店，包间的格局基本已经定了，装修不用太费劲，而且原来的经营不太好，房东租得很便宜，每个月只要2000元。一个缺点就是不临街，而是在黄河路的侧面上。但房东的热情劝说让她下定了决心，后来这个缺点成为影响营业额的重要原因。

装修的花费不高，在墙上刷上黑色、黄色的油漆，挂上一些葵花、舵轮、纸灯什么的，格调就出来了，她又购置了一批藤质的桌椅。小休闲吧里包括两个小包间和五个散台，再从朋友那里找来一些时尚的杂志，租下来10天左右就开业了。收入的主要来源就是饮料和小吃等，为了拉开消费档次，赵女士将每杯饮料定位在15元左右，基本一来就是4个人，再加上扑克、小吃等消费，所以基本一桌消费就是100元左右。赵女士预计一共7张桌子，按一半的上座率，每天翻两台，每天营业收入就可以达到700元。咖啡、小吃的成本很低，初期只请了一个服务员，工资600元。这种小吧只在客人刚来的时候忙一点，太忙了自己就顶一阵。这样每月的营业额能达到2万元。

但实际情况并不如赵女士估计的那样。地段不醒目，客人来得零零落落，周围几个没有固定职业的邻居倒是常来。因为没设最低消费，他们只要一壶20元的茶水，几个人就能坐上一天。烟抽得很大，小店面积还小，也影响了别的客人。赵女士想了几种办法来增加人气，联系几位常玩的朋友，让他们把客人往这儿带，发打折的会员卡等。一番努力之下，人来得渐渐多了，这时候地段又成为致命的影响，朋友让人来，电话里说了好几遍人家也不知道怎么走，发传单，标明小店的位置也费了很大周折。现在，赵女士的小休闲吧渐渐上了人气。她总结自己的创业经验表示，地段还是非常重要的，好地段可能会贵一点，但是绝对物有所值，同样一番努力，如果地段好一点，自己多付出的租金也早就挣回来了。

（资料来源：http://news.qq.com/a/20060524/000778.htm）

第一节　商圈及其分析

一、商圈的概念与设定方法

商圈即商业圈，指到该商店购物的消费者居住地所分布的地区范围。商圈范围的大小与形状，受多种因素的影响，商圈的形状通常是多角形的。

商圈的中心便是商店的所在地。因为商圈是多角形而不是圆形的，所以商圈可以有多种半径，半径指从商圈中心到商圈外边缘的距离。有时为了计算分析的方便，才假定商圈是圆形的。

商圈按距离其中心的远近可分为主要商圈或称核心商圈、次要商圈和边缘商圈三个层次：①一般主要商圈含有连锁超市顾客总数的55%～75%，顾客在商圈总人口中所占的比例最高，平均每位顾客的购买额也最高；②次要商圈含有顾客总数的15%～25%，生鲜食品和日用品超市对本区域顾客吸引力较小；③边缘商圈含有其余的顾客，这些顾客住得最分散，便利店吸引不了边缘区域的顾客，只有选购品店才能吸引他们。

按着商圈的平均半径（即最大到最小等多种半径的平均值）可分为中小商圈、大商圈和超大商圈。中小商圈指平均半径在500～1500米范围内，顾客徒步或骑自行车均可直达，超市以销售生鲜食品和日用必需品为主；大商圈指平均半径在 5000 米以内，顾客乘车到超市购买选购品为主；超大商圈指平均半径在5000米以外，顾客利用公交车、高速公路或地铁到超市购买特殊商品。

1. 超市商圈的经验设定法

（1）业态不同，商圈范围不同

超市与百货商店、专业店和购物中心等业态比较商圈偏小，超市是奉行小商圈主义的，一般来店单程时间约为 10 分钟。地处社区、居民区的超市商圈人口应不少于7万～12万人；以经营食品为主的超市商圈更小，商圈人口仅为4 万～5 万人。市场调查显示，人们经常性购买鱼、肉、蔬菜和水果时，购物距离不超过2千米；而购买服装、化妆品、家具和耐用消费品时，购物距离为4～5千米。

（2）超市所处位置不同，商圈范围不同

位于城市中的超市商圈比位于市郊的超市商圈范围要小得多。日本超市调查统计超市位置与商圈范围的关系参见表2.1。

表 2.1 超市位置与商圈范围

半径：米

超市位置	徒步商圈范围	自行车商圈范围	小汽车商圈范围
城市	300～500	700～800	
市郊	500	1500	3000

（3）超市规模不同，商圈范围不同

超市规模越大，商圈范围越大，反之则越小。法国超市调查统计超市规模与商圈范围的关系参见表 2.2。

表 2.2 超市规模与商圈范围

超市规模	面积/平方米	商圈范围
小型超市	120～399	步行 10 分钟以内
中型超市	400～2499	步行 10 分钟或开车 5 分钟
大型超市	2500 以上	开车 20 分钟左右

（4）顾客购物出行方式不同，商圈范围不同

顾客购物出行的方式越现代化、机械化，商圈范围越大，反之越小。此外，地形也影响商圈的范围，如坡道、山河、汽车通行量大的道路和铁路等。

（5）顾客购物频率不同，商圈范围不同

由于收入水平、消费习惯的影响，即使对同一商品也会出现购物频率的差异，这种差异会影响超市的商圈范围。通常，顾客购物频率越高，商圈范围越小，反之越大。顾客购物频率与超市商圈范围的关系参见表 2.3。

但在市郊或小镇，如无其他超市时，原来半径为 500 米的商圈可延伸到 3～4 千米以外。

表 2.3 顾客购物频率与商圈范围

半径：米

超市位置＼购物频率	商圈范围		
	每天购买	每周 3～4 次	每周 1 次
城市	300	500	700～800
市郊	500	700～800	1500

2. *顾客问卷调查商圈设定法*

在实际运作中，超市主要通过来店顾客问卷调查的方法设定商圈。

（1）设计调查问卷

问卷的主要项目有：①顾客的住址；②顾客的来店频率（次/周、次/月）；

③顾客去大型店购物的频率；④顾客去竞争店购物的频率。

（2）制作商圈地图

在收集来的问卷中，选取 100～150 份，在地图上将顾客问卷上填写的住址标示出来，并将各住址用线连起来，商圈的范围便展现出来。

（3）计算商圈内的住户数

确认商圈后，利用住户资料计算出户数。

（4）计算销售额

户数乘以每户每月的生活费用支出（食品、饮料和日用品的支出），即为该家超市的营业额。

（5）划分商圈层次

商圈的范围一般可按销售额与市场占有率分为三个层次，即：第一商圈，市场占有率在 30%以上，占该店销售额的 70%；第二商圈，市场占有率在 10%以上，占该店销售额的 25%；第三商圈，市场占有率在 5%以上，占该店销售额的 5%。商圈层次的划分参见表 2.4。

表 2.4　商圈层次的划分

商圈层次	市场占有率	占销售额比例
第一商圈	30%以上	70%
第二商圈	10%～30%	25%
第三商圈	5%～10%	5%

3. 公式计算商圈设定法

（1）零售引力规律

美国学者 W. J. 赖利（W. J. Reilly）1931 年根据牛顿力学的万有引力理论，提出了“零售引力规律”。他认为一个城市的商店对周围地区的吸引力，与它的规模成正比，与离它们之间的距离成反比。其公式为

$$\left(\frac{Ba}{Bb}\right)=\left(\frac{Pa}{Pb}\right)\times\left(\frac{Db}{Da}\right)^2$$

式中：B_a——A 市吸引 C 市人口的比率；

B_b——B 市吸引 C 市人口的比率；

P_a——A 市的人口数；

P_b——B 市的人口数；

D_a——C 市到 A 市的距离；

D_b——C 市到 B 市的距离。

【例 2-1】 假设 A 市有人口 40 万人，B 市有人口 10 万人，C 市位于 A、B 两市之间，距 A 市 30 千米，距 B 市 10 千米，求其商圈分界点的位置。

解：

$$\left(\frac{B_a}{B_b}\right)=\frac{40}{10}\times\left(\frac{10}{30}\right)^2=\frac{4}{9}$$

可见 C 市的人口到 A、B 两市购物的比率为 4:9，C 市到 B 市购物的人要多于到 A 市购物的人，B 市的集客力较大。则其商圈的分界点为距 A 市 26.7 公里的地方。

（2）裂点理论

美国伊利诺大学的经济研究学者 P. D. 康弗斯（P.D. Coverse），在赖利的零售引力模式基础上，1949 年提出了"裂点理论（breaking point）"。他认为两个城市影响区的断裂点（或称商圈分界点）可用下式求得：

$$D_a=\frac{D_a+D_b}{1+\sqrt{\dfrac{P_b}{P_a}}}$$

式中：D_a——A 地到商圈分界点的距离；

D_b——B 地到商圈分界点的距离；

D_a+D_b——A、B 两地之间的距离；

P_a——A 地的人口总数；

P_b——B 地的人口总数。

【例 2-2】 A 地与 B 地的人口数分别为 30 万与 270 万，两地间的距离为 40 千米，求其商圈分界点的位置。

解：

$$D_a=\frac{40}{1+\sqrt{\dfrac{270}{30}}}=10（千米）$$

则 A、B 两地的商圈分界点位于距离 A 地 10 千米处。

（3）科亨・阿普波姆法则

阿普波姆的创新在于两点：一是把两地的卖场面积作为影响因素之一，舍弃了人口方面的影响因素；二是将两地间距离换算为小汽车的行驶时间，更符合现代社会的特点。其公式为

$$D_a=\frac{D_a+D_b}{1+\sqrt{\dfrac{P_b}{P_a}}}$$

式中：D_a——A 地到商圈分界点的时间距离（小汽车行驶时间）；

D_a+D_b——两地之间的时间距离（小汽车行驶时间）；

P_a——A 地的卖场面积；

P_b——B 地的卖场面积。

（4）哈里斯的潜能模式

C. D. 哈里斯法则是通过比较两个城市的人口比、到第三地的时间比和卖场面积比，来决定两城市间的商圈分界点。

【例 2-3】 A 城有 35000 人，卖场面积为 2400 平方米，到第三地 C 城的距离需行车 5 分钟，B 城有 8000 人，卖场面积为 600 平方米，到 C 城的距离需行车 10 分钟，求其商圈分界点的位置。

解： A 与 B 城的人口比为：35000∶8000=4.4∶1

A 与 B 城的卖场面积比为：2400∶600=4∶1

A 与 B 城的距离比为：5∶10=1∶2

因为人口、卖场面积与吸引力是正相关关系，而距离是负相关关系，所以，A 城与 B 城距离比应为 2∶1，将三个比例数相加则为 10.4∶1，这个比例数就是 A 与 B 两城商圈的分界点。实际上是两个城市实现的销售额的比率。也是推算市场占有率的方法。

虽然上述各种法则都有一定的规律性，但仍不能将各种影响因素都考虑进去。显然，应根据本地区实际情况，综合运用各种商圈设定法进行分析，才能获得接近实际的超市商圈。

二、商圈的调查与分析

1. 市场调查的目的

1）设定商圈范围。了解设店预定地点周围能吸引多少住户，住户的居住范围及每周购物频率等。

2）调查商圈顾客。根据有关顾客的年龄、收入、职业以及人流、车流等资料判断商圈的消费特点，设计超市的商品结构、等级和价格水平等。

3）预测超市开业后的营业额，尤其是第一年的营业额。

4）调查竞争店。根据竞争对手的实力，如卖场面积、商品品种、单位面积效益、商品价格竞争力、停车能力等，估计其对本店的影响程度。

5）卖场的适当规模。卖场面积越大，集客力越强，但单位面积效益不一定最佳；反之，集客能力差，但单位面积效益越好。因此，必须估量市场占有率和投资盈亏平衡点后，再确定适宜的卖场规模。

6）投资回收的可行性。评估营业平衡之后的收益是否大于平衡前的亏损，在规定年限之内回收投资的可行性等。

2. 市场调查资料的来源

市场调查的资料必须准确、可靠、全面、有效，否则预测的结果与未来的实际情况误差太大，以致没有使用的价值或导致决策的失误。因此，应该慎重地选择资料的来源，既可以用第一手实地调查的资料，也可以选择第二手间接调查的资料。部分资料的来源参见表2.5。

表2.5 部分调查资料的来源

资料类别	资料来源
人口数、户数资料	城市政府、户籍管理部门或居委会
城市规划、建设指定用图	城市政府、住宅局或城建管理部门
竞争分布图	实地调查、行业协会、工商部门
竞争店销售业绩	实地调查、行业协会、工商部门
商业业态与格局的发展变化	城市政府、行业协会、工商部门

3. 商圈调查与分析

（1）商圈潜力调查

商圈潜力调查是了解商圈范围内有多少人口、多大客流量，以确定超市的发展前景如何。同时，商圈潜力调查也是为了研究所面对的消费者，以便确定自身的市场定位、经营规模和经营策略。

1）商圈人口调查与分析。商圈人口调查过程中应注意四点：一是超市所要求的商圈人口数量依规模、地点、竞争情况而有所不同，超市的规模越大要求的人口越多；二是空间障碍因素，如山川、交通干道等会阻止部分顾客；三是竞争店因素，竞争店会瓜分市场占有率；四是人口增减趋势，在一个人口逐渐增加的新区开店较易成功，而在一个人口逐渐减少的老区开店较易失败。

商圈人口调查内容如下：①人口数量，包括常住人口数和流动人口数，流动人口的来源和目的；②人口密度，每平方公里多少人，占该地区的第几位；③职业结构，一、二、三产业各占多大比例，或按职业继续细分；④家庭规模，一共有多少户，平均每户有多少人；⑤男女性别，男女性别各占多少比例；⑥年龄比例，各种年龄段的人口百分比；⑦教育结构，可绘出消费结构比例图；⑧小区规模，每年住户增加的数量。

2）商圈客流量调查与分析。随着我国经济和文化事业的蓬勃发展，农村流动人口大量涌入城市；伴着世界经济一体化的进程，世界各地的人员交往日益频繁，流动顾客已成为超市重要的客源。商圈客流量的调查，除调查商圈内常住人口外，还需对流动人口的流量、流向、流动时间和流动目的进行仔细调查与分析。

3）潜在消费额调查与分析。潜在消费额是在对人口调查的基础上，进一步调查消费者的收入水平和支出水平后测算出来的。收入水平主要是指居民平均收入水平，在全国、全地区或城市中处于什么水平，超市店址的商圈内居民平均收入水平最好高于全国、本地区和本城市的居民平均收入水平方好设店。据每个人或每个家庭的消费内容分别预测各种商品的消费额，为确定商品结构提供依据。商圈的潜在消费额必须大于超市规划的销售额，还应剔除超市不经营的商品部分。

4）顾客消费倾向分析。超市选址仅对商圈内人口、收入和支出进行一般分析还不够，要在此基础上具体分析顾客的消费倾向，从而选定连锁经营的目标市场。通过了解消费者购买商品时的活动范围和购买某种商品经常到哪个商店去，可以洞察消费者选择商品的标准和习惯以及价格敏感度。①消费者意愿调查与分析。了解顾客感兴趣的商品与服务；对未来商店有何期望；希望在该地建何种规模和类型的商店；②消费者行为调查与分析；了解顾客购买的动机与习惯；购买的时间与次数；购买地点与购买时的出行方式；③耐用品拥有率调查与分析。主要指小汽车、电脑、微波炉等的普及率，可直接反映出消费习惯。

（2）城市结构调查

主要了解该地区内的公用设施、交通、生活环境以及将来的发展计划。

1）地势。调查设店地区内的地形状况，尤其应了解平地的广阔度及腹地的大小。对于气候的特殊性也要做深入的了解。

2）交通。为了获得较大的人流量，超市应位于人口容易集中或流量特别大的地方。对于交通线路、车辆往来班次和载运量均应重点调查，停车场地也必须考虑。

3）繁华地段。繁华地段开店的地价和租金昂贵，必然提高投资成本，应考虑如何进行有效的运用及将来可能变化的方向。

4）各项城市功能。设店位置若在行政、经济、文化活动密集的地方，则城市功能易于发挥，人口流量也较集中，如行政管理、金融机构、商品流通、餐饮娱乐等功能齐备的区域。调查时应明确流动人口是以公务和上下班人口为主体，还是以购物、社交、娱乐的流动人口为主体。

5）城市发展规划。除城市结构的现状外，有关将来的发展规划，如商业区建设计划、社区发展计划、交通网开发计划等，均应成为设店选址时的考虑要点，对将来商圈的变动进行预测时也要以此为依据。特别是超市以连锁经营的方式发展，不仅要考虑单店的选址，而且还要考虑连锁网点的发展布局。

（3）零售业结构调查

调查资料不但可作为设店可能性及经营规模的判断依据，还可作为该地区零售店商业活动的指针及洞悉各零售店动向的依据。

1）地区销售动向。对营业面积、从业人数、年营业额进行调查，尤其应了解营业面积、营业额总量以及过去的增长情况，还应对城市中心及周边地区的销售额密度、商圈范围进行比较。

2）各业态、各品种销售动向。对设店地区内各业态的商店构成及各品种的销售额进行统计分析，即可了解商圈内消费者的购物情形，也可作为设店时商品结构的参考。

3）商业地区间的竞争情况。将各地区间的商品构成、目标顾客进行比较，以便深入了解竞争情况，并以此分析各地区间的特性。

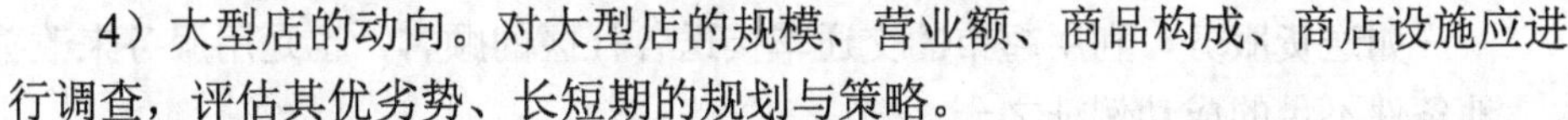

4）大型店的动向。对大型店的规模、营业额、商品构成、商店设施应进行调查，评估其优劣势、长短期的规划与策略。

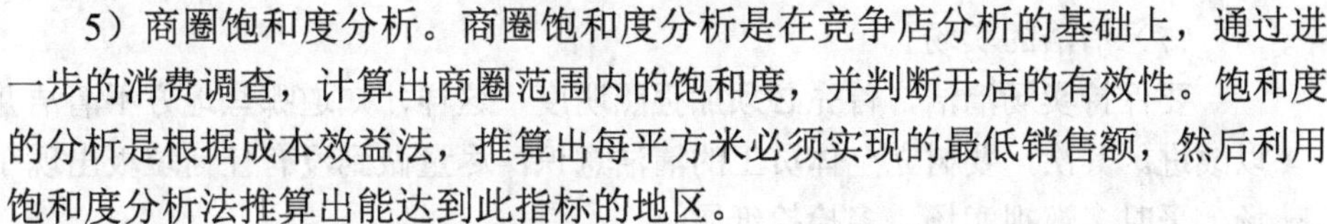

5）商圈饱和度分析。商圈饱和度分析是在竞争店分析的基础上，通过进一步的消费调查，计算出商圈范围内的饱和度，并判断开店的有效性。饱和度的分析是根据成本效益法，推算出每平方米必须实现的最低销售额，然后利用饱和度分析法推算出能达到此指标的地区。

竞争同行调查与一般的商圈竞争店调查并不相同，它比较注重经营层面，而并非单指某一商圈内的竞争店。除要进行商圈内的竞争店调查与分析外，如果所开超市是地区性商店，则至少应对同一县、市行政区域内的其他超市进行调查；如果超市是全国性的连锁店，则必须对全国各地区的知名超市进行调查。

4. 商店成功经营方略

商店能否经营成功，完全取决于消费者。可是如何经营才能最大限度地满足消费者的需求呢？据调查，吸引顾客来店的主要因素为地点方便、距离近、停车场大、停车容易、商品价格便宜、商品品种齐全、商品鲜度和品质好、店铺其他服务很好以及清洁等。

（1）地点

在选择商店时，有70%以上的顾客以距离近为首要考虑因素，可见商店以选择在消费者经常出入的地方为最佳。除了地点因素，其他条件就是商店之间的竞争了。

（2）便宜策略的运用

让顾客觉得便宜是商圈策略的第一招，尤其当超市低价销售消费者每日必需的，购买频率高的果菜类商品时，顾客便会主动宣传。其次，也可用特价品、牺牲品来吸引顾客。

（3）品种齐全

商品齐全的先决条件是卖场面积大、主通道宽。商店集客力是与卖场面积的大小成正比的。

（4）停车场面积和出入的方便性

驾车购物者越来越多，超市若有大型停车场，顾客将感到更方便，地理位置方面的不利因素也比较容易克服，顾客的平均消费额也会提高。

（5）商品的品质与鲜度

对以食品为主的超市，食品的品质与鲜度是基本条件。超市可通过保持合理的价格，加快库存周转，从而提高食品的鲜度。严禁销售腐败损坏的商品，不然，无论价格如何便宜，顾客也不会有兴趣购买。

（6）其他服务

如送货服务，利用超市的交通车接送各社区的顾客，也是用服务来改善立地条件不足的成功例证之一。

（7）清洁的卖场

要保持卖场清洁，首先必须加强照明度，这样才知道哪些地方不清洁并加以改进。其次，要树立全体员工的清洁意识，尽量做到没有任何垃圾出现在卖场，平时多巡视卖场、多捡拾纸屑。

（8）员工的服装仪容

笑容、接待用语最容易让顾客感觉自己受到尊重，企业的形象是从员工开始的。

第二节　店址选择的可行性研究

可行性研究起源于20世纪30年代，美国在开发田纳西流域之前，进行了大量的调查和综合分析，对开发后可能出现的各种情况进行了充分地估计和测算。这项工程投资取得了良好的效果。由此，工程项目前期研究工作引起了各国的充分重视，出现了可行性研究的概念。

可行性研究的目的是为了对建设项目的经济效益作出正确的判断，得出明确的结论。或者推荐一个令人满意的方案；或者是提出几个方案，并陈述各个的利弊，供决策者选择。

零售业的特性是立地产业，店址选择必须经过仔细评估，否则事后无论怎样努力，也无法挽救败局。连锁超市店址选择对开店成败的影响力可达70%。

一、店址选择的前提条件

1. 企业定位

企业定位应从产业特性、目标市场特性、竞争者特性和企业自身条件4方面来明确，以选择适合于企业发展的店址。

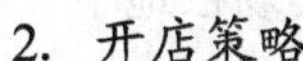

2. 开店策略

开店策略可以从经营、商圈、立地、销售4方面进行综合选择，首先应分析经济环境、政府政策和消费环境等动态因素，再选择适合企业自己的开店策略。

（1）经营

1）单店或连锁店。连锁超市都以连锁店的形式经营，仅此一家的单店超市较少采用。

2）地方性或全国性。目前我国正处于连锁超市大发展的时期，地方性和全国性的连锁超市同时发展。

3）独立式或附属式。独立式指以连锁超市为主体或兼营百货，附属式指百货公司附属的超市。

4）大众化或高格调。大众化指商品价位大众化，高格调指商品档次高、装潢和设备豪华、人员服务品位高雅。

5）以生鲜为主或以杂货为主。以生鲜为主指以生鲜食品为主力商品，注重生鲜处理技术。大都采用现场处理及面对面的销售方式。以杂货为主指以杂货商品为主力商品，注重销售管理、价格策略和促销活动。

6）超市专业或超市加其他产业。超市专业指不经营其他行业，有些超市还有其他行业经营或出租店面和柜台。

7）自营物流中心或委托物流中心。规模大的连锁超市往往自营物流中心，目前国内连锁超市有些采用委托物流中心。

8）购买或承租。购买超市所在地点的所有权或以10年期的合约方式承租经营。

9）求生存、求发展或求收益。求生存指以店养店，即在已开店有盈余或有闲置资金时再开新店；求发展指以抢占据点的方式快速开店；求收益指只开赚钱店。

（2）商圈

1）市区、郊区、社区和交通枢纽区。市区指大中城市内商业及人口集中区域；郊区指大中城市的城乡结合部或卫星城镇；社区指大中城市内新开发的大型住宅区；交通枢纽区指车站、码头和大型公共场所等流动人口聚　集区。

2）商业区、住宅区和办公区。商业区指零售商业集中的繁华区；住宅区指常住人口集聚的区域；办公区指职工集聚的区域。上述各种区域往往是相互交叉的，所以要根据实际情况划分。

（3）立地

1）独立建筑或复合式建筑。独立建筑指某建筑物仅经营超市及其相关业务；复合式建筑指某建筑物除经营超市外还有其他用途。

2）地上或地下。地上指卖场在一层楼以上；地下指卖场在地下一层以下。

3）有停车场或无停车场。指超市附近有无停车场。

（4）销售

1）自助式或自助加面对面销售。自助式指卖场完全采用开架式销售；自助加面对面销售指卖场大部分采用开架式销售，少部分采用人员面对面销售。

2）单层楼或多层楼经营。单层楼经营指卖场在同一层楼面内；多层楼经营指卖场在多层楼面经营。

3）现场处理或原厂处理。现场处理指大部分生鲜食品的加工、包装、标价等作业均在超市作业场进行，商品鲜度较易掌握；原厂处理指大部分生鲜食品均在原生产厂统一制作，再配送到各分店，处理效率高，可节省人力费用。

二、立地调查的主要目的

1. 了解优良立地的基本条件是否具备

1）开店后应有 10 年以上的持续经营的能力。

2）具备足够的集客能力。

3）出入方便的超市腹地（卖场和停车场）。

2. 确定立地条件的三要素是否具备

1）人口数和户数：至少支持一家超市的经营。

2）道路交通工具：可抵达店铺购物的方式。

3）卖场面积大小：吸引顾客的能力。

3. 判断预估营业额是否准确度高、误差小

为了预估营业额准确度高，需对过去、现在、未来的经济背景指标、市场资料、竞争资料、资源和销售因素的变化进行详细地分析。

4. 形成拟订经营计划的依据

卖场的投资规模会影响盈亏平衡点、营业额和资金回收年限，同一立地条件会因不同的投资策略而影响以后的经营成本，所以有立地调查结果，才可能有经营计划。

三、超市选址的城市商业条件

1. 城市类型

先考察城市的地形、气候等自然条件，再调查行政、经济、历史、文化等社会条件，分析是工业城市还是商业城市；是中心城市还是卫星城市；是历史

城市还是新兴城市。这些条件影响着超市的规模和特色。

2. 城市设施

分析学校、图书馆、医院、公园、体育馆、旅游设施、政府机关等公共设施是否能起到吸引消费者的作用，了解城市设施的种类、数目、规模、分布状况很有必要。

3. 交通条件

对店铺选址影响最直接的因素是交通条件，包括城市区域间的交通条件和区域内的交通条件等。

4. 城市规划

街道开发计划、道路拓宽计划、高速公路建设计划、区域开发计划等城市规划都会对未来商业产生较大影响。

5. 消费者因素

包括人口、户数、收入、消费水平及消费习俗等。

6. 城市的商业属性

包括商店数、员工数、营业面积、销售额等绝对值以及由这些绝对值除以人口数所得的人均零售额。

四、超市的区域选择

不同规模的超市、不同目标市场的超市可以选择不同的商业区。

1. 市级商业区

城市零售商业中心区顾客流动性较大、旅游观光顾客占一定比例，不适合发展规模较大、网点较密的超市，可建立适合于流动性顾客和旅游观光者需求的特色超市。

2. 区级商业区

城市中地区性零售商业中心，是常住居民的汇集地，适合发展中型超市。

3. 街道商业区

沿某条街道而形成的小型零售商业中心，靠近居民区，租金便宜，适合发展迷你超市。

4. 居民区

纯粹居民区通常附近没有商业区或商店，可以独立地设立大、中、小各种规模的超市，超市规模应根据居民区购买能力等情况而定。

5. 购物中心

购物中心是聚集各种零售业态的场所，集客力较强，往往能满足人们一站式购物的需求，常设有停车场，进行统一集中管理的商业场所，一般可设置一至两家大中型超市。

五、超市的商圈条件

1. 人口数、住户数

超市商圈内人口应在4万人以上，且有不断增加的趋势方可建立超市。商圈内现有住户数、年龄结构、职业类别和消费行为等是选址的重要因素。

2. 竞争店数

了解商圈范围内竞争店的数量，确定是否有再开店的市场容量。

3. 客流状况

调查估计通过店前的行人最少流量、流向、流动时间和流动目的。

4. 道路状况

包括人行道、街道是否有区分，过往车辆的数量、类型以及道路宽窄等。

5. 附近店状况

包括经营品种、规模、外部装饰和格调等。

6. 场地条件

包括店铺面积、形状、地基、倾斜度、高低、方位、日照条件和道路连接状况等。

7. 停车条件

停车条件、顾客停车场以及供应商使用的进货空间等。

8. 法律条件

新建分店或改扩建旧店时，应查明是否符合城市规划及建筑方面的法规，特别是了解各种限制规定。

9. 投资的最高限额

以预估的营业额或卖场面积为基准进行测算。

10. 员工配置

以卖场面积为基准进行测算，如每人服务面积不低于20平方米。

通过商圈条件的分析，对商圈的购买力、成长力、融合力、竞争力、吸引力、共存性、独特性等综合条件进行判断。

第三节 连锁超市选址技术

一、连锁超市选址应遵循的原则

1. 方便顾客的原则

满足顾客需求是连锁门店经营的宗旨，因此，连锁店位置的确定必须首先考虑方便顾客购物，也就是为顾客节省交通成本、时间成本、体力成本。为此连锁店要符合以下条件：

1）交通便利。车站附近是过往乘客的集中地段，人群流动性强，流动量大。如果是几个车站交汇点，则该地段的商业价值更高。连锁店开业之地如选择在这类地区就能给顾客提供便利的购物条件。

2）靠近人群聚集的场所，可方便顾客随机购物，如影剧院、商业街、公园名胜、娱乐、旅游地区等。这些地方可以使顾客享受到购物、休闲、娱乐、旅游等多种服务的便利，是连锁店开业的最佳地点选择。但此种地段属经商的黄金之地，寸土寸金，地价高费用大，竞争性强。因而虽然商业效益好，但并非适合所有连锁店经营。

3）人口居住稠密区或机关单位集中的地区。由于这类地段人口密度大，且距离较近，顾客购物省时省力，比较方便。连锁店地址如选在这类地段，会对顾客有较大吸引力，很容易培养忠实消费者群。

4）符合客流规律和流向的人群集散地段。这类地段适应顾客的生活习惯，自然形成“市场”，所以，能够进入连锁店购物的顾客人数多、客流量大。例如，我国人民的生活习惯是大部分时间在工作单位和家庭地点之间来回，所在在单位集中地可以开办公用品店，在居住区可以开超市。

2. 有利于连锁店的开拓和发展

连锁店选址的最终目的是要取得经营的成功，因此要着重从以下几方面来考虑如何便利经营。

1）提高市场占有率和覆盖率，以利企业长期发展。连锁店选址时不仅要分析当前的市场形势，而且要从长远的角度去考虑是否有利于扩充规模，如有利于提高市场占有率和覆盖率，并在不断增强自身实力的基础上开拓市场。

2）有利于形成综合服务功能，发挥特色。不同行业的连锁店设置，对地域的要求也有所不同。连锁店在选址时，必须综合考虑行业特点、消费心理及消费者行为等因素，谨慎地确定连锁店所在地点。尤其是大型百货类综合商场更应综合地、全面地考虑该区域和各种商业服务的功能，以求得多功能综合配套，从而创立本企业的特色和优势，树立本企业的形象。

3）有利于合理组织商品运送。商场选址不仅要注意规模，而且要追求规模效益。发展现代商业，要求集中进货、集中供货、统一运送，这有利于降低采购成本和运输成本，合理规划运输路线。因此在连锁店位置的选择上应尽可能地靠近运输线，这样既能节约成本，又能及时组织货物的采购与供应，确保经营活动的正常进行。

3. 有利于获取最大的经济效益

衡量连锁店位置选择的优劣的最重要的标准是企业经营能否取得好的经济效益。因此，连锁店地理位置的选择一定要有利于经营，才能保证最佳经济效益的取得。

二、连锁超市选址应考虑的因素

从全球范围来看，连锁企业在其发展初期，多以商业中心为主要选址区，期望以较高的客流量带动各店铺的发展。例如，麦当劳在北京最先开在王府井，而肯德基在上海最先开在南京路，待发展到一定规模之后，再向居民和市郊发展。但是也有采取“农村包围城市”策略的连锁店。不同行业的连锁店在店址选择上有共同的要求，也有不同的要求。共同的要求有便利顾客购买、有利于影响力扩大、交通便利与否、商业网点是否集中、服务齐全与否、营业时间的长短等。所有的连锁店在店址选定时都应考虑那些对经营成本有影响的因素，这就是土地条件。表 2.6 反映了零售业连锁店选址时的条件和构成要素。

三、连锁超市选址的程序

连锁经营店铺开发的店址选择是综合考虑各种影响因素的结果。要使选择在各个方面都能令人满意，客观上往往不容易办到，因此选择合适的区域及地点要在对各种因素的利弊作一平衡后才可确定。连锁超市的店址选择要经过以下程序：确认前提条件；根据目标顾客选择超市所在的重心区域；寻找最佳结合点；选定具体地点。

表 2.6 连锁店铺选址主要因素

<table>
<tr><td rowspan="14">选址条件</td><td rowspan="10">商业环境因素</td><td rowspan="4">城市结构因素</td><td>城市特点，如产业结构、政府机构、自然环境、文化氛围等</td></tr>
<tr><td>城市规划</td></tr>
<tr><td>交通条件</td></tr>
<tr><td>城市公共设施</td></tr>
<tr><td rowspan="3">消费结构因素</td><td>人口现状及动态</td></tr>
<tr><td>人均收入、消费水平</td></tr>
<tr><td>生活方式、休闲及购物倾向、消费习惯、追求的生活方法</td></tr>
<tr><td rowspan="3">商业结构因素</td><td>商业的集中化程度及趋向</td></tr>
<tr><td>城市的商业结构</td></tr>
<tr><td>行业竞争关系</td></tr>
<tr><td rowspan="4">店铺选址因素</td><td rowspan="2">位置条件</td><td>用地条件</td></tr>
<tr><td>邻近条件</td></tr>
<tr><td>相对条件</td><td>与竞争店的竞争及互补效应</td></tr>
<tr><td>潜力条件</td><td>商圈与购买力</td></tr>
</table>

1. 确认前提条件

确认前提条件就是综合考虑各种相关因素，制定分店选址择定标准。下面是一家连锁超市选址择地的例子。

1）配合总部的开发方针：能较容易地形成具有强支配力的重点区域，以及可以朝该方向发展的区域，如商圈引力大、集约程度高的区域。

2）人口与家庭：原则上应拥有 2 万～3 万人及以上（约 6000 户以上居民）的城市、乡镇。

3）道路：靠近与日常生活紧密相关的道路。其结合地点、地区最好呈扇形分布。

4）地形：不受河流、铁路、坡路的影响。在该区域可以获得足够的市场支持，而且还带有广阔的腹地。选择封闭型的商圈为主要区域，有自己的优缺点。

5）住宅区：应为住宅区及与住宅区相连接的区域。最理想的是新住宅区以及人口增加地区。

6）城市规划：规划中的道路和开发的住宅区比起老城区、旧商业街更为理想。

7）商业状况：区域内无店铺，或较少有竞争店，颇具商业发展的潜力，并且拟开设分店有望成为该地区的最强店。

8）城市总体状况：与日常生活有关的生活必需品与城市状况关系不大，

但本企业的商品配送体系最好在本地。人口的年龄结构最好是金字塔型，收入水平不低于该市的平均水平。

2. 根据目标顾客选择超市所在的重心区域

以目标顾客为中心，设想目标顾客的可能去处，往往可以发现经营成功的契机。例如，经营日用品的超市可以随顾客到新的住宅小区，并且最好在闹市区或专业街上。依据目标顾客的需要进行这样的划分，一个城市里可供选择的区域就缩小了。当然，可以根据房地产开发商的产品定位，确定目标顾客群，再决定自己是否适合在此开店。

3. 落实最佳结合点

给制出上述重心区域简图，在图上标明朝向、竞争店、互补让、主要商事机构、人流汇集走向、交通要道、居民区等相关因素。信息越多，越容易决定。然后挑选对本超市、周边环境最重要的几大因素进行比较，选出拟开分店核心商圈所在的位置。这显然是“缩小包围圈”的过程。

4. 选定具体地点

在上述重点区域，根据上一步骤分析的结果寻找几处作为样本，进行实地调查，以了解客流量及其方向、人口及家庭数量、交通状况，从而决定拟开超市的最佳位置。

四、撰写连锁超市选址评估报告

通过商圈分析，初步选定了新店铺拟建店址后，就要对该店址进行仔细的评估，并最终作出详细的店址评估报告。

1. 店址的市场评估程序

市场评估，将有助于连锁店房产开发人员能以合理而系统的方式，累积市场重要资讯。这是思考模式中极重要的一环，主要有以下步骤：

（1）搜集各项资料

首先取得各种统计资料，如已出版的对该区域的资料，包括对外交通、人口数、零售业数量、住户人口、银行数、车辆数、主要商业行为、平均消费额、气候、报纸发行量、电视的拥有率等；其次为各行业协会及都市计划单位的统计资料。

（2）搜集消费者资料

了解顾客群所产生的业务量有多大，并进而建立客户的消费水准及额度；了解该地区的人口密度及消费者的聚集区，尤其是区域愈小、人口愈密的地方，

才是发展连锁超市店面的绝佳区域，也才能确实发挥连锁超市的功能。

（3）开车实地勘察

准备完整的街道全图，携带如摄像机、相机、录音机、笔记本等工具，以开车绕行的方式，在地图上一条街一条街地观察及标注各种状况，把看到的街道形态、人流、店号名称、营业项目、外观、道路方向性、红绿灯位置、建筑种类、天然障碍（如桥梁、立交桥或河流等）及附近住家情形，用上述工具记录下来。

（4）区域对象访谈

对象包括既有店面的营业人员、学校、派出所、水电煤气公司、百货及超市、都市计划单位、相关协会、交通警察等。目的是帮助我们充分了解各种资料的准确性及各方面的反映程度，也同时增加自己在该地域的洞察能力。这种言谈模式的要求是必须在专业档案里详实记录其对象、时间及内容，作为很好的样本调查资料。

（5）对既有店面经营加以分析

了解在该商业区域邻近区域的既有店面的获利情形、合约到期期限及重新整修前后的营业差异度等，由此获得建设性的意见，并作为是否投产及再设新点的考虑。了解现有店面在此地的市场占有率、销售比率、行业的占有率等数据。

（6）可能据点的开发计划

无论已经拥有可设地点的交易资料，还是先行圈选出适宜开店的最佳位置，分出一、二、三级的选用程度，我们都必须对这些可能地点进行评估。从环境角度，必须考虑可能地点的能见度、外露面、通路及顾客容量；从建筑物本身角度，须考虑如结构、采光、颜色、造型、材质等。

（7）营业额与投资成本预测

开始预估营业额，除了利用房产资料及顾客情报来模拟营业额大小之外，也必须对建筑物本身所能提供的实际产能做出评价。一般来说，如果附近有大型的人口产生实体，如办公大楼、商场、大学等，则能猜测八成左右的预估营业值；了解消费的平均额度，并采用类似地点、类似店形态的市场比较法，也将有助于营业额的预测。投资成本主要有以下几部分：房地成本、煤水电气成本、运输成本、工资、水费等。这方面经验的积累是准确预测的法门。最后经由简报会议，会同企划、财务、营业、工程等相关各单位与管理部门，共同判断投资该地点的可行性。

（8）评估报告成文提交

经过前面的收集资料、实地勘察、对象访谈、对手分析、可能据点评估、投资预算后，就可以得出评估结果，并写出评估报告。

2. 市场评估报告的撰写

在连锁超市选址的市场评估报告中，应作好以下工作：①取得开店中心区

域的全景照片作为附件，这样做有助于记录如街道的成熟度、地点的易见度、交通流量及未来都市计划的目标设施等。②建立完善的电脑档案。作到知己知彼，百战不殆，从而可以避免中间商和房地产公司混淆事实，有助于在协商谈判中公平市价的标准制定，并且对于未来再取得该点的可行性也有追踪的机会。③店面诊断要实际进入现场进行。至少提前一年，进行不少于三次的软硬件诊断，以便在时间上掌握主动。

市场评估报告的内容非常详细和复杂，因此可以分出商圈调查报告、法律事务报告、财务预测报告等几个分报告。

（1）商圈调查报告

详见本章第一节相关内容介绍。

（2）法律事务报告

主要是把开店业务中连锁企业同有关各方的法律事务问题，考虑清楚并形成书面文字，以供操作中参考，如房产合约的事项。房地产合同是一项非常复杂的合同，双方应认真负责地签订，并备有 4 份正本，双方各执 2 份备查。

（3）财务预测报告

财务预测报告是指从资本运营的角度，分析投入与产出，从而获得近期和远期投资收益的分析报告，以作为开店时的参考。财务预测报告包括以下内容：

1）租金。开店房产以前的租金水平及当地的平均租金，这些从当地的政府资料和房地产中介公司处可了解到。

2）损益平衡分析。根据商业区调研及租金试算而界定出合理的投资成本，并进而决定出营业额的预设标准及逐年成长目标，以便保障盈利的稳定。损益平衡点的掌控也是攸关该地点是否能合理承租的必要条件。

3）前税单。找出最后一期房屋税及地价税单，将有助于了解房产的价值，并可作为未来税额核定及交易谈判的参考。

4）租税费政策。当地的租税费政策对于新开店的盈利有重要影响。

5）新建店的投资情况。如果进行施工建设新店，则需考虑土地成本、建安成本、装修成本、政府税费、行业供应（如煤、水、电、气、通风的成本等）。

第四节　连锁店开发可行性分析

盈利与否是超市开办与否的最终决策标准。因此，商圈分析的核心部分就是投资收益率分析，其他分析都是为它服务的。

超市的技术经济分析主要包括：各项费用预测、投资预测、销售额预测、盈亏平衡点销售额、投资回收期和投资收益率的分析计算。

一、新建超市费用预测

利用逐项费用累计汇总的方法进行费用预测。

1. 固定资产费用

1）设备费用：包括冷冻冷藏设备、空调、电子信息设备、水电设备、车辆、后场办公设备、仓储设备、卖场陈列设备、包装加工设备等的费用。

2）工程费用：包括内外招牌制作工程、空调工程、水电工程、冷冻冷藏工程、保安工程、设计装修工程等的费用。

3）房屋、土地和公用设施等费用或租金（土地尚未列入固定资产）。

2. 流动资金费用

企业流动资金包括生产领域流动资金和流通领域流动资金，生产领域流动资金又包括储备资金和生产资金，流通领域流动资金又包括结算资金和货币资金。超市营运过程中，流动资金主要用于商品的经营，商品成本包括生产成本、销售成本和储运成本。商品的损耗也要摊入成本。在技术经济分析中，将会使用流动资金费用的预测。

3. 固定成本费用

为了便于盈亏平衡分析，把总成本划分为固定成本和可变成本。固定成本是与销售额的变动没有直接关系的费用支出，主要包括以下内容。

1）房地产取得成本（地价、房价或租金）的摊提。按税法规定，一般土地不列折旧，房屋则须提列折旧。

2）开办费用摊提。开店前一切费用的摊提。

3）开店成本（贷款）的利息。含押金的利息。

4）保险费用（财产保险）。按承保金额，计算每月应交的保险费。

5）物业管理费。按物业管理合同规定提列物业管理费用。

6）折旧费用。固定资产应按规定提取折旧费用。

7）员工固定工资。包括管理费用。

8）其他费用。如公用事业费、固定水电费、固定电话费、固定煤气费、会计师签证费、保修费等。

4. 可变成本费用

可变成本费用是随着商品销售额的变化而变化的费用支出，主要包括：

1）员工调整工资。员工工资应按年度进行调整，同时还有计时或计件工资和奖金的发放。

2）水电费用。盈亏平衡分析要进行长达10年的预测，水电费用也会随之上升。

3）促销费用。促销费用一般不应超过营业额的1.5%。

4）修理费用。新开店可少列修理费用，开业3年以上的老店则应多提一些修理费用。

5）营业税费。各种可变税费均应计算。

6）储运费用。随着销售额的增长，储运费用也伴随着增长。

7）营运费用。包括采购商品费用和营销费用。

8）其他费用。如增加的煤气费、电话费、教育培训费、文具印刷费，还有制服费、包装费、损耗品费、标签费、油墨费、差旅费、劳保费、伙食津贴、交通费和杂项费用等。

二、新建超市投资预测

新建超市投资额是固定资产费用与流动资金费用的总和。

投资计划的制订是立地开发业务中最终也是最重要的一环。因为立地调查仅能估计店铺的营业额，对成本控制及规模经济效益的评估并无直接帮助，而投资计划却可能影响今后10年以上的经营成本、投资效益等。因此在制订投资计划时，应根据立地调查的资料，制订下述几项大的投资原则，作为投资指导的纲要。

1. 商店定位

商店的价格策略、商品组合策略以及物流配送系统等均会影响规划和投资成本。

2. 卖场规模

卖场规模越大集客力越强；但在一定的市场规模下，卖场越大单位面积效率反而降低。一般应以达到单位面积的盈亏平衡点为目标。卖场规模基本上是以消费者的需要、店铺操作和竞争环境为依据，再根据商品组合计划来加以规划的。食品超市大都以每日购买的顾客为对象，所以距离因素所起的作用远大于卖场规模因素，故应将每日购物的顾客所居住商圈内的市场规模定为卖场规模。新开店的卖场规模应采取“七分稳健，三分积极”的方式。如果目前的店址具有很大的发展潜力，可采取分期追加投资的方式扩充商业设施。

3. 复合业种

某些具有市场潜力的业种与超市相互搭配，可以增加集客能力、降低投资成本和提高停车场的使用效率。食品超市导入分租经营方式既可使所拥有的商业设施多样化，又借分租的租金收入来降低盈亏平衡点，用租金收入来抵扣房

屋固定成本的负担。

4. 盈亏平衡点

超市的固定成本高，而纯利率、毛利率却较低，必须经常靠大量进货来降低成本，因此可以说物流配送中心是经营成本的变化转折点。

5. 投资回收期

各种行业的特性不同，设备投资互异，折旧年限也不同，因此投资回收期也不一样。美国、日本的超市经常以 10 年以上为投资回收期。我国情况特殊，由于电子信息设备往往不是一次到位，因而投资回收期缩短。如以 5 年为投资回收期则风险较高，保守者一般可定为 8～10 年。

三、超市销售额预测

超市销售额预测有购买力估算法、商店业绩类比法和卖场面积比较法等方法。为了使其较为准确与科学，最好多种方法同时应用，以便找出接近实际，误差小的数值。

常用购买力估算法预测超市商圈销售额。超市销售额的估算应考虑商圈内常住居民的购买量、商圈内企事业单位的购买量、流动顾客群的购买量以及超市在商圈内的市场占有率。

估算超市销售额时首先划定商圈；其次调查商圈内各种类型的人口数或户数；再次找出平均每户在食品和日用品上的支出额，并乘以商圈内总户数，即得出该地区相关商品的购买总额；最后推算出新超市的市场占有率，并乘以该地区的购买总额，便得出新超市预计的销售额。

四、新建超市的盈亏平衡点分析

盈亏平衡点又称保本点，是待建超市必须实现的最低销售额。如果达不到该指标，表明该超市必须放弃或另择他处，否则必须增加销售额或降低费用率。

1. 盈亏平衡点分析公式计算法

实际盈亏＝税前盈亏（店责任利润）－费用（分担总部的费用）

其中，

税前盈亏＝销售毛利－变动成本－固定成本

销售毛利＝销售额－销售成本

$$毛利率=\frac{毛利额}{销售额}\times 100\%$$

商品投资收益率，即每 1 元的商品投资所能创造的利润，其计算公式为

$$\text{商品投资收益率}=\frac{\text{毛利额}}{\text{平均库存成品}}=\frac{\text{毛利额}}{\text{销售额}}\times\frac{\text{销售额}}{\text{平均库存成品}}$$
$$=\text{毛利率}\times\text{商品周转率}$$

由此可知，当毛利率无法再提高时，应朝提高商品周转率的方向努力。

$$\text{盈亏平衡点销售额}=\frac{\text{固定成本}}{\text{毛利率}-\text{可变费用率}}$$

可见盈亏平衡点是店铺收益与支出相等时的销售额。

2. 盈亏平衡点分析图解法

用图解法表示盈亏平衡点更显得清晰，也很常用。一般用横坐标表示销售额，纵坐标表示总收益和总费用。总收益＝固定成本＋可变成本＋利润，盈亏平衡点分析图参见图 2.1。

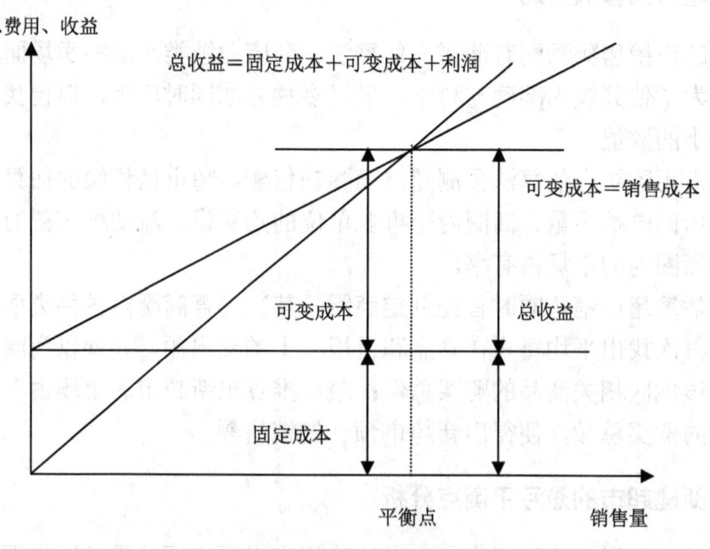

图 2.1　超市盈亏平衡点分析

图 2.1 中盈亏平衡点是个分界线，达不到该收益点表示亏损经营，超过这一点才会有盈利。

3. 经营安全率计算法

$$\text{经营安全率}=\left(1-\frac{\text{盈亏平衡点销售额}}{\text{预期销售额}}\right)\times 100\%$$

经营安全率是衡量连锁超市各门店经营状况的重要指标，一般测定的标准为：经营安全率 40%以上为超安全；20%～40%为安全；10%～20%则要注意；10%以下为危险；负数（0 以下）濒临倒闭。

4. 10 年盈亏平衡分析

超市的盈亏平衡点前面已做过分析，而 10 年的盈亏平衡分析，主要是影响销售额的变化因素，现分述如下。

1）物价上涨指数。每年物价将因原材料价格上涨、人工薪资上涨、土地和房屋成本的上升而上涨，物价上涨指数即通货膨胀率。

2）人口数、户数的变动。如商圈内因住宅区的兴建而搬进或迁出人口，还有人口出生率的提高等。

3）市场的没落。传统市场因后继无人、消费趋势改变，其顾客流向超市。

4）竞争店的入围。市场遭到竞争店瓜分。

5）道路交通体系的变动。导致交通更加方便或通行不便。

6）消费行为改变或产生业态发展的新趋势。

上述 3）～6）项很难预测，一般可假设其不变，只根据物价指数和预估的人口增长率来预测每年的销售额。

五、投资回收期法

1. 直接计算法（年等额回收期、基本回收期或绝对回收期）

$$T_r = \frac{I_0}{R_r}$$

式中：I_0——初始投资；

R_r——年等额净收益；

T_r——基本投资回收期（经营期）。

【例 2-4】 如图 2.2 的现金流量图，求基本回收期。

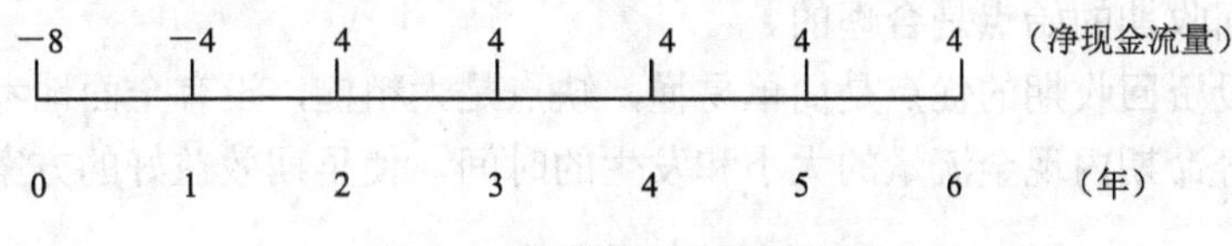

图 2.2 等额现金流量回收期

解：

$$T_r = \frac{12}{4} = 3\text{（年）}$$

基本投资回收期，是指用方案开业之后获得的净收益，补偿方案初始投资所需要的时间（年）。

目前，对计算基本投资回收期所用的“净收益”有争议，净收益是指扣除全部劳动耗费后的经济收入，具体内容可根据评价要求确定，可以是净利润，纯收入或盈利（净利润＋税金），也可以是纯收益（净利润＋税金＋折旧），

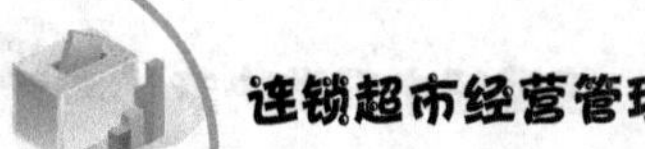

或国民收入（纯收入+工资）还可以是净现金流量（净利润+折旧）等。

2. 累积法（不等额回收期）

超市边建边开业，每年盈利额不等时，可用累积法计算回收期。

$$T_r = \text{累积净现金流量由负数转变成正数的负值年数} + \frac{\text{末位负值年累计净现金流量绝对值}}{\text{首位正值年净现金流量}}$$

其计算公式为

$$\sum_{t=0}^{T_r} \mathrm{NCF}_t = 0$$

式中：NCF_t——净现金流量

【例 2-5】 已知某方案现金流量如图 2.3 所示的不等额现金流量图，求其回收期。

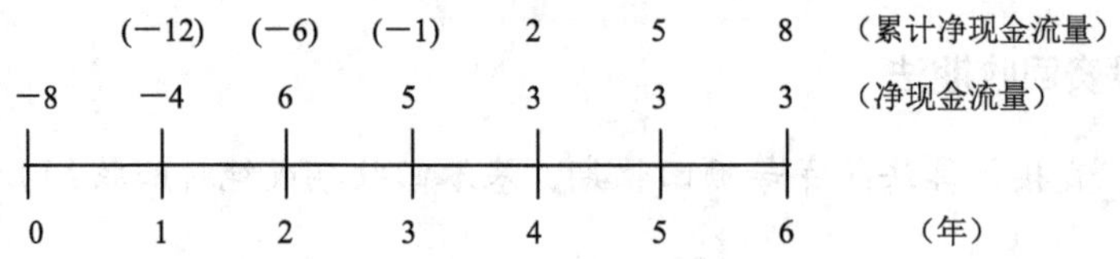

图 2.3 不等额现金流量回收期

解：

$$T_r = 3 + \frac{|-1|}{3} \approx 3.3\text{（年）}$$

为了加快工程建设，缩短工期，提高基本建设的经济效益，把建设期作为计算回收期的始点是合理的。

投资回收期的优点是简单易懂，缺点是太粗糙，没有全面地考虑投资方案整个寿命期内现金流量的大小和发生的时间，使早期效益好的方案显得有利。

六、简单投资收益率法

简单投资收益率法（ROI）指以方案投产后所得的年收益 R_r（包括利润、税金和折旧费）与投资总额 I_t（包括固定资产和流动资金）之比来评价方案可行与否，即

$$\mathrm{ROI} = \frac{R_r}{I_t} \times 100\%$$

式中的 R_r 是开业后各年平均收益额，则计算出的 ROI 就是平均投资收益率；如果是开业后某一具体年份的年收益额，则 ROI 就是该年份的投资收益率；如果是达到设计销售量的正常年份所得的收益额，则 ROI 就是正常年份的简单

投资收益率。

为了反映方案的盈利程度，可以采用简单投资收益率法，但它和投资回收期法一样，都是简单的静态评价方法。

复习思考题

一、选择题

1. 连锁店的发展，（　　）是关键。
   A．专业化　　B．标准化　　C．简单化　　D．差别化
2. 超市店址选择对开店成败的影响力为（　　）。
   A．60%　　B．70%　　C．80%　　D．90%
3. 安全店的经营安全率为（　　）。
   A．10%　　B．10%～20%　　C．20%～40%　　D．40%以上
4. 我国新建超市一般要求（　　）年收回投资。
   A．2～3　　B．4～6　　C．7～8　　D．8～10
5. 在狭窄商圈内提高市场占有率的秘诀是（　　）。
   A．促销　　B．优质产品　　C．经营差别化　　D．优良服务
6. 商圈人口年龄结构最好是（　　）型。
   A．鼓　　B．筒　　C．金字塔　　D．倒金字塔
7. 商圈收入水平不能低于全国及全地区（　　）水平。
   A．平均　　B．一般　　C．最低　　D．中上等
8. 超市商品供应应满足附近居民日常生活需要的（　　）。
   A．50%～60%　B．60%～70%　　C．70%～80%　　D．80%～90%
9. 消费者买特定的某些商品而到超市去的约占（　　）。
   A．5%　　B．6%　　C．8%　　D．10%
10. 超市卖场营业员平均每人服务面积为（　　）平方米。
    A．10　　B．20　　C．30　　D．40

二、填空题

1. 通过商圈条件的分析来对商圈的______、______、融合力、______、吸引力、共存性、独特性等综合条件进行判断。
2. 商圈包括______、______、______。
3. 顾客购买的频率______、商圈范围______。
4. 第一商圈市场占有率在______以上，占本店销售额的______。
5. 第二商圈市场占有率在______，占本店销售额的______。

6. 第三商圈市场占有率在______，占本店销售额的______。
7. 超市的费用预测包括______、______、固定成本和可变成本等。

三、简答题

1. 连锁超市选址应从哪几个方面确定选址的标准？
2. 超市商圈的设定方法有哪几种？
3. 在进行商圈设定时，根据经验可以从哪几个方面设定商圈？
4. 试述超市立地调查的主要目的？
5. 连锁店开发的原则是什么？
6. 试述店址选择应遵循什么程序？

四、计算题

1. 投资额为2000万元，每年收益额相等，使用年限为3年，共获得3000万元的收益，试求投资回收期。

2. 某项目整个过程的现金流量如下表，试计算其投资回收期。

年限	1	2	3	4	5	6	7
现金流量/万元	－1000	＋500	＋500	－1000	＋500	＋1400	＋100

3. 假定商圈内常住居民食杂品的每月购买量，第一商圈为 1000 元/户×1000户＝100万元，第二商圈为1000元/户×2000户＝200万元，第三商圈为1000元/户×3000户＝300万元，商圈内流动顾客群食杂品的购买量每月为120元，商圈内企事业单位食杂品的购买量每月为180元，某超市的市场占有率分别为：第一商圈 30%，第二商圈 10%，第三商圈 5%，企事业单位及流动顾客群各10%。试计算超市的销售额。

五、实训项目

1. 老师带领学生进行商业考察，比较各个门店店址的优良程度。
2. 以小组为单位完成一份商圈分析报告。

案例分析

肯德基的选址策略

1998年，拥有肯德基、必胜客、Taco Bell（墨西哥式食品）三个著名品

牌的餐饮系统（此系统为百事公司的一个业务部，百事公司三大业务是软软料、小食品和快餐。）从百事公司分离，并在纽约证券交易所独立上市时，世界上最大的餐饮集团——百胜全球餐饮集团便正式成立了。当时所有股东和公司成员可能都没有想到，仅仅过去两年的时间，百胜全球餐饮集团的经营和发展就取得了很大的成功。如今，百胜集团在全球拥有3万多家连锁分店、50万名雇员，营业额达到200亿美元，跻身世界企业五百强之列。

刚从百事分离时，百胜全球餐饮集团既要弥补过去造成的损失，同时又面临着严重的挑战：如何创立企业的文化？如何建立三个著名餐馆品牌彼此之间相互协作，而不是竞争的关系？如何树立员工对企业未来发展的信心等？当时，在曾任百事集团总裁、现任百胜集团首席执行官的皮尔逊先生和诺瓦克的共同主持下，公司在许多方面保持了分离前可行的组织架构，同时为公司未来勾画出新的发展目标。

他们采取了一系列大胆而全新的措施，如肯德基、必胜客、Taco Bell继续各自原有的营运管理，但要发挥互相的协调作用；通过套餐形式，进行三个品牌的联合促销，原料由公司统一采购、配送、控制了资金的平衡支出；首次将一些属于公司拥有的连锁餐厅以特许经营的方式转给加盟伙伴，把部分回笼资金集中用于新餐厅的开发上；高级管理层亲自到餐厅激励员工的士气等。到目前为止，集团的营运边际利润由三年前的11%增加至16%，而且1998年全年及1999年上半年，所有三个品牌的连锁营业额都出现增长，集团出现了蒸蒸日上的新景象。

中国市场是百胜全球餐饮集团全球战略中发展最快，并最具发展潜力的市场之一。中国百胜餐饮集团为百胜全球餐饮集团下属的国际公司在中国成立的协作发展总部。肯德基自1987年在北京前门开了中国第一家餐厅后，已在北京、上海、杭州、青岛、南京、广州、苏州、无锡、天津、福州、沈阳、西安、成都、武汉、深圳、哈尔滨等地成立了19个有限公司。到目前为止，肯德基已成为中国最大、发展最快的快餐企业。

作为国际餐饮巨头，肯德基值得探讨和深入研究的地方太多了，本案例也只涉及其中一小部分。肯德基为什么做这样的决策？肯德基是怎么执行的？它是怎样推进到位的？这是本案例最关注的三个问题。

肯德基的自身实力、远景战略目标与经营管理三者是高度统一、相互支持的。为了发展中国的快餐业和特许经营业，我们要向肯德基学习，但同时也必须从自身实际出发，把它的成功经验与本企业的实际情况相结合，这样才能学有所获。

连锁店的正确选址，不仅是其成功的先决条件，也是实现连锁经营标准化、简单化、专业化的前提条件和基础。肯德基的选址决策一般是两级审批制，通过两个委员会的同意，一个是地方公司，另一个是总部。其选址成功率几乎是百分之百，是肯德基的核心竞争力之一。肯德基选址按以下几步骤进行：

一、商圈的划分与选择

1. 划分商圈

肯德基计划进入某城市，就先通过有关部门或专业调查公司收集这个地区的资料。有些资料是免费的，有些资料需要花钱去买。把资料买齐了，就开始规划商圈。

商圈规划采用的是记分的方法。例如，这个地区有一个大型商场，商场营业额在1000万元算1分，5000万元算5分；有一条公交线路加多少分，有一条地铁线路加多少分。这些分值标准是多年平均下来的一个较准确经　验值。

通过打分把商圈分成好几大类。以北京为例，有市级商业型（西单、王府井等）、区级商业型、定点（目标）消费型、还有社区型、商务两用型、旅游型等。

2. 选择商圈

选择商圈即确定目前重点在哪个商圈开店，主要目标是哪些。在商圈选择的标准上，一方面要考虑餐馆自身的市场定位，另一方面还要考虑商圈的稳定度和成熟度。餐馆的市场定位不同，吸引的顾客群就不一样，商圈的选择也就不同。

例如，马兰拉面和肯德基的市场定位不同，顾客群不一样，是两个“相交”的圆，有人吃肯德基也吃马兰拉面，有人可能从来不吃肯德基专吃马兰拉面，反之也有。马兰拉面的选址，也当然与肯德基不同。

而肯德基与麦当劳市场定位相似，顾客群基本上重合，所以在商圈选择方面也是一样的。可以看到，有些地方同一条街的两边，一边是麦当劳，另一边是肯德基。商圈的成熟度和稳定度也非常重要。例如，规划局说某条路要开，在什么地方设立地址，那么这里有可能成为成熟商圈。但肯德基一定要等到商圈成熟稳定后才进入，例如说这家店三年以后效益会很好，却对现今没有帮助，这三年难道要亏损？肯德基投入一家店要花费好几百万，当然不冒这种风险。它一定是采取比较稳健的原则，保证开一家成功一家。

二、聚客点的测算与选择

1. 要确定这个商圈内最主要的聚客点

例如，北京西单是很成熟的商圈，但不可能西单任何位置都是聚客点，肯定有最主要的聚集客人的位置。肯德基开店的原则是：努力争取在最聚客的地方和其附近开店。

古语说“一步差三市”，开店地址差一步就有可能差三成的买卖。这跟人

流动线（人流活动的线路）有关，可能工巧匠人走到这儿就该拐弯了，则这个地方就是客人到不了的地方。这些在选址时都要考虑进去。

人流动线是怎么样的？在这个区域里，人们从地铁出来后是往哪个方向走？等等，这些都要派人去掐表、去测量，要有一套完整的数据之后才能据此确定地址。

肯德基选址人员将采集来的人流数据输入专用的计算机软件，就可以测算出在此地投资额不能超过多少以及超过多少这家店就不能开。

2．选址时一定要考虑人流的主要流动线会不会被竞争对手截住

先不说人们现在对品牌的忠诚度，只要顾客不是只吃肯德基，看见麦当劳就烦，如果麦当劳就在跟前，顾客一般不会再多走几百米去吃肯德基，除非里边人特别多，找不着座位，才会往前再走一段。

但人流是有一个主要动线的，如果竞争对手的聚客点比肯德基选址更好那就有影响；如果是两个一样，就无所谓。例如，北京北太平庄十字路口有一家肯德基店，如果往西一百米，竞争业者再开一家西式快餐店就不妥当了。因为主要客流是从东边过来的，再在那边开，大量客流就被肯德基截住了，开店效益就不会好。

3．聚客点选择影响商圈选择

聚客点的选择也影响到商圈的选择，因为一个商圈有没有主要聚客点是这个商圈成熟度的重要标志。为了规划好商圈，肯德基开发部门投入了巨大的努力。以北京肯德基公司而言，其开发部人员常年跑遍北京各个角落，对这个每年建筑和道路变化极大、当地人都易迷路的地方了如指掌。经常发生这种情况，北京肯德基公司接到顾客电话，建议肯德基在他所在地方设点，开发人员一听地址就能随口说出当地的商业环境特征，以及是否适合开店。

（资料来源：http://sx.house.sina.com.cn）

思考与讨论

1. 肯德基的选址策略有哪些？
2. 肯德基的选址策略是如何执行的？
3. 肯德基的选址策略对其他连锁经营企业有哪些启发？

第三章

连锁超市商品策略

【学习目的与要求】

本章主要介绍连锁超市商品的有关理论。通过本章的学习，使学生了解超市商品分类的方法；理解商品群的有关理论与自有品牌商品的开发；掌握商品结构的完善与调整、商品组合优化的方法并能在实际中运用20/80法则。

导入案例

沃尔玛的商品组合策略

沃尔玛的零售业态主要包括如下四种：山姆会员店、折扣商店、购物广场和社区店。沃尔玛根据零售业态的不同形式采取不同的商品组合。例如，山姆会员店向消费者提供“一站式购物”服务，商品结构广度宽（商品组合的广度是指经营的商品大类的多少，经营的商品大类多称商品组织广度宽，反之，则称组合广度窄），中深度（商品组合深度是指每个大类中单品数量的多少，单品数量多，就称商品组合的深度深，反之则浅），也就是商品的种类齐全，但单一商品类别适度齐全，商品品种大约在3万～6万种，而且50%以上的商品为食品类；折扣店商品结构窄而浅；购物广场商品结构广而深，商品品种大约在8万种左右，商品品种非常齐全；社区店的商品结构则采取窄而深的形式，主要是日常生活用品。

（资料来源：http://www.28833.com/2/a/14/32/18948_5.html）

第一节 连锁超市商品分类

一、商品分类

超级市场以满足消费者对基本生活用品一次性购足需要为经营宗旨，是一种经营品种较多的零售业态。随着商品经济的发展，超市所经营的品种越来越多。一般地，大型综合超市经营的商品品种在1万种以上，多的可达3万种，中型超市在5000种左右，小型超市也在3000种左右。对这些商品进行科学的分类是超市科学化、规范化管理的需要，也是超市商品采购、配送、销售、库存、核算、提高管理效率和经济效益的需要。超市公司可以在商品分类的基础上，根据目标顾客的需要，选择并形成有特色的商品组合，体现自身差异化经营特色，追求的是超级市场经营的成功。

一般地，超市将商品集合总体划分为四个层次，即大分类、中分类、小分类和单品。

1. 大分类

大分类是超级市场最粗线条的分类。为了方便管理，超级市场的大分类一般以不超过10个为宜。如某超市按商品的不同特征将其经营的商品划分为果菜、畜产、水产、日配加工食品、一般食品、糖果饼干、日用百货等 7 个品种。

2. 中分类

中分类是大分类分出来的类别。如在果菜这一大分类下按商品产地可细分出国产水果和进口水果的中分类。

3. 小分类

小分类是中分类进一步细分出来的类别。如“畜产”大分类中、“猪肉”中分类下，可按功能进一步细分出“排骨”、“里脊肉”、“肉米”等。

4. 单品

单品是商品分类中不能进一步细分的、完整独立的商品品项。例如，上海申美有限公司生产的“355 毫升听装可口可乐”、“1.25 升瓶装可口可乐”、“2 升瓶装可口可乐”等。

下面列举某超级市场商品分类实例，如表 3.1 所示。

表 3.1　超级市场商品分类

大分类	中分类		小分类							
	编号	名称	编号	名称	编号	名称	编号	名称	编号	名称
1 果菜	10	叶菜类	1000	一般叶菜	1001	水耕叶菜	1002	香菜	1003	高丽菜
			1004	大白菜	1005	其他				
	11	根茎类	1100	洋葱	1101	番薯	1102	马铃薯	1103	萝卜
			1104	葱	1105	蒜	1106	其他		
	12	花果类	1200	花椰菜	1201	甜辣椒	1202	辣椒	1203	瓜果
			1204	番茄	1205	茄类	1206	玉米	1207	豆类
			1208	其他						
	13	菇菌类	1300	鲜香菇	1301	草菇	1302	蘑菇	1303	金茸
	14	加工蔬菜	1400	淹渍菜						
	15	国产水果	1500	瓜类	1501	柑橘	1502	梨	1503	苹果
			1504	葡萄	1505	桃李	1506	石榴	1507	龙眼荔枝
	16	进口水果	1600	瓜类	1601	柑橘	1602	梨	1603	苹果
			1604	葡萄	1605	桃李	1606	樱桃	1607	南洋水果
	17	加工果菜	1700	淹渍品	1701	切片水果	1702	干果		
	18	果汁	1800	原汁	1801	50%果汁				

续表

大分类	中分类		小分类									
	编号	名称	编号	名称	编号	名称	编号	名称	编号	名称
2 畜产	20	牛肉	2000	美国费力	2001	美国沙朗	2002	美国纽约克	2003	美国牛小排
			2004	美国梅花	2005	美国后腿	2006	澳洲菲力	2007	澳洲沙朗
			2008	澳洲纽约克	2009	澳洲后腿	2010	澳洲牛腱	2011	台湾黄牛肉
	21	猪肉	2100	猪肉块	2101	猪肉片	2102	猪肉丝	2103	猪肉排
			2104	猪小里脊	2105	猪脚				
	22	羊肉	2200	羊肉块	2201	羊肉片				
	23	鸡肉	2300	鸡全只	2301	鸡腿	2302	鸡翅	2303	鸡胸肉
			2304	鸡里脊	2305	其他				
	24	鸭肉	2400	鸭全只	2401	鸭半只				
	25	内脏	2500	猪内脏	2501	牛内脏	2502	鸡内脏		
	26	加工肉	2600	香肠	2601	热狗	2602	火腿	2603	咸肉
			2604	腊肉	2505	其他				
3 水产	30	海水鱼	3000	整条鱼	3001	切片鱼	3002	台面鱼		
	31	淡水鱼	3100	整条鱼	3101	切片鱼	3102	台面鱼		
	32	贝类	3200	文蛤	3201	蚬	3202	九孔	3203	其他
	33	虾蟹类	3300	草虾	3301	斑节虾	3302	其他虾类	3303	虾仁
			3304	蟹类						
	34	生鱼片	3400	鱼生鱼片	3401	贝生鱼片	3403	组合生鱼片		
	35	水产加工	3500	海藻	3501	盐干				
	36	墨鱼鱿鱼	3600	鱿鱼	3601	大鱿鱼	3602	大墨鱼	3603	墨鱼仔
4 日配	40	牛乳	4000	鲜奶	4001	调味乳	4002	发酵乳	4003	乳酸钙奶
	41	布丁果冻	4100	布丁	4101	果冻	4102	豆花		
	42	清凉饮料	4200	100%果汁	4201	30%果汁	4202	浓缩果汁	4203	豆浆
			4204	米浆	4205	凉茶	4206	咖啡	4207	奶茶
			4208	运动饮料						
	43	水物	4300	豆腐	4301	凉品				
	44	冰品	4400	冰淇凌	4401	豆糕	4402	奶糕	4406	甜筒
			4408	冰棒						
	45	冷冻食品	4500	水饺	4501	汤圆	4502	包子	4503	冷冻蔬菜

续表

大分类	中分类		小分类							
	编号	名称	编号	名称	编号	名称	编号	名称	编号	名称
4 日配	45	冷冻食品	4504	比萨	4505	点心	4506	火锅水饺	4507	冷冻蛋糕
			4508	冷冻调理						
	46	面类	4600	炒面	4601	凉面	4602	挂面	4603	乌龙面
	47	腌制品	4700	酱菜	4701	泡菜	4702	调味酱	4705	豆面酱
	48	丸类	4800	鱼丸	4801	虾丸	4802	甜不辣		
	49	蛋类	4900	鸡蛋	4901	鸭蛋	4902	卤蛋	4905	蛋黄
5 一般食品	50	罐头	5000	水煮罐头	5001	农产罐头	5002	面筋罐头	5003	腌制罐头
			5004	水产罐头	5005	肉品罐头	5007	调理罐头	5009	素食罐头
			5011	水果罐头	5013	点心罐头				
	51	调味品	5100	醋	5102	酱油	5103	香油	5106	沙拉酱
			5108	调味粉	5110	咖喱	5111	番茄酱	5112	牛排酱
			5113	辣椒酱	5114	糖	5115	盐	5116	综合调味酱
	52	食用油	5200	沙拉油	5201	花生油	5203	葵花油	5204	菜籽油
			5205	橄榄油	5206	动物油				
	53	南北货	5300	面粉	5302	番薯粉	5303	炸虾粉	5304	炸鸡粉
			5305	豆类	5306	杂粮	5307	炖补品	5308	卤味粉
			5309	水产干货	5310	金针木耳	5311	其他粉类		
	54	奶制品	5400	即溶奶粉	5401	全脂奶粉	5402	脱脂奶粉	5403	婴童奶粉
			5404	调味奶粉	5405	其他奶粉	5407	奶油	5408	奶酪
			5409	奶精	5410	鲜奶				
	55	营养补充品	5500	鸡精	5501	麦片	5502	麦精片	5503	麦粉
			5504	综合饮品	5505	补丁果冻粉				
	56	冲调类	5600	茶	5601	蜂蜜	5604	可可粉	5606	果汁粉
	57	素食类	5700	素食汤	5701	高汤	5702	调理素食	5703	粥
	58	面类	5800	面条	5802	面线	5803	碗装素食面	5807	包装素食面
			5808	杯装素食面	5809	冬粉	5810	米粉	5811	意大利面
	59	饮料	5900	易拉罐碳酸	5902	瓶装碳酸	5904	一般果汁	5906	100%果汁
			5908	铝箔包饮料	5910	香槟果汁	5911	浓缩果汁	5912	运动饮料
			5913	功能饮料	5914	乳酸饮料				
6 糖果饼干	60	巧克力	6000	国产巧克力	6001	进口巧克力				
	61	糖果	6100	口香糖	6102	国产糖果	6104	进口糖果		
	62	进口饼干	6200	夹心饼干	6201	奶酥饼干	6202	薄片饼干	6203	米果
			6204	咸味饼干	6205	桶装饼干	6206	儿童饼干		

续表

大分类	中分类		小分类							
	编号	名称	编号	名称	编号	名称	编号	名称	编号	名称
6糖果饼干	63	国产饼干	6200	夹心饼干	6201	奶酥饼干	6202	薄片饼干	6203	米果
			6204	咸味饼干	6205	桶装饼干	6206	儿童饼干		
	64	果酱	6400	果酱	6401	花生酱	6402	其他果酱		
	65	早餐关连品	6500	吐司	6501	面包	6502	蛋糕	6503	早餐饼
			6504	籽粑						
	66	零食	6600	蜜饯	6602	豆干	6604	花生	6605	瓜子
			6606	豆类	6607	鱿鱼制品	6608	肉干	6609	葡萄干等
	67	休闲食品	6700	面粉制品	6702	洋芋片	6704	玉米饼	6706	豆制品
	68	传统饼干	6800	油炸饼干	6802	凤梨酥				
	69	其他	6900	果冻	6001	乳酸棒				
7日用百货	70	日用消耗品	7000	卫生纸	7001	面纸、纸巾	7002	卫生棉	7003	洗衣粉
			7004	漂白剂	7005	厨房洗剂	7006	浴室洗剂	7007	消毒芳香剂
			7008	防虫剂	7009	洗面奶	7010	化妆棉	7011	保鲜膜
	71	保健用品	7100	牙膏、牙刷	7101	洗面奶	7103	香皂	7104	沐浴乳
			7105	婴儿用品	7106	刮胡用品	7107	男性化妆品	7108	女性化妆品
			7109	防晒品	7110	防寒保养				
	72	家庭用品	7200	微波炉用品	7201	保鲜盒	7202	锅具	7203	壶具
			7204	冷水壶	7205	餐具	7206	制冷器	7207	餐巾
			7208	饭盒	7209	厨房用品	7210	扫除用品	7211	洗衣用品
	73	陶瓷玻璃	7300	陶器	7301	玻璃	7303	装饰品		
	74	日用工具	7400	水道门具	7401	园艺用品	7403	刀具	7405	钉子
			7406	门锁关联	7407	尺	7408	挂钩	7409	榔头
			7410	绳子	7411	其他				
	75	轻衣料	7500	男内衣	7501	女内衣	7502	童内衣	7503	裤袜
			7504	袜子	7505	毛巾	7506	浴巾	7507	手帕
			7508	雨具						
	76	衣料	7600	西装	7601	男袜	7602	女袜	7603	运动衣
			7604	牛仔裤	7605	夹克	7606	毛衣	7607	休闲服
	77	鞋	7700	运动鞋	7702	男皮鞋	7704	女皮鞋	7706	童鞋
			7708	休闲鞋	7709	拖鞋	7710	凉鞋		
	78	文具	7800	笔	7801	纸	7802	笔记薄	7803	信纸
			7804	橡皮擦	7805	浆糊	7806	白胶	7807	其他
	79	玩具	7900	洋娃娃	7901	汽车玩具	7902	电动玩具	7903	组合玩具
			7904	其他玩具						

二、商品分类的方法

商品分类的方法很多，从超级市场经营的角度分析，通常以顾客的要求、商品的用途、顾客的购买方式和习惯等作为分类的标准，特别是顾客对商品的需求特点，集中体现了销售对象、销售目的和销售方式等方面的内容。例如：以商品的耐久性和有型性进行分类，可以将其分为耐用品、消耗品和服务；以商品的用途进行分类，可以将其分为消费品和资本品；以顾客对商品的选择进行分类，可以将其分为便利品、选购品、特殊品和未寻求品；以顾客的购买习惯进行分类，可以将其分为日用品、日用百货、专用品和流行品。这里，我们仅介绍根据消费者 TPOS 进行分类的方法。

根据消费者 TPOS 进行分类是一种全新的分类方式，是消费者市场细分化的必然要求。它要求超级市场经营者从商业经营的角度去满足随着生活变化而变化的消费者对商品和服务特定用途的需要。过去的分类方式是从生产者或销售者的角度出发进行分类的，而 TPOS 则是站在消费者或使用者的立场，按商品用途进行分类，因此更能体现目标市场的趋向性特点，是市场需求导向化的具体体现。这里的 TPOS 是指：T（time）即消费者在什么时候购买；P（place）即消费者在什么地点购买；O（occasion）即消费者购买的动机是什么；S（style）即消费者购买商品的价值标准或是为了满足什么样的生活方式。

超级市场经营者按照 TPOS 对商品进行分类，具体有两个参照因素。

1. 按顾客分类

消费者的特征不同，其购买活动就会不同。在市场营销中，常常依据消费者的统计性特征（如消费者的年龄、收入、学历、家庭人口、职业等）对目标市场进行细分，而在超级市场后营销中，用消费者的以下标志性特征对经营的商品进行分类则更具有现实意义。这些特征主要包括：消费者的性别；消费者的年龄段；消费者在家庭中的角色；消费者的家庭形态；消费者的居住地和工作地点。

生活中商品的购买者并非一定是使用者，如男性内衣、儿童用品的购买者多为家庭主妇，而使用者多为其亲属；女性用品、化妆品的购买者就是使用者。所以将消费者在家庭中的角色以及上述其他特征因素结合起来对商品进行分类，更能体现目标市场的需求实际，为超级市场经营者制定营销策略提供客观依据。

2. 按用途分类

按用途进行分类不同于传统的商品分类，其目的是根据消费者的购买特点，调查和了解普通消费者日常生活的实际状况，看他们同时使用、同时消费

的商品都有哪些品种，以便将这些品种归为一类，进行统一管理、同一陈列。所以，这是一种综合的分类方法，兼顾了各种分类方法的优点，既便于顾客选购商品，也便于超市经营者管理商品。

第二节　连锁超市商品结构

商品结构是指超级市场在一定的经营范围内，按一定的标志将经营的商品划分为若干类别和项目，并确定各类别和项目在商品总构成中的比重。商品结构是由类别和项目组合起来的。它不仅体现了超市经营的商品种类，而且也反映了各类商品之间的比例关系。商品结构的合理性，对于超级市场的经营和发展有着非常重要的作用。

一、确定商品结构的基本要求

1. 适应顾客对商品的选择

连锁超市所确定的商品结构必须符合所在地区的特点和目标顾客对各类商品的选择要求，保持适销、对路的花色品种。

2. 符合地区特点和经营条件

经营商品的档次及其比例，应该符合当地的经济水平和居民的消费习惯，通过对商圈内居民的消费习惯、消费支出的分析，进行商品定位。

3. 保持顾客基本需要商品的比例

顾客需要是多方面的，他们对商品的要求既包括商品的品种也包括同种商品不同的规格、质量等方面。超市对于顾客基本需要的品种、规格、质量等，应保持必要的经营比例。同时也可根据当地和自身特点，确定顾客特殊需要的品种、规格，以满足顾客的特殊需要。

4. 保证顾客对商品配套的要求

对于一些配套使用的商品及连带消费的商品，应当列入商品规划，以便于顾客购买。

5. 适应商品销售规模和经济效益的要求

正确处理经济效益与商品构成之间的关系，主要表现在两方面：

1）商品构成与商品周转速度之间的关系。商品品种越多，资金占用越分散，而所有的品种并非均可实现销售，所以既不能片面扩大品种，影响资金周

转速度；也不能片面压缩品种，不便顾客购买。

2）商品构成与商品利润率之间的关系。处理好不同利润率商品之间的比例关系，保证经济效益。避免“有利大干”、“微利不干”以保证满足顾客的需要。

二、影响商品结构的主要因素

1. 商品生产的发展

超级市场商品结构的变化主要受商品生产发展的影响。商品生产越发展，新旧商品交替运动越频繁，商品的生命周期也就越短。超级市场经营者应时刻关注这些变化，适时调整商品结构，扩大新商品的经营比重，减少、淘汰不适合市场需要的老商品。这是最主要的方面。

2. 消费结构与消费习惯的变化

随着顾客购买力的提高，顾客的需求不断变化，这种变化既反映为顾客对商品数量需求的增长，有更多的表现在消费结构与爱好习惯的变化上。因此，超市经营者要随时预测这种变化趋势有预见的引导消费，及时调整商品结构。

3. 商品的季节性

季节性商品在不同时期有不同的经营比重，适应生产季节和消费季节的需要及时调整各个时期的比重，既能保证顾客的需要，又能防止过季商品的积压。

4. 顾客构成的变化

随着经济的发展，消费者的消费观念、经济水平等都在发生变化，所以连锁超市顾客的构成也必然会不断的变化。当顾客构成发生变化时，也会影响商品结构，需要及时对某些商品构成进行调整。

5. 经济条件的变化

经济条件的变化也会给商品结构带来变化。如超市经营规模扩大或缩小，人员增加或减少，超市经营者都应适时调整商品结构，增加或减少经营商品的种类，此外，社会风气和生活习惯的改变、国家政策的实施、科学文化事业的发展等都直接或间接影响商品结构的变化。

6. 邻近地区同行商品结构的变化

邻近地区同行商品结构的变化也影响商品结构的变化。如果邻近地区同行

商品结构发生变化，超市经营者也应依据社会分工考虑自身的商品结构，以便发挥经营特长。

总之，影响商品结构的因素是多方面的，要使商品结构合理，取得最佳经济效益，还需经常对商品结构检查分析。检查分析商品结构主要是对各类商品经营比重、库存比重、品种档次比重等方面进行纵向、横向比较，寻求规律，发现问题及时调整。如每类商品经营比重与库存比重在某一时期内应大体一致，如果某一类商品库存比重远远超过或低于库存比重，就应进行检查分析。而每一行业、每类超市的经营比重与品种构成比重，一般情况下均有一定规律，代表该行业的共同性，同时也存在某些差异性，反映各自的经营重点与特色。

商品库存结构的检查分析是经营活动分析的重点。分析商品库存结构主要通过检查正常商品库存与有问题商品库存的比重，发现存在的问题。一般情况下，有问题商品库存有一最高限额，超过最高限额就表明购销业务活动出现了不正常情况，需进行具体检查分析。实际生活中，即使在正常经营条件下，超市也应定期、不定期地进行清仓检查库存结构尽量压缩有问题商品的库存比重。

三、商品结构的分类与内容

超级市场经营的商品结构按不同的分类标志，可以分为不同的类型。例如：按商品自然种类划分，可以分为商品类别、品种、花色、质量、规格、等级、品牌等；按销售程度划分，可以分为畅销商品、平销商品、滞销商品；按经营商品的使用构成划分，可以分为主力商品、辅助商品、和关联商品等。

1. 主力商品

主力商品是指在超市经营中，无论是数量还是销售额均占主要部分的商品。主力商品的周转快，超市企业就易取得较好的经营成果；反之，就很难完成超市企业的销售目标。因此，超市企业应首先将注意力放在主力商品的经营上。主力商品的经营效果决定着超级市场经营的成败。超市在选择主力商品时要特别注意，确定的主力商品应该是市场上的畅销商品和具有竞争力的商品。这一方面要求经营者必须掌握所经营的主力商品的发展趋势、增长状况和竞争能力，另方面经营者还应注意掌握顾客的需求动向和购买习惯的变化。发现问题，及时调整，掌握经营的主动权。

主力商品的构成，主要在商品的齐全性、质量水平、新鲜程度等方面要比竞争企业更具有优越性。其重点为：①感觉的商品。这类商品在商品的设计上、格调上均要重视；②季节的商品。配合季节需要，能够多销的商品；③选购性的商品。与竞争店相比较，易被选择的商品。

主力商品应具备五个条件：①能事先设定商圈及顾客层；②每天要有大量

的销售额；③能期待一定时期内有大量的销售；④消费频率较高的商品；⑤经济效益较高的商品。

一般情况下，主力商品不能缺货，要有最低的库存量。有些超市通常采取对主力商品按计划大量采购以降低进货价格，保持其价格优势。

2. 辅助商品

辅助商品是对主力商品的补充，可以衬托出主力商品的优点，成为顾客选择商品时比较的对象。辅助商品不要求与主力商品有关联性，只要是顾客需要，而且超级市场又能够经营的都可以。其作用是刺激顾客的购买欲望，体现商品群的丰满度，克服顾客对商品的单调感，增加顾客的光顾率并促进主力商品的销售。配备主力商品时应注意考虑商品的季节性和流行性，不可将过时、过季的商品作为辅助商品，以防止商品积压，影响资金周转；应随季节变化和流行性变化调整，做到少进、勤进、快销。根据销售一空情况决定辅助商品的经营比例，但不能超过主力商品以保持企业的经营性质和特点。

3. 关联商品

关联商品是在用途上与主力商品有密切联系的商品，如西服和领带、笔和笔芯、录音机和录音带等。关联商品的配备，可方便顾客的购买，增加主力商品的销售，扩大商品的销售量，同时也适应了顾客在购买中图便利的消费倾向。

四、商品结构的完善与调整

超级市场商品结构的完善与调整，必须注意两方面问题：

1. 主力商品、辅助商品、和关联商品的配备。

超级市场商品结构的完善与调整，主要是指完善与调整主力商品、辅助商品和关联商品的结构。在超市经营活动中，主力商品应该占绝大部分，而辅助商品与关联商品的比重则应小一些。

（1）20/80 法则

20/80 法则也称帕累托法则、帕累托定律、最省力法则或不平衡原则。1897年意大利经济学家帕累托在经济学的研究过程中发现，英国的大部分财富流向了少部分人一边，被一少部分人所占用，其人口比例与其财富比例具有不平衡的数量关系。这种不平衡关系会重复出现，具有可预测性，这就是 20/80 法则。20/80 法则广泛适用于社会生活和经济生活领域。

在超级市场经营管理活动中，通过大量的资料人们发现，超市 80%的营业额来自 20%的商品，而另外 80%的商品只创造了 20%的营业额。需要指出的是这里的 20/80 为近似比例，不同企业比值可能不同，可以是 10/90、14/86，也

可以是25/75、32/68等。20%的少部分商品被称为20商品，即超市经营中的主力商品。是卖场生存的命脉，需特别培养。但这并不意味着超级市场在经营活动中只要掌握了20%的商品，其余商品就可以无所谓地随便对待了。

（2）20商品确定的方法

1）经验法。经验法是指参考超市历史同期的销售统计资料，在总的商品品种中选择出销售额排名靠前的20%的品项作为20商品。这种方法主要依靠人工统计，工作量大，适宜于 POS 系统尚未建立，规模较小的超市。按经验法选择商品要注意统计资料时间上的一致性，严格按季节进行。

2）信息资料统计法。信息资料统计法是指超级市场经营者根据 POS 系统汇集本企业两年来的商品销售信息资料，根据该资料确定20商品的一种方法。这些信息资料主要包括：商品销售额排行榜、商品销售比重排行榜、商品销售利润排行榜、商品占用资金排行榜、周转率排行榜、配送频率排行榜、商品陈列面积排行榜等。根据对这些资料的归纳分析，确定排行榜靠前的20%的商品。采用信息资料统计法，信息完整、准确、迅速是超级市场尤其是较大规模的超级市场选择20商品的首要方法。

3）调查分析法。调查分析法主要适用于刚开设的超市企业。由于这些超市刚成立不久，历史资料缺乏或不全，所以对于 20 商品的确定主要通过调查分析竞争企业获得。获取竞争企业信息资料的途径有两种：一是间接法，即通过竞争企业的主管部门、行业组织，如全国连锁超市信息网等获取相关统计资料。这种方法操作起来比较省事，资料也比较全面、准确。二是直接法，即指派或聘请调查人员在客流量较大的时段到竞争对手的卖场中观察记录商品销售情况，如可派采购人员于 12:00～13:00 或 20:00 以后到竞争商店卖场去观察“磁石点”货架（陈列端头、堆头、主通道两侧等）商品空缺率，以此推测商品销售情况，选择 20 商品。这种方法简便易行，但其效果的好坏直接取决于调查人员的专业素养，需要事先对调查人员进行系统的培训。调查易受到竞争店店员的阻挠，具有一定的偶然性。在选择竞争店时要注意竞争店店址、卖场面积、经营品种等因素应与竞争店具有相似性和可比性。而且，通过这种方法确定20商品，工作量非常大，如果调查对象是一家经营商品多达10万种以上的企业，短期内根本无法确定、核实其主力商品。所以，这种方法主要适用于调查中小型超市企业的主力商品。

2. 高、中、低档商品的合理比例

高、中、低档商品的配备比例是由企业目标市场的消费需求特点决定的，目标市场是高消费顾客的超市，应采取以高档商品、中档商品为主的策略，经营比重为：高档商品50%，中档商品40%，低档商品10%。目标市场是大众顾客的超市，应采取低档商品、中档商品为主的策略，经营比重为：高档商品10%，

中档商品 40%，低档商品 50%。目标市场是低消费顾客的超市，经营比重宜设计为：中档商品 30%，低档商品 70%。此外，还应注意一些季节性产品，由于供求季节性的变动而形成周期性的商品交替。这类商品宜在季节到来之前调整好商品结构。

第三节 连锁超市商品组合

一、超市商品组合概述

超市商品组合是指一个超市经营的全部商品结构。它通常包括若干商品大类，而每个商品大类又包括众多的商品中类（品类）。

超市之间，由于商品组合的方式不同，进而反映出各自不同的经营特点。超市经营者可以根据自身的具体情况进行选择，既可以经营一个大类的商品（如食品），也可选择经营几种不同大类的商品（如食品、洗涤用品）。超市商品组合对其经营活动的开展有着十分重要的作用。

超市商品组合的形式有两种：一是以目标市场为基础进行组合，二是差异化策略。

1. 目标市场为基础进行组合

商品组合的中心内容是确定经营商品的种类及各类商品的花色、规格、式样、质量、等级、价格等，即确定经营商品的宽度和深度。根据经营商品宽度和深度的不同，超市的商品组合可分为如图 3.1 所示的几种情况。

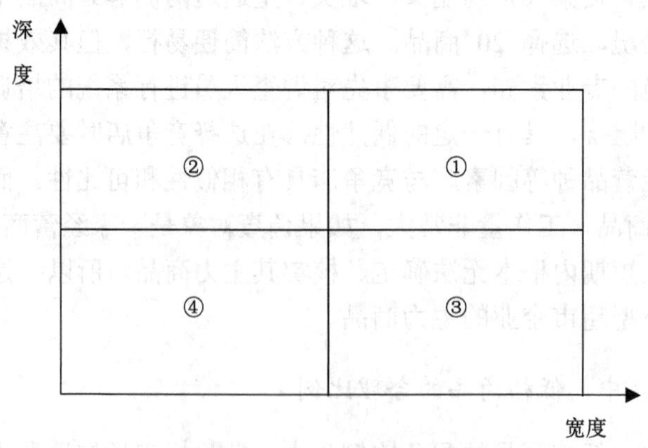

图 3.1 超市商品组合结构图

第一象限表示宽而深。这种组合市场大，商品丰富，顾客流量大，能一次购足，但资金占用多，形象一般化，商品易过时且很多商品周转率低。适用于

大型购物广场，商品定位在高档和中档之间。

第二象限表示窄而深。这种组合形象专门化，人员专业化，特定商品种类齐全、投资少、满足顾客购物需要的能力强，但其他商品种类有限，所以市场有限、顾客流量有限。适用于专卖店和精品店。

第三象限表示宽而浅。这种组合市场大，顾客流量大，投资宽而少，能满足顾客一次购齐的要求，但花色品种有限顾客可选择的余地不大，形象较弱，顾客易失望。适用于中型超市，商品定位中档。

第四象限表示窄而浅。这种组合主要的特点是投资少，顾客购买方便，但商品的种类、品种都有限，顾客少，形象较弱，顾客易失望，使用范围为便利店。

2. 差异化策略

采取差异化策略可以考虑以下几种方式：①针对高收入的顾客，以竞争对手没有的独特品项为特色；②经营自有商品（OEM），以示区别；③以新奇、不断变化的商品为特色，并对商品、货位定期调整，给顾客以新鲜感；④能率先推出新产品，并以此为特色吸引顾客，带动整个卖场商品的销售；⑤以经营价格高、销量大的商品为特色，这些商品主要处于商品生命周期的成长阶段，具有很强的生命力。

二、最佳商品组合

商品组合策略只是从原则上提供了商品组合的基本形态。而超级市场在经营过程中所面对的市场环境和竞争形势是不断变化的，这就决定商品组合的每一个因素也不断变化，这样，商品组合的每个具体项目也必然在变化的市场环境下发生分化，使一部分商品获得较快成长，并持续取得较高的利润；而另一部分商品则可能趋向衰退。因此，根据不断变化形势，调整商品组合，在变动的形势中寻求和保持商品组合最佳化是超级市场面临的一个问题。

在经营过程中，超市应重视商品组合的经常调整和新商品的开发以及过时商品的淘汰。每一个超级市场都应经常分析本店商品组合的状况和结构，判断各商品项目在市场上的生命力，评价其发展潜力和趋势，使原有的商品组合更趋健全和完善。

商品项目的评价是商品组合调整的前提。评价商品项目的标志很多，归纳起来主要有以下三个：

1. 发展性

在经济学中，商品的生命周期可分为四个阶段，其中处于成长阶段和成熟阶段的商品具有良好的发展前途，而成熟期后期或衰退期的商品则不具备这方面的优势。超市经营中，评价商品的发展性不应局限于超级市场的范围，而应从某一行业同类商品的全部情况出发进行评价。所用指标主要是行业销售增长率。

2. 竞争性

竞争性是指商品在满足顾客需要方面所具有的实力。具体表现为其中商品的市场占有率和商品的价格、质量、商标、成本、包装、服务等一系列的综合能力。其中，市场占有率最具有综合代表性。

3. 盈利性

表现盈利性这一特性的指标较多，主要有：利润额、资金利润率、资金周转率、成本利润率等。其中，资金利润率更有综合性的特点。

对以上因素的分析，可以用一个三维分析图表示。在三维空间坐标中，X、Y、Z 三个坐标轴分别表示市场占有率、销售增长率、资金利润率，每个坐标轴又分为高低两端，这样，在整个三维空间中，就形成了八个位置，每个位置代表三个因素的一种组合情况。通过分析，超市经营的每一个商品品项各自在坐标上的位置，就可以看出商品在市场上所处的位置，才能有针对性地作出经营决策。这种对商品品项进行分类分析的方法有很多优点：

1）可以看出超级市场在商品开发上，是否有足够的努力。

2）可以向超级市场提供处于衰退期的商品的信息。

3）为超级市场有针对性的对每种商品制定经营策略和经营目标提出了方向。

4）可以显示超级市场资源在每一商品品项的分配方向。

三、商品组合优化的方法

最佳商品组合决策是一个十分复杂的问题，超级市场在实践中创造了不少有效方法。下面介绍几种经实践证明行之有效的方法。

1. 商品环境分析法

商品环境分析法是指把超级市场的商品分为六个层次，然后分析研究每种商品在未来的市场环境中的销售潜力和发展前景。具体内容有：

1）对目前超级市场的主力商品，根据市场环境分析是否继续发展。

2）对超级市场未来主力商品（指投入市场后能打开销路的新商品）努力开发、培养。

3）对能使超市在市场竞争中获得较大利润的商品，适当增加经营比例。

4）对于过去是主力商品，而现在销路已日趋萎缩的商品超级市场应作出

缩小或淘汰的决策。

5）对于尚未完全失去市场的商品，超级市场可采取维持或保留的策略。

6）对于完全失去销路的商品，或经营失败的新商品，应进行淘汰。

2. 商品系列平衡法

商品系列平衡法是国外比较流行的一种商品组合优化的方法，它把超级市场的经营活动作为一个整体，围绕实现超级市场的目标，从超级市场的实力（超级市场的竞争性）和市场引力（发展性）两方面对超级市场的商品进行综合平衡，作出最佳的商品决策。

商品系列平衡法可分为四个步骤：

1）评定商品的市场引力，包括市场容量，利润率、增长率等。

2）评定超级市场实力，包括超市的形象、卖场陈列能力、销售能力、市场占有率等。

3）制作商品系列平衡象限图。

4）分析与决策。

3. 四象限评价法

四象限评价法是一种根据商品市场占有率和销售增长率来对商品进行评价的方法。由于它是由美国波士顿咨询公司提供的评价方法，故又称波士顿矩阵法。这种方法将市场占有率和销售增长率这两个指标按四种方法进行组合，形成四种商品。用图形表示就形成四象限图（见图 3.2）。

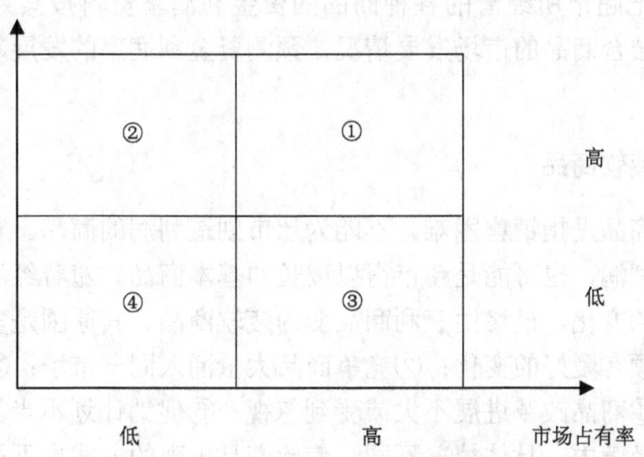

图 3.2 四象限图（波士顿矩阵法）

第一象限表示市场占有率高、销售增长率高的商品。这类商品一般处于商品生命周期的成长期，很有发展前途，是超市的名牌或明星商品。对于这类商品，超市应在各方面给予支持，以确保现有地位和未来发展。

第二象限表示市场占有率低、销售增长率高的商品。这类商品在市场中处于成长期，很有发展前途，但尚未形成优势，带有一定的经营风险，因此也称风险商品或疑问商品。对于这类商品超市可采取消除问题，扩大优势，创立名牌的策略。

第三象限表示市场占有率高、销售增长率低的商品。这类商品一般处于商品生命周期的成熟期，是超市的厚利商品和目前的主要收入来源。对于这类商品超市应采取努力改造，维持现状，提高赢利水平的策略。

第四象限表示市场占有率和销售增长率都低的商品。在市场中已处于衰退期，为无利或微利商品。对于这类商品超市应果断地、有计划地淘汰并进行战略上的转移。

4. 资金利润率法

资金利润率法是以商品的资金利润率为标准，对商品进行评价的一种方法。

商品的资金利润率是一个表示商品经济效益的综合指标，既能反映超市企业的赢利能力，又能反映其资金回收能力。它把转化一个商品的劳动耗费、劳动占用和超级市场的经营管理成果结合在一起，是超级市场经济效益的综合反映。

应用资金利润率法，超市可将经营商品的资金利润率分别与银行贷款利率、行业的资金利润率水平、同行业先进超市的商品资金利润率以及超市的经营目标和利润目标进行对比。达不到目标水平的说明赢利能力不高。同时，超市还可以把超市所经营的各种商品的资金利润率资料按其经营目标和标准进行分类，结合商品的市场发展情况，预测资金利润率的发展趋势，并做出商品决策。

四、淘汰疲软商品

疲软商品是指销售困难，不能为超市创造利润的商品。它可能为超市创造过可观的利润，也可能是超市得以成长的基本商品。随着经济技术的发展和消费者需求的变化，最终由获利商品变为疲软商品。其原因是多方面的，主要表现为：①顾客爱好的变化；②竞争商品大量涌入同一市场；③更好的替代商品的出现；④商品改革进展不大或受到忽视；⑤促销计划不当。

实际经营中，具体情况不同，疲软商品出现的方式也不同，既可能是逐步地、缓慢地，也可能是迅速的。但无论如何，商品是否疲软都可以通过预测判断。所以，一般超市为了能及时发现疲软商品并及时进行决策，通常建立疲软商品检查制度（即商情制度）。

在市场上。如果疲软商品确实已不能满足需要，也不能为超市带来经济效益，淘汰是毋庸置疑的。经营者也应该有这种魄力。但如果是经营不当造成的而非确已进入衰退期，超市则应改变市场经营策略而不能简单放弃。当然，对于确已进入衰退期，无法挽回的商品，超市应及时采取适当策略，有计划地予以淘汰。其方法主要有：

1. 立即放弃策略

立即放弃策略主要适用于以下情况：

1）在预测的基础上，超市已确定好了该商品的替代品。

2）需要迅速转移所占用的资金。

3）市场售价过低，不能补偿成本。

4）继续存在会危害其他有发展前途的商品。

2. 逐步放弃策略

如果采取立即放弃策略会造成更大损失，则应采取逐步放弃策略。采用这一策略，超市需设置一个日程表，有计划逐步减少疲软商品的上货量，使有关资源有序转移；同时逐步扩大替代品的排面，使顾客的使用习惯有秩序的改变，避免在顾客中造成被突然抛弃的感觉。

3. 自然淘汰策略

自然淘汰策略即超级市场不主动放弃该商品，而是留在市场上直至其完全衰竭为止。采取这种策略，主要着眼于对竞争形式的分析。一些处于竞争劣势的超市在商品处于衰退期后，总会提前退出市场，这样继续留存的超市就可以接受这些退出者留下的利益。采取这种策略的超市必须具有很强的竞争能力，同时也将面临较大的风险和进一步的策略抉择。主要有：

1）连续策略。连续策略是指超级市场继续保持过去的经营策略，对原有的市场定位、销售渠道、陈列空间、定价、促销措施维持不变，使该商品自然衰退，直至结束市场生命。

2）集中策略。集中策略是指超级市场将卖场的促销活动集中在最好的终端市场和销售渠道，为维持其销售做最后的努力。

3）强制策略。强制策略是指超级市场不顾一切地大幅度地降低销售费用，强制性地降低成本。采用这种策略虽然会加速商品的衰退，但由于在一定时期内销售量的下降滞后于销售费用的下降，所以，在一个较短的时期内销售量可能维持不变或较慢的下降，从而使超市有可能获得增加利润。

总之，如何淘汰疲软商品是超市最难作出的决策之一。做好这一决策，首先要求超市能正确判断商品是否进入衰退期；其次，还须对淘汰商品采取妥当的淘汰方式。

第四节　连锁超市商品群管理

一、商品群管理理论

商品群是指超级市场商品经营的战略单位。它与商品定位存在着密切的关联性，从某种意义上说，商品定位（商品结构）就是由各种商品群组成的。

由第一节的讲述我们知道，超级市场一般将其经营的商品分为四层，即大分类（部门）、中分类、小分类、和单品。商品群是依据超市的经营理念来集结商品的，所以它既可以是一个大分类（部门），也可以是一个中分类，甚至可以是一个新的组合。消费者对一个超市的偏好并非来自所有的商品，而是来自个别商品群。它能给消费者最初且最直接的印象。如某家超市的果菜最新鲜、某家超市的水产最新鲜、某家超市的面包有特色等等。所以，超级市场应树立起“商品群是超市商品竞争的战略单位”的观念。

商品群并不代表商品，它只是分类上的一个概念。商品计划人员必须随时注意各种商品的特征，观察消费者的需求，找出与竞争对手之间的差别，创造新的商品群。新商品群不但可以打破原有的分类，而且在畅销季节还可以形成一个新的部门。如礼品专区、火锅料专区、熟食品专柜等。甚至可以改变原有的分类标准重新分类。如对水产的分类一般超市将其分为鲜鱼、切鱼片、生鱼片、等，而某超市却打破了这一传统分类，将其分为蒸、煮、烤、生食等几类。并在陈列上加以调整。这种做法使很多消费者发现某种水产品并不仅限于某种做法，还有更好的烹调方式。从而满足了消费者的好奇心，也尽到了告知消费者的义务，同时也为超市创造了很好的业绩。由此可知，商品群的创造就是商品差异化，是创造商品特色的良好方法。

二、商品群的组合方式

现代社会中消费需求存在多样性和变化性，所以及时发现顾客消费行为的变化，适时推出符合消费者需要的新商品群是非常重要的。一般地，组合新商品群的方法主要有以下几种：

1. 按消费季节组合

按消费季节组合的商品群，如某超市夏季组合的夏令商品群，主要有电风扇、灭蚊器、凉席、清凉饮料等；冬季吃火锅季节组合的“火锅料专卖区”。

2. 按节庆假日组合

按节庆假日组合的商品群主要是指超市在各个节庆假日开辟的礼品专区，

如情人节前夕组合的“情人节系列商品群”，主要包括：巧克力、玫瑰花、手机以及“心形”工艺品等。

3. 按消费便利性组合

按消费便利性组合的商品群，如目前许多超市设立的熟食专柜、组合菜专柜等。

4. 按商品用途组合

按商品用途组合，如将酒、酒杯、启瓶器等组合成的商品群；将拖鞋、浴巾、洗发水、沐浴露、剃须刀等组合成的常用沐浴用品。

5. 按价格组合

按价格组合的商品群，如在日用品区域开设的由小五金、小百货组成的“均一价”商品群，或由淘汰品、滞销品组成的“特价” 区。

6. 按供应商组合

按供应商组合的商品群即将同一品牌的商品作为一个商品群来销售。

第五节 连锁超市自有品牌商品的开发

一、自有品牌的概念

自有品牌（private brand，PB）是指零售企业自己拥有并在自家商店内使用的品牌。与其相对应的是国有品牌（national brand，NB）商品，即面向整个市场销售的，使用生产企业品牌的产品。

自有品牌的开发过程复杂。它是在零售企业搜集、整理、分析消费者对某类产品需求信息的基础上，对该产品的功能、价格、造型等方面提出设计要求，自设基地或选择合适的生产企业加工生产，使用自己的商标对该产品进行注册，并在本企业销售的。

二、开发自有品牌的作用

连锁超市企业开发自有品牌对自身发展的重要意义：

1）可以提高超级市场的信誉，扩大其影响面。在自有品牌商品高品质、低价格的保证下，有利于超市企业知名度和顾客信誉度的提高，有利于超市企业经营规模的扩大和自身实力的增强。

2）节约成本，降低价格，提高超市企业的价格控制力。由于直接向生产厂家定牌生产，减少了中间环节与流通成本，同时，无须支付巨额市场推广费、通道费，所以使其价格低于同类商品约 30%。

3）由于自有品牌商品的质量和标准是有超市企业根据市场需求自己设计制定的，有利于保证超市经营商品质量以及供应货源的稳定性。

4）有利于增加利润。在开发经营自有品牌过程中，超市企业除了获得正常的销售利润之外，还可获得部分制造利润。

5）有助于改善目前的工商关系，推动生产与零售企业原来单纯的"供应—销售"关系的转变，发展"我设计，你生产"式的互惠互利关系。便于超市企业同时掌握产品制造和销售两个市场。

三、自有品牌的选择和定价

1. 自有品牌的选择

自有品牌的开发对超级市场的发展有着重要的意义。目前有些超市已专门成立了市场研究部门或产品设计开发部门从事自有品牌的开发工作，并已具有了一定的销售比重。以法国零售企业加希诺为例，在它的超大市场中自有品牌商品的种类达 2500 种，就是小型市场，自有品牌也不下 1500 种，其销售额占商品销售总额的 26%。可以说自有品牌的开发已经成为世界零售企业发展的一大趋势。从理论上讲，超市的自有品牌可用于对众多制造商的各种定牌产品，但实践中，超市企业根据其开发的目标，对自有品牌载体商品的选择方向，主要集中在以下三个方面：

1）目前超市企业经营中具有高周转率和高购买频率的商品的替代品。

2）高竞争性和高成长性的商品。

3）普通供应商与配送中心无法生产加工的商品。

2. 自有品牌的定价

超市企业开发自有品牌是推进其连锁经营规模迅速扩张的主要方式之一。因为通过自己的销售网络推广自有品牌，能尽快获得消费者的品牌认识，且无须支付巨额的市场推广费和通道费。在经营自有品牌时，超市企业应注意其销售价格的竞争力。一般来说，自有品牌商品的价格通常比同类商品价格低 30%以上。只有这样，才能以足够的利益刺激顾客的购买欲望，使他们在利益诱导下自愿转换以往习惯的商品品牌，使自有品牌尽快获得品牌认知，最终赢得消费者的品牌忠实。

自有品牌商品的定价要兼顾同类商品价格水平的合理性。一般的做法是：减少本企业推出的自有品牌同类商品的进货量，或只向少数厂家少批量进货。

这样，一方面使顾客的购买注意力人为地集中在自有品牌上，另一方面通过与同类商品的陈列比较，不但给消费者提供了品牌之间比较选择的余地，而且也充分显示出自有品牌商品的价格优势。

复习思考题

一、选择题

1. 为方便管理,超级市场的大分类一般以不超过（　　）个为宜。

A. 5　　B. 10　　C. 15　　D. 20

2. 在表现商品竞争性的指标中，（　　）最具综合代表性。

A. 价格　　B. 质量　　C. 服务　　D. 市场占有率

3. 在表现商品盈利性的指标中，（　　）最具综合性特点。

A. 利润额　　B. 资金利润率
C. 资金周转率　　D. 成本利润率

4. 超市企业自有品牌商品价格一般低于同类商品约（　　）。

A. 10%　　B. 20%　　C. 30%　　D. 40%

5. 在用途上与主力商品有密切联系的商品是（　　）。

A. 主力商品　　B. 辅助商品　　C. 消耗品　　D. 关联商品

6. 以商品的资金利润率为标准，对商品进行评价的方法是（　　）。

A. 商品环境分析法　　B. 商品系列平衡法
C. 四象限评价法　　D. 资金利润率法

7. 某超市设立的熟食品专柜是按（　　）组合的商品群。

A. 消费季节　　B. 消费便利性
C. 商品用途　　D. 价格

8. 超市的名牌商品或明星商品一般处于商品生命周期的成长期这类商品通常为（　　）商品。

A. 市场占有率高，消费增长率高　B. 市场占有率高，消费增长率低
C. 市场占有率低，消费增长率高　D. 市场占有率低，消费增长率低

9. 适用于专卖店和精品店的商品组合的形式为（　　）。

A. 宽而深　　B. 窄而深　　C. 宽而浅　　D. 窄而浅

10. 对于一个刚开业的超市，确定 20 商品宜选用（　　）。

A. 经验法　　B. 信息资料统计法
C. 调查分析法　　D. 直接面谈法

二、填空题

1. 一般地，超市将商品集合总体划分为四个层次，即______、______、小分类和______。

2. 根据消费者 TPOS 进行分类是站在______的立场，按商品的用途进行分类，是市场需求导向化的具体体现。

3. 超市商品结构按销售程度划分可分为______平销商品和______。

4. 销售困难，不能为超市创造利润的商品为______商品。

5. 20/80 法则是意大利经济学家______在经济学的研究过程中发现的。

6. 超级市场商品组合的形式有两种即______和______。

7. 商品项目评价是商品组合调整的前提。评价商品项目的主要标志是______、______和______。

8. 商品库存结构的检查分析是经营活动分析的______。

9. 商品群不代表商品，它是______上的一个概念。

10. 零售企业自己拥有并在自家商店内使用的品牌为______，与其相对应的是______商品。

三、名词解释

1. 单品　　2. 主力商品
3. 辅助商品　　4. 商品组合
5. 商品结构　　6. 商品系列平衡法
7. 四象限平衡法　　8. 信息资料统计法
9. 商品群　　10. 自有品牌

四、简答题

1. 连锁超市的商品是如何进行分类的？

2. 何谓 TPOS，为什么说根据消费者 TPOS 进行分类是一种全新的分类方式？

3. 确定商品结构的基本要求是什么。

4. 何谓 20/80 法则，20 商品如何确定？

5. 简述超市商品组合的内容和形式。

6. 什么是疲软商品？超市经营过程中可对其采取哪些策略？

五、绘制图表题

1. 实际考察某超市的具体情况并绘制其商品分类表。

2. 绘图说明如何以目标市场为基础进行商品组合。

3. 绘制四象限图并说明如何应用四象限评价法对商品组合进行优化。

案例分析

A超市商品结构调整策略

A连锁超市最近新开了一家大卖场，该店商圈包括一个大型居民区和广东一个典型的城中村——外地大学毕业生到广东找工作时的出租屋集中地。

这家门店在生鲜商品经营上遇到了一个麻烦事——生鲜商品中初级产品的销售还不错，但是不管他们怎么调整价格、怎么促销、怎么活性化卖相（生动化），生鲜品中的加工制品，特别是熟食和面包一直销售很不理想。

这家公司老总特纳闷："我的熟食都是按照家庭主妇的口味制作的啊，而且促销时段也选择在下午4:00～6:00的晚市，商品出炉时间控制在4:00左右，以保持商品新鲜，怎么还是不行？"所以他特别想了解如何来诊断并解决这个问题。

当我们发现某些部门或品类的销售下滑时，我们首先要想到的是：是否该类商品的构成出了问题——顾客想要的没有，不想要的一大堆？

在现场诊断中，当我们问超市的目标顾客是谁时，该门店几乎所有的管理人员都很清楚：是家庭主妇。而当我们问到熟食类商品的核心目标客层是谁时，开始出现五花八门的答案。

其实只要我们的门店管理人员愿意花些时间在收银台或熟食柜前，观察观察顾客购物篮（basket）的话，就会发现其实多数超市里的熟食主流客层并不是家庭主妇，而是以单身人士、学生、双职工等年轻人为主。

从该店商圈分析来看，其熟食的主流目标顾客应是那些到广东寻梦的大学生们，他们住在出租屋里，可能连锅都没有，刚毕业不久工作非常卖力，每天下班时间基本在6:00以后……在找准该类商品的目标客层——外地大学生群体后，该店的熟食类商品构成与营销策略可作如下调整：

1）商品口味以满足广东家庭主妇为核心的"广式口味"，转变成以满足外地大学生群为核心的"全国风味"——湖南风味、四川风味、潮州卤水、东北炖菜……具体操作方式可采取联营抽成等方式，以弥补自身厨师的不足（这一点学习运营好的大学风味食堂就行）。

2）商品包装以满足家庭主妇为核心的大包装、大克数，转变成以满足年轻人为核心的小包装、即食性包装为主。

3）商品促销时段由以满足家庭主妇为核心的下午4:00左右，转变成以满足这些年轻人为核心的晚6:00左右，以使得这些目标顾客一到卖场就能买到

新鲜出炉的商品。

经过系列商品与营销构成的调整，该店的熟食部由原的滞销部门成为整个店的领头羊，同时有效带动了其他相关联商品的销售。因此当我们在抱怨某品类商品不好卖时，我们有没有设身处地考虑过：是否该品类的目标客层定位是否本身就错位了呢？目标客层与商品构成定位本就是双胞胎，一错百错，多米诺骨牌效应由此而来。

（资料来源：http://hi.baidu.com/%BB%EE%D7%C5%CA%C7%B8%A3/blog/item/429b6ddb4a638064 d0164e 96.html）

思考与讨论

1. 该超市生鲜加工制品为什么销售不理想？
2. 该超市的熟食部由滞销部门变为整个店的领头羊的原因是什么？

第四章

连锁超市卖场设计

【学习目的与要求】

超市卖场设计对超市商品销售有着非常重要的作用。本章主要介绍连锁超市形象设计、卖场设计、商品配置表设计及商品陈列艺术。要求学生了解连锁超市经营理念设计、与行为识别设计；理解连锁超市中的视觉设计以及卖场设计中的有关理论，学会从卖场布局中磁石理论的运用及商品配置表的制定出发，进行卖场布局与商品陈列。

导入案例

联华超市门店集体“变脸”

把卖场环境设计得像厂房一样简单，曾是超市降低成本、实施商品低价策略的主要渠道。如今超市把这么多钱花在卖场的场地设计上，业内说法不一。“从我们的调查来看，随着卖场越开越多，城市里的消费者对购物环境的舒适度、便捷性尤为关注，甚至已经成为顾客是否愿意来消费的关键原因。”华润万家有限公司副总裁章百惠接受记者采访时这样解释。

在营造良好的购物环境上，外资超市一直比较重视。虽然经营场地要么是自建，要么是和房地产公司联手定制，但对于卖场环境基本上都是全球“克隆”的。家乐福、沃尔玛等专业外资卖场对通道宽度、长短，甚至不同商品陈列区域的灯光色调都实行标准化。近两年，国内超市也意识到了这样的发展趋势，在快速扩张的同时开始注重环境。联华超市旗下的40家标超门店集体“变脸”，原本单调划一的白色墙壁按陈列物品的区域不同，分别被刷上了不同的颜色，蔬菜水果区是嫩嫩的绿色，冷冻冷藏食品区是清爽的蓝色，日常百货食品区是暖暖的橙色，缤纷的色彩不仅方便顾客找到需要的商品，也给超市增添了浓郁的生活气息。

中国连锁经营协会标准化委员会组织起草的《超市购物环境标准》已通过了国家评审，新标准对我国1997年发布的《商店购物环境与营销设施的要求》标准进行了补充完善，尤其对超市购物环境提出了许多具体标准。

（资料来源：http://www.i18.cn/newscenter/news/guoneinews/2005-12-1/25912.shtml）

第一节　连锁超市形象设计

连锁超市的形象是社会公众和超市的内部职工对超市企业的整体印象和评价，也是超级市场的外在特征和内在表现在社会公众与内部职工心目中的反映。超市形象是一个复合的指标体系和一个系统的工程，它包含了超级市场经营活动的全部内容。

连锁超市形象设计即超市CIS设计。超市CIS作为超市的识别系统由三部分构成，即超市的理念识别系统（MIS）、行为识别系统（BIS）和视觉识别系统（VIS），其中理念识别是CIS的基础和核心，行为识别是在理念的指导下逐渐培养起来的超市全体员工的行为方式和工作方法，视觉识别是超市所拥有的

一整套识别标志。这三方面的因素协调运作、相互推动、缺一不可，共同塑造超市的整体形象。

一、连锁超市经营理念设计

连锁超市经营理念识别是指能够得到社会普遍认同的、体现该超市自身个性特征的、促进并保持超市正常运作以及长足发展而构建的价值体系、策略等基本内容。它不仅是超市的经营宗旨与方针，还代表了一种超市价值取向，对外它是区别于其他超市的工具，对内可用来凝聚员工，产生向心力。

一般来说，构造一个完美的经营理念，主要的依据是超市所奉行的经营哲学。即依据什么样的思想来经营超市的基本政策和价值观。它是超市总体设计的起点，是超市对内外经营活动中所奉行的价值标准和指导原则。可供作超市理念的经营思想主要有：超市的企业精神，超市的经验方针，超市的经营方向等。

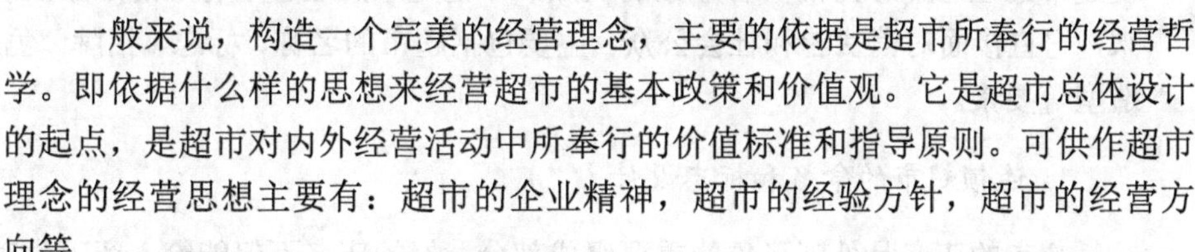

超市的理念是一个超市的经营灵魂，在实际经营中起着导向和引导作用。所以要求超市的经营理念应通俗易懂、易记忆、易传播，这样才能尽快为社会公众所熟悉和掌握，并形成良好的形象和信誉。如日本大荣超市“价廉物美”的经营理念，我国人人乐超市“为顾客节约每一分钱”的经营理念等。其次，超市的经营理念的设计应结合实际，充分了解消费者的消费需求，在此基础上制定与之相匹配的经营理念。由于消费者对超市的要求是多方面的，它既要求所购商品物美价廉，又要求购物场所能够消闲与舒缓心情。所以美国“沃尔玛”商业集团提出“以客为主” 的经营理念，在经营过程中贯彻“为民、便民、利民”的原则。如在门厅设置电动玩具供顾客带的孩子使用；在超市中设置长椅、摆放鲜花为顾客提供休息场所和设施；在收银台附近，为了不让顾客等待时感到烦躁，还摆有书报杂志等消闲物品，使顾客有一种轻松舒适的购物感觉。同时超市的经营理念的设计还应该意味深长、内容深刻，能用最少的语言传达最多的信息，做到言简意赅，并能充分体现超市的经营思想精华所在。

二、连锁超市行为识别设计

连锁超市行为识别是指通过实际经营活动体现出超市理念识别核心内容的一种行为，是理念的动态表现，是理念的升华和视觉识别的再现和强化，它使超市企业创造出具体、生动、动态的形象。企业活动形象的形成过程与发挥作用的机制是互相联系、互相作用的。一方面活动形象塑造后，必然会对企业的经营管理活动产生反映；另一方面，活动形象通过其发挥作用的机制又反过来构成企业的有关信息，从而又为企业活动形象的塑造起支持与稳固的作用。

连锁超市行为识别几乎覆盖了整个企业的经营管理活动，它基本上由两大部分组成：一是企业内部系统，包括超市内部环境的营造、员工的教育、员工行为规范；二是企业外部系统，包括市场经营调查、商品质量保证、广告、售后服务、促销活动等内容。

三、连锁超市视觉识别设计

视觉识别是CIS中最直接、最活跃的部分，它是指通过视觉的传播媒体，使超市的理念能够为消费者形象的认知，即把无形的理念用有形的形象反映出来，它直接面对消费者和社会公众。主要包括超市的名称、标志、招牌、色彩、造型等要素。

1. 连锁超市的命名和标志设计

超市的店名是外观形象的重要组成部分。好的店名不但能给人留下生动清新的印象，而且能增强超市的感染力，带来滚滚客流。超市的命名方式很多，主要有：以人名命名如美国金伦超级市场；以经营特色命名如百廉特价超市；以货品的质量和方便程度命名如百佳超市；以所属的购物中心或商厦命名等。无论采用哪种方式，都应考虑超市的名称有没有传播力、传播何种形象以及传播此形象对超市的发展、业绩的提升、商品的销售有没有效力。具体应注意以下几点。

（1）必须具有独创性和识别性

要有个性、有特色、独树一帜，不能与其他超市雷同，这样才能给人留下深刻的印象，容易识别。

（2）必须具有统一性

超市的名称不但要与超市理念识别、行为识别相统一，符合和反映超市理念的内容，而且体现超市服务宗旨和商品形象。

（3）必须具有可传达性

在听觉传达上，超市名称要响亮，易于上口、有节奏感；在视觉传播中，应以简约为基本原则，尽量使用笔画少、通俗易懂的名称。

超市标志是指那些造型简单、意义明确，能代表超市形象、特征、信誉、文化的一种特定的视觉符号。标志的设计应遵循以下三个原则：①新颖独特、易于识别；②寓意准确、名副其实；③造型优美，具有艺术感染力。

2. 连锁超市的招牌设计

招牌是超市的重要传媒之一，具有很强的指示、引导功能，也是区别与其他店铺的重要工具。

招牌在客观上起着宣传的功效，这就要求它的设计能使消费者对企业的经

营内容与特色一目了然。因此，招牌应包括以下内容：超市名称、超市标志、超市标准色、营业时间。

（1）招牌设计的注意事项

在具体设计和制作时，有以下几个问题需特别注意：

1）招牌的色彩。消费者对招牌的识别往往先从色彩开始，再过渡到内容。因此，色彩的选择要求温馨、明亮而且醒目突出，一般选用暖色调或中色调，如红、黄、橙、绿等，并且还应注意各色彩之间的搭配。

2）招牌的内容。招牌的内容要求表达上简洁突出，而且字体的大小要考虑中远距离的传达效果，具有良好的可视度及传播效果。

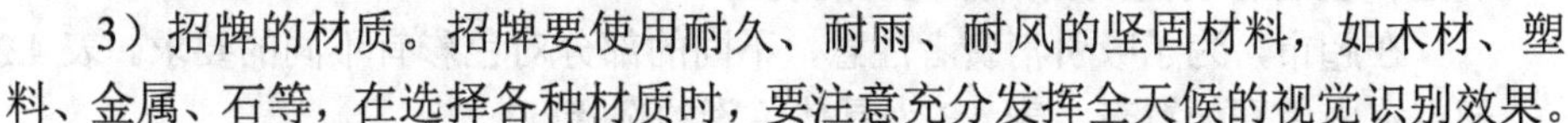

3）招牌的材质。招牌要使用耐久、耐雨、耐风的坚固材料，如木材、塑料、金属、石等，在选择各种材质时，要注意充分发挥全天候的视觉识别效果。

（2）超市招牌的种类

1）广告塔。在超市建筑的顶部所树立的广告牌。

2）横置招牌。安装在超市门店正面的招牌（主力招牌），可用荧光灯、霓虹灯产生特殊效果。

3）壁面广告。放置在超市正面两侧的墙面上，把经营的内容传达给两侧的行人的招牌。通常选用长条形或灯箱形式加以突出。

4）立式招牌。放置在超市门口人行道上的招牌。通常可用灯箱、商品模型、人物造型来做。

5）遮幕式招牌。在超市的遮阳篷上施以文字、图案，使之起到遮阳、挡风及宣传的双重功效。

3. 超市招牌的放置位置

超市招牌的放置位置非常重要，一般认为眼睛与地面的垂直距离为 1.5 米左右，以该视点为中心上下 25º～30º 的范围为人的视觉的最佳区域，在此区域内放置招牌效果最佳。例如，某超市的招牌设计要使 20 米以外的消费者看清，即招牌与眼睛的视觉距离为 20 米，则招牌放置的位置应为离地面 2.5～3 米的高度。另外，在招牌的位置布置过程中，还要考虑招牌文字的大小与位置之间的关系，不同的文字尺寸对于可视程度有不同的要求，对于招牌的高度也有不同的规定。如表 4.1 所示。

表 4.1 招牌位置与视觉距离、招牌文字大小的关系

招牌位置	视觉距离	文字大小
一楼（4 米以下）	20 米以内	高 8 厘米左右
二楼（4～10 米）	50 米以内	高 20 厘米左右
楼顶（10 米以上）	500 米以内	高 100 厘米左右

4. 连锁超市的色彩设计

色彩是组成超市环境的一个重要方面。一种爽目洁净的色调能给消费者以良好的购物感觉，反之，暗淡、昏冷的色调会赶走顾客，从而无法实现超市的经营目标。所以，应下力气搞好超市的“色彩工程”。

研究表明：人们观察物体的色彩时，物体的背景感应为物体色彩的衬色，它能使人们的眼睛得到休息和平衡。例如，当肉品货柜的背景色偏红时，肉色给人的感觉就不太新鲜，如改成淡蓝色或草绿色，肉就显得新鲜红润。因此超市色彩设计的基本原则是环境色彩应尽量采用中性色，突出衬托商品，防止出现因补色的影响而改变商品色感的现象。

在超市，为了吸引消费者注意，不同的部分对色彩有不同的要求。表 4.2 为超市室内色彩配置表，表 4.3 为具体色彩的选择。

表 4.2　超市室内色彩的配置

性　质	色 彩 名 称	适用的商品、场合
营业主色	红、橙黄	服装、建筑物、招贴画、宣传物、办公用品
第一副色	白	天花板、货架、内壁、商品设备
第二副色	灰	地板、收银机
照明用色	橙黄、乳白	顶灯、壁灯、射灯

表 4.3　超市色彩的选择

店内结构组成名称	色 彩 要 求	代 表 色
外观（建筑物、外墙）	明亮、冲击性强	红、黄、蓝
店内地板	不易反光	灰、淡粉、橙
店内墙壁	较淡、平和的色彩	浅蓝、淡粉、白
天花板	反光性好	白
用具（货架、收款机）	安宁、淡色	乳白、灰、蓝

不同的商品要用不同的色彩加以烘托，所以在选择超市的色彩时要把商品的因素考虑在内。表 4.4 为常用商品与色彩的组合。

表 4.4　常用商品与色彩的组合

商　品	广 告 目 的	商 品 色 彩	配　色	颜　色
医药品	可靠感、安全感	白、青	白、橙、象牙白	白、青
化妆品	可靠感、安全感	红、青、白	黄、粉红、淡紫	红、紫、白
玩具	快乐、明朗	红、黄、绿	粉红、米黄、青	白、绿
食品	新鲜、安全感	红、黄、黄绿	青绿、青、淡黄	白、橙
酒	别致、娱乐、舒畅	红、茶、青	米黄、绿、灰	黑、白、红
水果	新鲜、增进食欲	红、黄橙、黄绿	白、灰、青绿	红、白

续表

商　品	广告目的	商品色彩	配　色	颜　色
书籍	庄重	黄橙、青、红	白、灰、绿、米黄	白、橙
女用进口品	时髦、个性强	红、绿、黑、白	白	黄、黑、紫
男用进口品	时髦、个性强	青、白、黄、深蓝、红	灰、黄绿、青绿	红、白
儿童用品	时髦、可靠感	白、青、红、黄	粉红、淡黄	白、红
乐器、唱片	欢快、时髦	红、茶、黄	白、米黄	红绿
家庭日用品	可靠性、明快	白、红、茶、灰	黄、皮肤色、黄绿	黑、红

第二节　连锁超市卖场设计

超市的卖场是企业和顾客以货币和商品进行交换的场所。卖场的设计是连锁超市为最大限度地便利顾客购买，运用一定的方法陈列、展示商品，利用有限的资源规划和实施卖场的总体布局，创造理想购物空间的工作。合理的商品陈列可以起到刺激销售，方便购买，节约人员，利用空间，美化环境等方面的作用。据统计，国内的超市如正确运用好商品的配置管理和陈列技术，其销售额在原有的基础上提高20%是不成问题的。因此商品配置管理与陈列技术是提高销售业绩的利器。研究显示同样的商品同样的场地，仅仅摆放位置的差别可以使销售额发生30%以上的变化。

超市卖场设计应达到两个效果：①顾客与店员行动路线的有机结合。对顾客来说，应使其感到商品非常齐全并容易选择；对店员来说，应充分考虑到其工作效率的提高。②创造舒适的购物环境。

超市卖场设计的具体包括以下内容。

一、连锁超市出入口设计

目前在国内还有不少的超级市场经营者不太注意或重视卖场出入口的设计，实际上，卖场出入口虽然不像招牌能吸引顾客的注意力，但却可以引导顾客进入店内，并有序地浏览全场而不留死角，所以好的出入口将是决定进入超市的顾客流量大小的关键。超级市场出入口的设计应注意：

1）尽量不要同一楼梯或门口进出，即使很近也要将其分割开来，尽量延长顾客在超市的时间，而不致使有的顾客一进门买到自己要买的商品就马上离开。

2）根据商品结构、卖场面积规划出入口。

3）选择出入口应根据行人的走动路线，选择行人经过最多、最方便并与行人最靠近的方向与位置。

4）出入口与卖场内部的商品配置关系密切，布局时应以出入口设计为先。

5）对开设在楼上、地下室的超市，其出入口应有醒目标志。

二、连锁超市通道设计

1. 设计模式

通道设计是在考虑出入口的基础上结合超市内商品的配置位置与陈列来进行的，通道设计是否合理直接关系着顾客在店内行走、购物的路线以及顾客的顺利购物。超级市场在卖场中的通道可分为直线式与环型式通道。

（1）直线式通道

直线式通道也称单向通道。这种通道的起点是卖场的入口，终点是收银台。其特点是商品陈列不重复、顾客不用回头可依照货架排列的方向单向购物，能够在最短的线路内完成商品购买行为。

（2）环绕型通道

这种通道的布局以流畅的圆形或椭圆形为佳。按从右到左的方向环绕超市的整个卖场，使顾客依次浏览商品、购买商品。实用中，可采用大环型和小环型两种路线模式。

大环型通道适合 1600 平方米以下的超市，这种线路模式是让顾客进入卖场从一侧沿四周环行后再进入中间货位。它要求卖场内部一侧的货位一通到底，中间没有穿行的路口。小环型通道适用于营业面积在 1600 平方米以上的超市。这种线路模式是顾客进入卖场后，从一侧前行，不必走到头，就可以很容易地进入中间货位。

2. 通道设计的原则

（1）足够的宽度

所谓足够的宽度，即要保证顾客提着购物筐或推着购物车能与同行者并肩而行或顺利地擦肩而过。不同规模的超市通道宽度的设定不同，具体如表 4.5 所示。

对于大型综合超市和仓储式商场，为了保证更大顾客容量的流动，减慢顾客行走的速度，使其多些机会浏览通道两侧的商品，则可以使主通道和副通道的宽度基本保持一致。同时也可适当放宽收银台周围通道的宽度，以保证最易形成顾客排队在收银台处的通畅性。

表 4.5　不同规模超市通道宽度基本设定值

单层卖场面积/平方米	主通道宽度/米	副通道宽度/米
300	1.5～1.8	1.2～1.3
1000	1.8～2.1	1.2～1.4
1500	2.0～2.7	1.4～1.5
2000 以上	2.0～3.0	1.4～1.6

（2）笔直

通道要尽可能设计成直线式通道或单向道。顾客在购物过程中，尽可能按

货架排列方式，将商品以不重复、顾客不回头走的设计方式布局。

（3）地面平坦

通道地面应保持平坦，处于同一层面上。尽量不要让通道上有台阶，因为这样不便于购物车和顾客通过，进而影响商品的销售。

（4）少拐角

少拐角是指拐角尽可能少，即通道途中可拐弯的地方和拐的方向要少，有时可以借助于连续展开不间断的商品陈列线来调节。如深圳某超市采用冷藏柜沿墙面不间断延伸至两侧商品区，使顾客不知不觉步入两侧较深货区。

（5）灯光明亮

通常通道上的照度最少应达到 500 勒克斯，卖场里要比外部照明度增强5%，尤其是主通道，相对空间较大，是客流量最大，利润率最高的地方。

（6）无障碍物

通道是用来诱导顾客多走、多看、多买商品的地方，应充分考虑顾客走动的舒适性和非拥挤感。在通道内不能陈列、摆放与陈列商品或特别促销无关的器具或设备，以免阻断通道，损害购物环境的形象。

三、卖场面积的配置

超市商品卖场面积配置是关系到超市经营成败的关键环节。如果面积配置不当，就会造成顾客想要的商品不多，不想要的泛滥，这不仅占用了货架，也积压了资金。所以超市经营的众多商品按什么比例配置，是卖场中商品配置要解决的重点。

1. 根据预估销售额确定货架空间

根据预估销售额，确定货架所占比例。例如，蔬菜水果占总销售额的 10%，那它占据的货架空间也应为 10%。

2. 根据商品单位体积进行调整

根据商品单位体积进行调整，需首先求出全部商品的平均体积，对于小于平均体积的商品应减少商品的面积分配；反之，则应加大面积分配。例如，蔬菜、水果的体积为平均体积的 71%，如果货架长度按 330 米计算，则蔬菜、水果所占的空间应为 330×10%×71%＝23.43（米）。

3. 根据货架宽度进行调整

根据货架宽度进行调整，应首先求出全部货架的平均宽度，对于小于货架平均宽度的商品，应增加面积分配，反之要适当减少面积分配。如平均货架宽为 50 厘米，而蔬菜、水果的宽为 45 厘米，则空间分配应再增加 11.11%。

4. 根据一些特殊影响因素进行调整

对于周转慢的商品给予最低限度的面积，并保持一定的库存，对于周转快的畅销商品给予足够的陈列面积，不保持库存，同时要考虑商品齐全，便于顾客挑选。

四、卖场布局中磁石理论的运用

磁石是指超级市场的卖场中最能吸引顾客注意力的地方，磁石点就是顾客的注意点。磁石理论的运用必须依靠商品的配置技巧，在卖场中最能吸引顾客注意力的地方配置合适的商品以促进销售，并且这种配置能引导顾客逛完整个卖场，增加顾客冲动性购买率。超市卖场磁石点可分为五个（如图 4.1 所示），应按不同的磁石点来配置相应的商品。

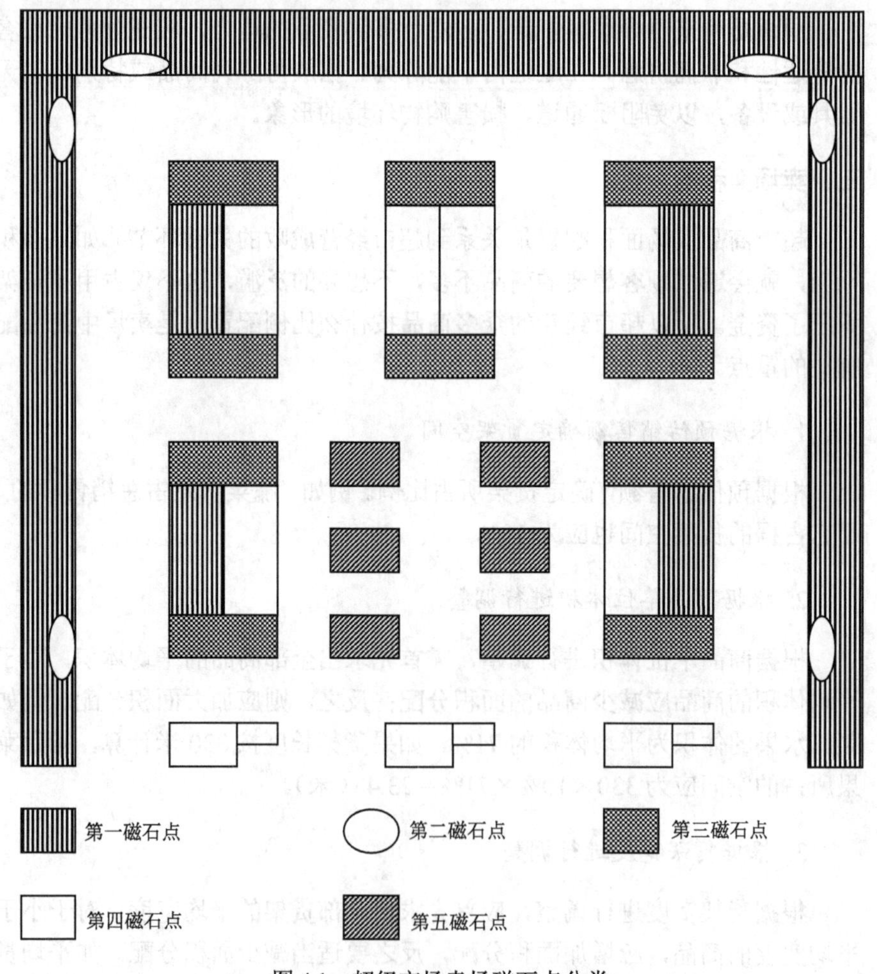

图 4.1　超级市场卖场磁石点分类

1. 第一磁石点

位于卖场主通道两侧，是顾客必经之地，也是商品销售最主要的地方。此处配置的商品主要是：①主力商品；②购买频率高的商品；③销售量大的商品；④进货能力强的商品。

这些商品大多是消费者随时需要又时常购买的商品，主要表现为食品，如蔬菜、牛奶、面包、肉类等，放在第一磁石点内，可以增加销售量为超级市场带来丰厚的利润。

2. 第二磁石点

穿插在第一磁石点中间，一段一段地引导顾客向前走，以致走完整个卖场。主要配置的商品有：①流行商品；②色泽鲜艳、引人注目的商品；③季节性强的商品。

这些商品大多具有华丽、清新的外观，能使顾客产生眼前一亮的感觉，外观效果明显。同时还需要注意特别突出第二磁石点的照度和陈列装饰，以便让顾客一眼就能辨出其与众不同的特点，并根据需要适时调整，保持其基本特征。

3. 第三磁石点

第三磁石点是指超市中央陈列货架两头的端架位置。这是卖场中顾客接触频率最高的地方。因此配置的商品就要刺激顾客、留住顾客，所以可配置的商品有：①特价商品；②高利润商品；③厂家促销商品（新产品）；④大众化品牌、自有品牌商品。

4. 第四磁石点

第四磁石点通常指卖场中副通道的两侧，是充实卖场各个有效空间并让顾客在长长的陈列线中引起注意的位置，因此在商品的配置上主要以单项商品来规划，即以商品的单个类别来配制。为了使这些单项商品能引起顾客注意，需要在商品的陈列方法和促销方法上对顾客作刻意表达。这些商品主要有：①流行、时尚商品；②有意大量陈列的商品；③广告效应强的商品。

5. 第五磁石点

位于收银台前的中间卖场。是超级市场根据各种节日组织大型展销、特卖活动的非固定卖场。其目的在于通过采取单独一处多品种大量陈列的方式，造成一定程度的顾客集中，烘托门店气氛。同时随着展销主题的不断变化，也可给消费者带来新鲜感，从而达到促销的目的。主要商品有：①低价展销品；②大量陈列多品种商品；③非主流商品。

第三节　商品配置表设计

卖场设计主要完成的是在营业区内、走道、货架、收银台和大类商品的区域位置设定，并在此基础上具体安排营业设施。那么，在设定的区域内配置和陈列什么商品，怎样配置和陈列商品，这就需要通过商品配置表的运用来具体实施。

一、商品配置表的含义

商品配置表的英文名称是Facing，其含义是对商品货架陈列排面做恰当的管理；日文名称是“棚割表”，棚指陈列的货架，割指商品在货架上适当配置。因此，商品配置表可定义为：把商品陈列的排面在货架上作最有效的分配，以书面表格形式画出来。在当今信息时代，商品配置表可以通过电脑来制作并不断修改和调整。

二、商品配置表的管理功能

1. 有效控制商品品项

每个超市的卖场面积都是有限的，所能陈列的商品品项也有限，为此就要控制商品的品项数，这就需要使用商品配置表，以此获得有效的控制成果，使卖场效率得以正常的发挥。

2. 商品陈列定位管理

商品配置表是商品陈列定位管理的工具。超市卖场内的商品陈列定位，就是要确定商品在卖场中的陈列方位、在货架上的陈列位置以及所占的陈列空间，达到货架容量的有效利用。工作中需事先画好商品配置表，以保证商品有序有效的定位陈列。

3. 商品陈列排面管理

商品陈列排面管理，即提出商品配备和陈列的方案、规划好商品陈列的有效货架空间。超市卖场陈列的商品品种很多，有的销量很大，有的销量很小，因此就可根据商品的销售数量确定商品的排面数。即畅销商品给予排面数多，占用排列空间大，销售量少的商品给予排面数少，所占的陈列空间也小，对滞销商品则可不给排面将其淘汰出去。商品陈列的排面管理对提高超级市场的卖场商品销售效率，具有很大的作用。

4. 畅销商品保护管理

超市内畅销商品销售速度很快，如果没有商品配置表对畅销商品排面的保护管理，畅销商品卖完了，未能及时补充，就易导致不畅销商品甚至滞销商品占据畅销商品的排面，形成滞销商品驱逐畅销商品的状况。这种状况会降低商店对顾客的吸引力，另一方面会使商店失去售货的机会并降低竞争力。所以商品配置表的管理，能够保护畅销商品的排面并能有效控制和避免滞销商品驱除畅销商品的现象，同时也是发现和分析畅销商品断档原因并加以改进的关注点。

5. 商品利润的控制管理

超级市场销售的商品中有高利润商品，也有低利润商品，超市经营者总是希望把利润高的商品配置在好的陈列位置，以提高商品的销售量和超市的整体盈利水平，而把利润底的商品配置在差一点的位置，以控制商品销售品种结构，保证商品供应的齐全性和消费者对商品的选择性。这就需要依靠商品配置表来给予各种商品妥当的配置，以达到提高连锁超市公司整体利润水平的目的。

6. 超市连锁经营标准化管理的工具

连锁超市公司有众多的门店，达到各门店商品陈列的一致，促进工作高效化，是超级市场标准化管理的重要内容。有了标准的商品配置表的管理，整个连锁体系内的陈列管理就易于开展，同时商品陈列的调整和新产品的增设，以及滞销品的淘汰等管理工作的统一执行，就会有计划、有蓝本、高效率地开展。

三、制作商品配置表的准备工作

1. 商品陈列货架标准化

超级市场所使用的陈列货架应尽量标准化，这对连锁的超级市场尤为重要，货架的标准视每个超市的场地和经营者的理念而定。使用标准统一的陈列货架，在对所有门店每一分类商品进行配置与陈列管理时，不至于出现一个门店一种配置或一种陈列的现象。

各种业态模式的超级市场应该使用符合各自业态的标准货架。如传统食品超市和标准食品超市使用的是小型平板货架（高度为 1.6 米左右），大型综合超市使用的是大型平板货架（高度为 1.8～2.0 米），仓储式商场使用的则是高达 6～8 米的仓储式货架。便利店使用的是高度仅 1.3 米的货架，货架标准化的一个世界性趋势是降低高度，以增加消费者的可视度和伸手可取度。在我国一些超市和便利店中使用货架的非标准化情况比较普遍，如便利店使用的是超市的货架，这就直接影响了顾客的购买速度。而对许多仓储式商场来说，应考虑增强陈列段的灯光亮度，以防太高的陈列货架阻挡通道灯光对陈列段的照明，影响顾客的可视度。

2. 确定商品分类清单

无论是采购部人员还是卖场的货区主管在作商品配置表与现场配置陈列前，都要清楚的确定哪些是主力商品（其中哪些是赢利商品，哪些是形象商品），哪些是辅助商品等。

3. 单项商品资料卡的设立

每一个单品项商品都要设立资料卡，如商品的品名、规格、尺寸、重量、包装材料、进价、售价、供货量等。这些资料对制作商品配置表是相当重要的。从这些资料中可以分析确定商品周转率的高低、商品毛利的高低以及高单价高毛利的商品。

4. 配备商品配置实验架

商品配置表的制作必须要有一个实验阶段，即采购部人员（许多超市公司已设置了专门负责此事的货架管理员），在制作商品配置表时，应先在实验货架上进行试验性的陈列，从排面上来观察商品的颜色、高低及容器的形状是否协调，是否具有对顾客的吸引力，并对其进行调整，直至协调和满意为止。

四、商品配置表的制作程序

商品配置表的制作始于市场调研，终于卖场销售效果评估。其程序如下：

1. 商品配备的确定

（1）制作大类商品配置图

由采购部会同门店人员共同讨论决定。

（2）分配中分类商品的位置

采购人员将每一个中分类商品安置到各自归属的大类商品配置图中去，确定各中分类商品所占的营业面积和占据陈列货架的数量。例如，膨化类食品要配置高165厘米、长90厘米、宽35厘米的单面货架三座。

2. 单项商品陈列量的确定

单品项商品陈列量的确定应注意两方面的问题：一是保持超市卖场与内仓的商品量为日销售量的1.5倍。如一个商品平均日销售量为20个，则商品

量为 30 个。二是把每一个商品的陈列量与商品的订货单位一起进行考虑，如一个商品的最低订货单位是 12 个，陈列量设定在 18 个，则该商品第一次进货为 2 个单位计 24 个，18 个进货架，6 个进内仓，当全部商品最后只剩下货架上 6 个时再进一个订货单位 12 个，则商品可以全部上货架而无须再放进内库，做到内库的零库存。我国的超级市场由于受交通条件和配送中心配送能力的制约，目前还做不到这一点。在一些交通发达的城市，其交通条件好，并且连锁公司配送能力强、配送效率高，就可以考虑大大压缩门店的内仓库存量以提高商品的周转率。而对于那些由供应商将商品直接配送到门店的大型综合超市和仓储式商场，其单品项的商品陈列量就必须与向供应商订货的经济批量相结合。

3. 根据商品的陈列量和陈列面积确定相应的货架数量

商品的陈列量和陈列面积是和商圈调查相沟通的，如热销商品、常用商品可适当加大其陈列面积。同时，根据每个商品包装的要求和外形尺寸来具体确定每个货架层面板之间的距离、陈列商品的货架位置和商品数量以及其他配件的数量和位置。

4. 商品陈列位置与陈列排面数的确定

决定单品项商品具体陈列位置和在货架上的排面数，这一工作必须遵循有关商品陈列的原则，运用好商品陈列的技术。如商品配置在货架的上段、黄金段、中段还是下段等，还需考虑到企业的采购能力、配送能力、供应厂商的合作以及自我形象塑造等诸多因素，只有这样，才能将商品配置好。例如，当地适销品种的陈列位置，就应比较多地考虑到这类商品当地消费者的购买习惯，一般采取在卖场显眼处进行专柜和专架式的陈列。

除了商品位置配置合理外，第一排的商品数目要适当。要根据每种商品销售个数来确定面朝顾客第一排商品的个数。一般来说，第一排的商品个数不宜太多，如个数过多，一种商品所占用的陈列面积就会过大，相应地商品的陈列品种率就会下降，在心理上也会使顾客产生商店在极力推销该商品的压力，造成顾客对该商品的销售抵抗，但促销商品则除外。

5. 特殊商品用特殊陈列工具

特殊商品主要是指生鲜类商品、散装、冷冻食品等商品及形状不规则、难以摆放整齐的商品等。对于这些商品不能一味强调货架的标准化而忽视了特殊商品特定的展示效果，要使用特殊的陈列工具，如促销车、铁蓝、塑料蓝、特制阶梯型架子、挂架、吊钩等，以增强卖场的活力，改变商品配置和陈列的单调感，展示其特有的魅力。

6. 商品配置表的设计

商品配置表的制作是一项艰苦的工作，也是一项实践性和操作性很强的工作。制作商品配置表，需先作货架的实验配置，达到满意效果后才最后制作商品配置表。商品配置表是以一座货架为基础制作的，有一个货架就应有一张商品配置表。商品配置表的格式设计，要先确定货架的标准，再把商品的品名、规格、编码、排面数、售价表填写在表格上。也有的把商品的形状画到表格上，但这必须借助电脑来设计，这就给货架管理人员提出了更高的技术要求。表4.6是一个商品配置表的实例设计，货架的标准是高180厘米、长90厘米、宽45厘米，5层陈列面；表4.7为其文字说明。

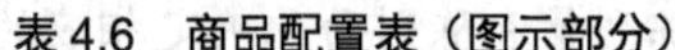

表4.6　商品配置表（图示部分）

商品分类 No.　洗衣粉（1）

货架 No.12　制作人：×××

高度（厘米）	商品	商品	商品
180 170 160	白猫无泡洗衣粉 1000克 4F　12001　12.2	奥妙浓缩洗衣粉 750克 4F　12005　18.5	奥妙浓缩洗衣粉 500克 4F　12006　8.5
150 140 130 120	白猫无泡洗衣粉 500克 2F　12002　6.5	奥妙超浓缩洗衣粉 500克 3F　12007　12.5	
110 100 90 80	白猫无泡洗衣粉 45克 2F　12003　2.5	奥妙手洗洗衣粉 180克 6F　12008　2.5	
70 60 50 40	佳美两用洗衣粉 450克 4F　12004　2.5	碧浪洗衣粉 200克 6F　12009　2.8	
30 20 10	地毯洗衣粉 500克 4F　12011　12.8	汰渍洗衣粉 450克 4F　12010　4.9	

厘米　10　20　30　40　50　60　70　80　90

注：1）位置是最下层为A，二层为B，三层为C，四层为D，最高层为E。每一层从左至右，为A1、A2、A3…，B1、B2、B3…，C1、C2、C3…，D1、D2、D3…，E1、E2、E3…。

2）排面是每个商品在货架上朝顾客陈列的面，一面为1F，二面为2F…。

表 4.7　商品配置表（文字说明部分）

商品代码	品名	规格	售价	单位	位置	排面	最小库存	最大库存	供应商
12001		1000	12.2	桶	E1	4	3	8	
12002		500	6.5	袋	D1	2	15	30	
12003		450	2.5	袋	C1	2	20	32	
12004		450	2.5	袋	B1	4	32	50	
12005		750	18.5	盒	E2	4	12	40	
12006		500	8.5	盒	E3	4	8	20	
12007		500	12.5	袋	D2	3	15	45	
12008		180	2.5	袋	C2	6	25	90	
12009		200	2.8	袋	B2	6	35	90	
12010		450	4.9	袋	A2	4	4	40	
12011		500	12.8	袋	A1	4	12	42	

注：1）最小库存以一日的销售量为安全存量。

2）最大库存为货架放满的陈列量。

五、商品配置表的调整

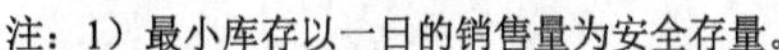

公司一旦制订了标准化的商品配置表后，各门店就必须严格执行。但是商品的配置并不是永久不变的，必须根据市场和商品变化作调整。这种调整就是对原来的商品配置表进行修正。商品配置表的修正一般是固定一段时间来进行的，可以是一个月、一个季度修正一次，同时也考虑到季节、时令、促销等因素作为修正商品配置表的依据，但不宜随意进行修正，以免出现商品配置凌乱和不易控制的现象。商品配置表的修正可按如下程序进行：

1. 每月销售情况的分析

超级市场不管是单体店还是连锁店必须每月对商品的销售情况进行统计分析，目的是找出哪些商品畅销、哪些商品滞销。配备 POS 系统的超市会很快统计出商品的销售情况，没有配备 POS 系统的超市则从商品的进货量和库存量中进行统计。

2. 应季应节商品的销售预测

超市经营商品的销售量并非每天都一样均匀，而是随季节、节假日的变化而变化的。这些变化基本上是可以预测的，如周末效应（即每逢周六、日，商品销售会有一定比例的上升）、节日效应（即在节日前或节日期间，应节商品销售会呈现旺销现象)。因此在制作商品配置表前，须预测哪些商品在节假日应增加配置量，甚至对周末效应商品按“周末和平时”制作两份商品配置表。

3. 滞销商品的淘汰

销售情况分析可确定出滞销商品，但商品滞销的原因很多，可能是商品质量原因，也可能是销售淡季的影响、商品价格不当、商品陈列不好，更有可能是供应商的促销配合不好等。弄清商品滞销的原因，并确定滞销状况是否可能改善，如无法改善则必须坚决淘汰，否则就可能出现滞销品占据货架而影响销售。

4. 畅销商品的调整和新商品的导入

对畅销商品的调整，一是增加其陈列排面；二是调整其位置及在货架上的段位。对由于淘汰滞销商品而空出的货架排面，应导入新商品，以保证货架陈列的充实量。

5. 商品配置表的最后修订

在确定了滞销商品的淘汰、畅销商品的调整和新商品的导入之后，必须以新的商品配置表的制定来完成这些修订。新的商品配置表的下发（一般可以通过信息系统来传递)，就是超市门店进行商品调整的依据。

第四节 商品陈列艺术

超市商品陈列即将消费者喜爱的商品摆放在卖场中最佳的位置，以尽可能地增加销售机会，提高超级市场的销售业绩。一般地，顾客在购物过程中停留在一件商品上的时间是很少的，而且也不可能每种商品都看到，他们只是重点地找一些预先考虑购买的或能引起他们特别注意而做出冲动性购买的商品。所以，在超市销售中，重要的是要让顾客能清楚地了解什么样的商品在什么地方，更重要的是要让商品的陈列能达到商品自己向顾客最充分的展示自己的、最充分地促销自己的效果。商品陈列是超级市场商品销售的主要技术。

一、商品陈列的基本原则

1. 分区定位原则

所谓分区定位就是要求每一类、每一项商品都必须有一个相对固定的陈

列位置。超市卖场中有几千甚至上万种商品，要使顾客容易判别陈列商品的所在地，就必须公布商品配置位置分布图和商品指示牌，并随商品分布的变化及时修改。因为每家超市每天总有一些顾客是初次光顾的，所以及时修改商品分布图和指示牌，不但可以让初次光顾的顾客准确的找到商品陈列的位置，而且可以让老顾客及时看到超市商品配置与陈列的新变化。为了让顾客产生强烈的感官印象，指示牌的制作可以针对不同类商品采取不同的颜色。这样久而久之顾客就完全根据不同颜色的标记来判定各类商品的陈列位置。

2. 易见易取原则

商品在货架上的显而易见，是销售达成的首要条件，如果商品陈列使顾客稍微有些看不清楚，就不会引起顾客的注意，进而影响商品的销售。所以顾客看不清什么商品在什么位置是陈列之大忌。因为只有易见才能让顾客对看清的商品做出购买与否的判断，并激发冲动性购物心理，购买计划之外的商品。

要使商品陈列显而易见，必须做到以下三点：①贴有价格标签的商品正面要面向顾客，在使用 POS 系统的超级市场，一般都不直接在商品上打贴价格标签，所以必须要做好该商品价格牌的准确制作和位置摆放；②每一种商品都不能被其他商品遮住视线；③货架下层不易看清的陈列商品，可以倾斜式陈列。

超市商品陈列在做到易见的同时还须易取。不可将带有盖子的箱子陈列在货架上（仓储式销售货架除外），以免对顾客的拿取带来不便。对一些挑选性强又易脏手的商品如分割的鲜肉、鲜鱼等应该有一个简单的前包装或配有简单的拿取工具。注意商品陈列的高度，特别是一些需要量感陈列的商品堆的很高，应考虑在近旁再堆放陈列一些该种商品，以方便顾客取放。同时还应注意陈列的商品与上隔板要保持一定的间距，一般留有 3～5 厘米的空隙，让顾客的手容易进入。

3. 满陈列原则

货架上的商品必须要经常、充分地放满陈列。其一，如货架常常空缺，卖场有效的陈列空间就会被白白浪费；其二，货架不是满陈列，商品自己的表现力就会降低，其销售会减少，使顾客形成“卖剩下的商品”的不良印象，同时还应注意商品的陈列方法，没有“站起来”而躺着的商品，其销售效果也不会理想；第三，货架上的商品都放满，可以给顾客一个商品丰富的好印象，起到吸引顾客注意力的好印象。调查表明，做不到满陈列的超市和满陈列的超市相比较，其销售量平均相差 24%，由此可见满陈列在商品销售中的重要意义。

4. 先进先出原则

随着货架上陈列的商品不断地被销售出去，就须对商品进行先进先出的补充陈列。其方法是先把原有的商品取出来，然后放入补充的新商品，再在该商品前面陈列原有的商品。也就是说，商品补充陈列是从后面补充的，而顾客一般选取靠近自己的前排商品，从而使商品销售达到先进的商品先卖出去。否则，陈列在后排的商品永远卖不出去。一般商品尤其是食品都有保质期，因此消费者会很重视商品出厂日期，用先进先出法进行商品的补充陈列可以在一定程度上保证顾客买到商品的新鲜性。

5. 关联性原则

超级市场的商品陈列，非常强调商品之间的关联性。所谓关联性陈列是指在通道的两侧，或同一通道、同一方向、同一侧的不同组货架上陈列相互关联的商品。但应注意不能陈列在同一组双面货架的两侧。下面用图 4.2 和图 4.3 来分别表示错误和正确的关联性商品陈列法。

此外，把不同类别但互相补充的商品（如相机和胶卷，肥皂和肥皂盒等）陈列在一起，也体现关联性陈列的原则。这样顾客在购买 A 商品后，也会顺便购买陈列在一旁的 B 商品或 C 商品。关联性陈列打破了商品分类之间的区别，使超市卖场的整体陈列活性化，从而增强了顾客购买商品的卖点数。

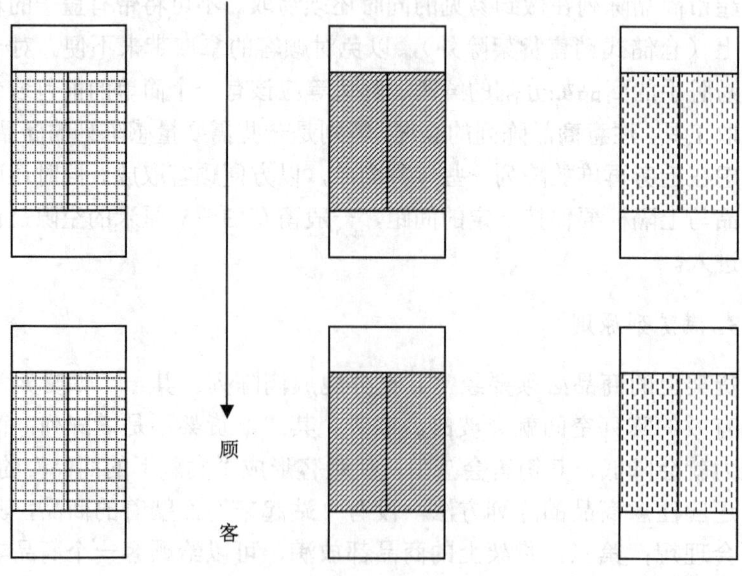

图 4.2　错误的关联性商品陈列

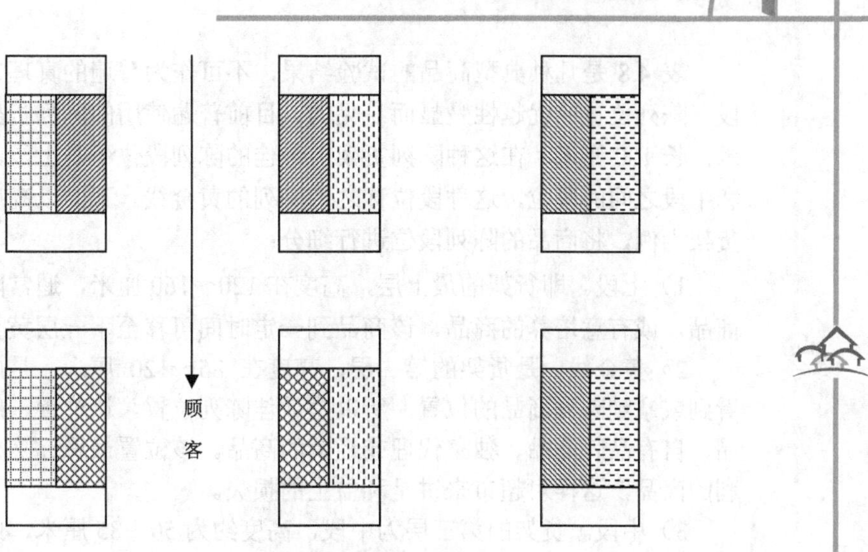

图 4.3 正确的关联性商品陈列

二、商品陈列的方法

在超级市场中，为了方便顾客的选购，90%以上的商品都实行开架式陈列。超市中的开架式陈列按照商品摆放的具体形式可分为以下几种。

1. 集中陈列法

集中陈列法就是把同一种商品集中摆放在一个地方的方法。这种方法是超级市场商品陈列中最常用的一种方法，它适合于周转快的商品。

在使用集中陈列法时，对于周转快的商品或商品集团，要给予好的陈列位置，这是一种有效的增加销售额的手段。在超市中，货架上好的陈列位置是指与顾客的视线高度相平的地方，高度一般在 130～145 厘米，被称为“上段”；次好的位置是指与普通消费者腰的位置齐平的地方，高度在 80～90 厘米，被称为“中段”；最不好的位置是指货架上接近地面的位置，被称为“下段”。

根据美国的一项调查资料，对商品在陈列中的位置进行调换，商品的销售额会发生以下的变化，见表 4.8。

表 4.8 商品在货架位置上的变化引起的销售额的变化

变 化 范 围	销售额变动幅度/%
从“中段”到“上段”	+63
从“中段”到“下段”	−40
从“下段”到“中段”	+34
从“下段”到“上段”	+78
从“上段”到“下段”	−32
从“上段”到“中段”	−20

表 4.8 是几种典型商品的试验结果，不可作为普遍的真理来运用，但“上段”陈列位置的优越性是显而易见的。目前普遍使用的陈列货架一般高 165 厘米，长 100 厘米，在这种陈列货架上最佳的陈列段位不是上段，而是处于上段和中段之间的段位，这种段位称之为陈列的黄金线。下面以高度为 165 厘米的货架为例，将商品的陈列段位进行细分：

1）上段。即货架的最上层，高度在 120～160 厘米，通常陈列一些推荐性商品，或有意培养的商品，该商品到一定时间可移至下一层黄金线。

2）黄金线。是货架的第二层，高度在 85～120 厘米，是成人消费者最易看到或拿到陈列商品的位置，所以是最佳陈列位置。该位置一般陈列高利润商品、自有品牌商品、独家代理或经销的商品。该位置最忌讳陈列无毛利或低毛利的商品，这样对超市来讲是利益上的损失。

3）中段。货架的第三层为中段，高度约为 50～85 厘米，此位置一般用来陈列一些低利润商品或为了保证齐全性的商品，以及因顾客的需要不得不卖的商品。也可陈列原来放在上段和黄金线上的已进入商品衰退期的商品。

4）下段。货架的最下层为下段，高度一般在离地 10～50 厘米。这个位置一般陈列一些体积较大、重量较重、易碎、毛利较低，但周转相对较快的商品；也可陈列一些消费者认定品牌的商品或消费弹性较低的商品。

2. 整齐陈列法

整齐陈列法是将单个商品整齐地堆积起来的方法。只要按货架的尺寸确定商品长、宽、高的排面数，将商品整齐地排列在货架上就可完成陈列。这是一种非常简捷的陈列方法，旨在突出商品的量感，是顾客感觉到该商品在数量上非常充足，以调动顾客的购买欲望。所以整齐陈列的商品是企业欲大量推销给顾客的商品、折扣率高的商品、或因季节性需要顾客购买量大、购买频率高的商品，如夏季的清凉饮料等。整齐陈列的货架一般可配置在中央陈列货架的尾端，即靠超市里面的中央陈列货架的一端，但要注意高度的适宜，便于顾客拿取。对于大型综合超市和仓储式商场来说，一般在中央陈列货架的两端进行大量促销商品的整齐陈列。

3. 随机陈列法

随机陈列法是将商品随机堆积的方法。与整齐陈列法不同，随机陈列法不用讲求陈列造型或图案，所占的陈列作业时间很少。这种方法主要用来陈列特价商品给顾客留下特价品就是便宜品的印象，诱使他们产生购买冲动。常见的随机陈列法的陈列用具主要有四角形和圆形的网状盛器（有时下面有轮子），同时还带有表示特价销售的牌子。随机陈列法的网状盛器在卖场中的摆放位置与整齐陈列法基本相同，也可根据需要配置在其他需要吸引顾客

的地方。

4. 盘式陈列法

盘式陈列法实际上是整齐陈列法的变形，它不像整齐陈列法那样将商品从包装纸箱中一件一件取出，再整齐地堆积起来，而是将包装纸箱底部以上的2/3部分剪掉，以底为盘，以盘为单位，将商品一盘一盘地堆上去。实际操作中，有的理货员只剪掉商品包装箱的一半或1/3部分，甚至下面的不打开包装整箱陈列上去，只在上面一层作盘式陈列。这样就加快了商品陈列的速度，同时也突出了商品的量感，也在一定程度上提示顾客可以整箱购买。盘式陈列的位置可与整齐陈列架一致，也可陈列在进出口处或特别展示区。

5. 兼用随机陈列法

这是一种结合整齐陈列和随机陈列两种方法同时使用的陈列方法，其功能也同时体现以上两种方法的优点，但是兼用随机陈列架所配置的位置不同于随机陈列法，与整齐陈列一致。通常用兼用随机陈列法可以将商品堆放在货架的一端，有时也要配置在中央陈列架的过道内或其他地方。

6. 端头陈列法

所谓端头是指双面的中央陈列架的两头。端头的陈列质量，关系到成功连锁店形象。一方面在超级市场中，中央陈列货架的两端是顾客流量最大，往返频率最高的地方，因此是商品陈列的黄金位置。另一方面从视觉上讲，顾客可以从三个方向看见这一位置的商品，最能吸引顾客的注意力。同时端头还起着接力棒的作用，吸引和引导顾客按店铺设计安排不停地往前走。“端头”陈列的商品通常是高利润商品、特价品、新产品或全国性品牌产品，也可是流转非常快的推荐品。端头陈列法可以进行单一商品的大量陈列，也可进行几种商品的组合陈列。所以在许多大型综合超市和仓储式卖场里都使中央陈列货架的两个端头处在主通道上，以增强端头在主客流量下的销售。

7. 岛式陈列法

在超级市场的进口处，中部或者底部不设置中央陈列货架，而配置特殊陈列用的展台，这种陈列方法就称为岛式陈列法。岛式陈列法也是超市内相当好的一种陈列方法。常见的岛式陈列的用具主要有冰柜、平台、大型货柜或网状货筐，顾客可以从四个方向看到商品，因此有很好的效果。但是，用于岛式陈列的用具不能太高，一般不能超过普通消费者的肩部以上，以免影响整个卖场的视野和顾客从四个方向对所陈列商品的透视度。

8. 窄缝陈列法

在中央陈列架上撤去几层隔板只留底部的隔板形成一个窄长的空间进行特殊陈列，这种陈列就叫窄缝陈列。窄缝陈列主要突出的是商品的量感，陈列量一般是平常的4～5倍，但只能陈列1个或2个单品项商品。这种陈列方法打破了中央陈列货架一般陈列的单调感，使陈列富于变化，有一定的新意，能吸引顾客的注意力。窄缝陈列的商品一般都是新产品或高利润商品，以达到更好的促销效果。超市卖场中，不宜出现太多的窄缝陈列，否则会给人一种零乱感，影响顾客的购买情绪。

9. 突出陈列法

突出陈列法也称为突出延伸陈列法，是指在超级市场的卖场的中央陈列货架的前面突出来一部分，用以陈列特殊商品的方法。突出陈列法有多种做法，一方面可以在中央陈列架附加延伸架，另一方面也可用篮子、车子、筐子、或存物筐将商品摆放在紧靠货架的地方。这样，不但打破了一般陈列的单调感，而且扩大了货架的陈列量，并将商品强迫式的映入顾客的眼中。

10. 悬挂式陈列法

悬挂式陈列法是指将扁平形、细长形等无立体感的商品悬挂在固定的或可以转动的装有挂钩的陈列架上的方法。悬挂式陈列能使这些无立体感的商品产生很好的立体感效果，并且能增添其他特殊陈列方法所没有的变化，使顾客从不同的角度来欣赏商品，具有化平淡为神奇的促销作用。目前许多商品都采用悬挂式陈列的有孔型包装，如糖果、剃须刀、铅笔、玩具、小五金工具、头饰、袜子、电池等。

11. 展示陈列

展示陈列主要针对哪些销售频率低价值比较高的商品如家用电器、高档进口酒、工艺品等。出于对商品安全考虑，或因陈列位置有限，超市在货架上只陈列一个样品，其余商品放在下面的柜子里或附近的仓库里，或将一些贵重的小件商品锁在玻璃柜内展示的方法。

复习思考题

一、选择题

1. 连锁超市CIS设计的基础和核心是（　　）。

A. MIS　　B. BIS　　C. VIS　　D. CIS

2. 超市命名的方式很多，其中百佳超市是以（　　）命名的。

A. 人名　　B. 经营特色

C. 货品质量和方便程度　　D. 所属商厦

3. 为了使肉色给人以新鲜红润的感觉，肉品柜的背景色可设计成（　　）。

A. 红色　　B. 淡蓝色　　C. 紫色　　D. 白色

4. 对于目前普遍使用的长 165 厘米、宽 100 厘米的陈列货架，最佳的陈列段位是（　　）。

A. 上段　　B. 黄金线　　C. 中段　　D. 下段

5. 超级市场商品配置过程中，流行商品、季节性强的商品一般配置在（　　）。

A. 第一磁石点　　B. 第二磁石点

C. 第三磁石点　　D. 第四磁石点

6. 在超市建筑的顶部所树立的广告牌有（　　）。

A. 横置招牌　　B. 立式招牌

C. 遮幕式招牌　　D. 广告塔

7. 超市通道的设计应保持足够的宽度，如果某超市的卖场面积为 1500 平方米左右则其主通道的宽度可设计为（　　）。

A. 1.5～1.8 米　　B. 1.8～2.1 米

C. 2.0～2.7 米　　D. 2.0～3.0 米

8. 如某超市货架长度为 200 米，蔬菜、水果的销售额为总销售额的 8%，体积为平均体积的 70%，则蔬菜、水果所占的空间应为（　　）米。

A. 8.00　　B. 11.20　　C. 14.20　　D. 16.00

9. 小型平板货架（高度为 1.6 米左右）一般适用于（　　）。

A. 便利店　　B. 大型综合超市

C. 仓储式商场　　D. 传统食品超市

10. 某超市一种水杯的平均日销售量为 16 个，则该商品的陈列量一般设定为（　　）。

A.16　　B. 20　　C. 24　　D. 32

二、填空题

1. 连锁超市行为识别基本上由两大部分组成，即______和______。

2. ______是 CIS 中最直接、最活跃的部分。

3. 可以作为超级市场经营理念的经营思想有______，______，______等。

4. 超市的招牌设计应包括超市的名称______、______、______等内容。

5. 通道上的照度通常应达到______勒克斯,卖场要比外面增强 5%。

6. 单品项商品陈列量的确定应保持超市卖场与内仓的商品量为日销售量的______倍。

7. 商品配置表的制作始于______，终于______。

8. 超市对畅销商品的调整是通过增加其______和调整其位置及在货架上的______来实现。

三、名词解释

1. 连锁超市理念识别
2. 磁石
3. 集中陈列法
4. 整齐陈列法
5. 盘式陈列法
6. 连锁超市行为识别
7. 商品配置表
8. 窄缝陈列法
9. 突出陈列法
10. 悬挂式陈列法

四、简答题

1. 连锁超市的形象设计的主要内容有哪些？他们之间有何关系？

2. 连锁超市通道设计的原则有哪些？

3 什么是磁石点？超市磁石点有哪些？

4. 怎样制作商品配置表？连锁超市如何使用商品配置表？

5. 商品陈列的基本原则是什么？

6. 超市商品陈列的方法有哪些？

五、绘制图表题

1. 运用图表说明超市招牌位置与视觉距离、招牌文字大小的关系。

2. 绘制连锁超市的直线式通道图与环绕型通道图。

3. 绘制超级市场卖场磁石点的分布图。

4. 以高 165 厘米、长 90 厘米、宽 45 厘米的货架为标准制作一份商品配置表。

5. 绘图说明如何运用关联性原则进行商品陈列。

案 例 分 析

家乐福的商品陈列

连锁超市商品陈列的适当与否，直接关系到商品的销售量，而商品陈列的原则就是要促使商品产生“量”感的魅力，使顾客觉得商品极多而且丰富。家

乐福的商品陈列在以下几方面做得比较好。

一、陈列过渡十分自然，关联陈列比较合理

家乐福用什么样的货架陈列什么样的商品，是经过认真分析了的。比如说用 1.5 米高的货架陈列塑料制品，用 2.8 米高的货架靠墙作展示等，都是经过认真分析的。家乐福巧妙的利用货架的不同高度以及服装、电器等区域，将一个个的区域隔离开来，让顾客既有购物的享受，又不让顾客有走进货架林的感觉。

另外，相关联的商品组合在一起，巧妙的利用关联商品由一个区域向另一个区域过渡也是家乐福的一大特色，如用清洁用具向洗化、日化过渡等。

二、商品陈列颜色搭配合理

家乐福在商品陈列时，对颜色搭配的要求十分讲究。在陈列时针对不同的商品，利用商品自有的颜色进行区分和有机组合。在家纺针棉区，将毛巾等商品利用毛巾自有的颜色进行有机的组合和区别，让顾客选购时一目了然，从而节省了选购时间，提高商品的销售。家乐福还将水果、蔬菜全部摆放在深绿色的篮子里，给消费者一种环保卫生的感觉，此种刻意营造的氛围树立了生鲜卖场环保新鲜的形象，迎合了当今消费者进超市买生鲜食品以保干净、卫生、安全的购物心理。

三、季节性的商品突出陈列

家乐福对货架的有效利用，是值得我们认真研究的。在夏天，家乐福用较大的面积去陈列凉鞋、凉拖鞋、凉席、空调被等。而反季商品只是作象征性的摆放，如保健品在整个卖场只有五组单面货架，且每个单品只有一个陈列面。

四、讲究卖场的气氛营造，挑起顾客强烈的购买欲

家乐福充分利用灯光，POP 以及特价商品，堆位等有机的组合，把整个卖场的气氛营造得非常浓郁，让顾客一进家乐福便有一种购买的冲动。 在家乐福超市里，糖果被放在两排有近两米高的竖筒式透明钢化塑料容器里，每一竖筒里堆同一种颜色的糖果，远远看去就像两排不同色彩的灯。这样顾客就很容易被诱惑近前，而一走到两排竖筒容器中间，那鲜亮的糖果马上激起食欲。家乐福非常清楚，顾客在商场的冲动购物远大于“计划购物”，因此，如何刺激消费者的购买欲望让其忘乎所以，不看钱袋的购买是家乐福生意兴隆的关键。

五、对陈列的管理标准，严谨且执行力强

仔细观察家乐福的陈列。发现在每一个商品的右下角都会相对应的有一张货牌（标价签)。货牌上面除了标明常规的品名、产地、价格等，还标明了商品陈列的排面数，并且与所标明的排面数严格吻合，可见，家乐福对商品配置

表的执行是非常到位的。

另外，在家乐福的商品陈列中也遵循本土意识，按照当地的消费习惯和消费心理摆设，在中国市场上，为了迎合消费者挑选、比较的习惯，家乐福在货架上专门增加了同类商品的供应量，以方便顾客的选购。在成都家乐福卖场内，有不少的装饰品都采用四川特有的竹器及泡菜坛子等本地特有的容器。这充分显示出家乐福为了顾客的方便而别出心裁的商品陈列。

家乐福所有的这些陈列措施很好地实现了激发顾客购买欲望的目的，其不断更新的陈列方式与其经营理念是家乐福发展的必要保证。

（资料来源：http://www.jiahuism.com/Article_Show.asp?ArticleID=275）

思考与讨论

1. 家乐福商品陈列的特点有哪些？
2. 家乐福的商品陈列对我们的启发有哪些？

第五章

连锁超市物流系统管理

【学习目的与要求】

本章主要阐述了物流系统的运作、商品采购业务、商品库存管理、配送中心及配送业务。通过本章的学习，了解物流的概念和物流的运作流程，在理解连锁超市商品采购的流程、方式和商品的库存管理基础上，掌握配送中心的功能及配送业务流程。

导入案例

上海华联超市配送中心的电子化管理

近年来，连锁超市对商品的“拆零”作业需求越来越强烈，国外同行业配送中心拣货、拆零的劳动力已占整个配送中心劳力的70%。为更好地满足需求，上海华联超市实现了拆零商品配货电子化，配送中心拆零商品的配货作业采用电子标签拣选系统。

使用电子标签设备，只要把门店的额订单输入电脑，存放各种拆零商品的相应货位指示灯和品种显示器就能立刻显示出需拣选的商品在货架上的具体位置以及所需数量，作业人员便可以从货格里取出商品，放入拣货周转箱，然后揿动按钮，货位指示灯和品种显示器熄灭。订单商品配齐后进入理货环节。

电子标签拣选系统能自动引导拣货人员进行作业。任何人不需要特别训练，即能上岗工作，大大提高了商品处理速度，减轻了作业强度，大幅度降低了差错率。

（资料来源：http://www.lingshou.com/SH/Get/manage/171915905.htm）

第一节　物流系统运作

一、物流系统的含义

物流的概念最早是在美国形成的，起源于20世纪30年代，其原意为“实物分配”或“货物配送”（physical distribution，PD），1963年被引入日本，日文译为“物的流通”。20世纪70年代以后，在日本，“物流”一词逐渐取代“物的流通”，当时的物流被理解为“在生产和消费之间对物资履行保管、运输、装卸、包装、加工等功能，以及作为控制这类功能后援的信息功能，它在物资销售中起了桥梁作用”。

1999年，联合国物流委员会对物流作了新的界定：“物流”是为了满足消费者需要而进行的，从起点到终点的原材料、中间过程库存、最终产品和相关信息有效流动及存储计划、实现和控制管理的过程。

我国2001年颁布的《物流术语》国家标准中对物流的定义是：物品从供应地向接收地的实体流动过程。根据实际需要，将运输、储存、装卸、搬运、

包装、流通加工、配送、信息处理等基本功能实现有机结合。

现代物流是指“物”在一定的时间内的空间移动，以及在物的移动过程中动态和静态的管理。这个定义强调了从起点到终点的过程，提高了物流的标准和要求，确定了未来物流的发展，较传统的物流概念更为明确。

物流含义的基本要点如下：

1）物流是物品物质实体的流动。

2）物流是物品从供应地向接收地的实体流动，即它是一种满足社会需求的活动，是一种经济活动。

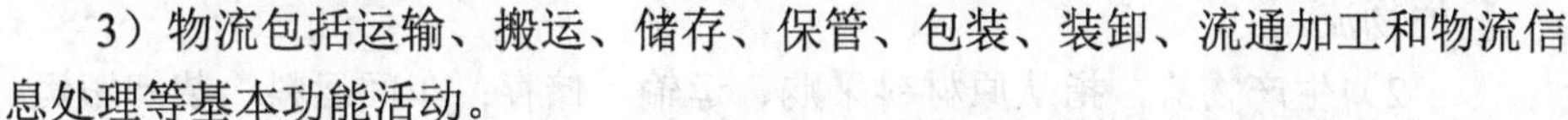

3）物流包括运输、搬运、储存、保管、包装、装卸、流通加工和物流信息处理等基本功能活动。

4）物流包括空间位置的移动、时间位置的移动以及形状性质的变动，因而通过物流活动，可以创造物品的空间效用、时间效用和形质效用。

5）物流最基本的特征之一，就是它的普遍性。

二、物流的要素

物流由以下六个要素构成：

1）流体，流体指物流中的“物”，即物质实体。

2）载体，指物体借以流动的设施和设备，分为两类：第一类载体指基础设施，如铁路、公路、水路、港口、车站、机场等基础设施，它们大多是固定的。第二类载体指设备，即以第一类载体为基础，直接承接并运送流体的设备，如车辆、船舶、飞机、装卸搬运设备等，它们大多是可以移动的。物流载体的状态，尤其是第一类载体即物流基础设施的状态，直接决定物流的质量、效率和效益。

3）流向，指从起点到终点的流动方向。

4）流量，指通过载体的流体在一定流向上的数量表现。流量与流向是不可分割的。

5）流程，指通过载体的流体在一定流向上行驶路径的数量表现。

6）流速，指通过载体的流体在一定流程上的速度表现。

三、物流的特征与分类

1. 物流的特征

1）物流的研究对象是贯穿流通领域和生产经营领域的一切物料以及有关的信息流，研究目的是对其进行科学的规划、管理和控制。

2）物流的作用由供给主体向需求主体转移，并以此创造物资的时间和空间价值。

3）物流的活动包括运输、保管、装卸、搬运、包装、流通加工以及有关的信息活动等。

2．物流的种类

按照物流在社会再生产过程中不同阶段的活动范围和业务性质，一般可将物流划分为五种类型。

1）供应物流，指从物资（主要指生产资料）供给者，经过采购、运输、储存、加工、分类或包装、搬运装卸、配送，一直到购买者拥有并收到物资过程的物流。

2）生产物流，指从原材料采购、运输、储存；车间运料、装卸搬运、半成品（零部件）流转；成品分类拣选、包装、入库，一直到产品运到中间商或消费者手中的全过程的物流，也称工厂物流。

3）销售物流，是指生产工厂或商业企业（批发或零售），从商品采购、运输、储存、装卸搬运、加工、包装、拣选、配送、销售，直到顾客收到商品过程的物流。

4）回收物流，指伴随货物运输或搬运中的包装容器、装卸工具及其他可再用的旧杂物的回收、分类、再加工及复用过程的物流。

5）废弃物流，指伴随某些厂矿的产品生产，同时或共生的副产品（如钢渣、炉火等）、废弃物，以及生产和生活消费中的废弃物（如垃圾等）的收集、分类、处理过程的物流。

四、连锁超市物流系统的含义

连锁超市的物流系统是指由采购部门和配送中心作为主体所承担的商品的购进、储存、加工、配送活动以及伴随这些活动所产生的信息的收集、整理、传递和利用过程。它强调在一定时间和空间里，对其所从事的物流事务和过程，作为一个整体来处理，以系统的观点、系统工程的理论和方法，进行分析研究，以实现其空间和时间的经济效益。连锁超市物流系统从总体上来说是一个大系统，具体由下列相互区别、相互联系和相互作用的环节构成。

1．采购环节

配送中心汇集各连锁分店的要货计划以后，结合配送中心库存情况和市场供应情况，制定采购计划，统一向供应商采购商品。

2．储存环节

除了对一些品种多、一次性采购批量小、各分店需求不一致的商品配送中心汇集储存，对于常年销售、采购批量大的商品，配送中心还要保持一定的库存储备，随时满足分店的需要。

3. 流通加工环节

如果连锁店经营的商品包括鲜活商品和农副产品，由于供应商提供的商品往往处于原始状态，不符合分店的销售要求，这就需要配送中心在购进这些商品以后，对其进行简单加工。如对肉类进行分割、计量包装、对蔬菜进行分拣、计量、包装等。

有时有些小商品在采购时为了降低进货价格和进货费用，采用大包装。这些大包装的商品对单个分店来讲容易造成积压，配送中心要根据分店的要求对这些商品进行分装。

4. 配送环节

出于成本考虑，配送中心不可能接到分店的订货单以后，有一件送一件，而是需要制订配送计划，根据计划统一完成对各分店的送货任务。

5. 信息处理环节

为了使采购的商品品种、品牌、规格、质量、数量能满足消费者的需求，价格能为消费者所接收，为了保证商品在采购、储存、流通加工，配送各环节的营运适时、适量、适地，需要对消费者的需求信息、商品在物流系统中各环节的动态信息进行收集、加工、处理。信息处理是物流系统重要环节，它像一条链，把采购、储存、加工、配送各个环节有机地连接起来。

五、物流系统在连锁超市中的作用

连锁超市把现代化工业大生产的原理，应用于分散的商业活动中，在组织内部实行进一步社会分工，将买与卖分离，通过“标准化”、“专业化”、“自动化”，达到提高效益的目的。买与卖分离的本质是将商流与物流分离。连锁分店专门从事商流活动，即商品交易活动，专门负责销售，努力促销，提高销售收入，降低销售成本。总部的采购部门和配送中心专门从事物流活动，即购进、储存、加工、配送等商品的流转活动。努力把合适的商品在适当的时间，以合理的数量送到正确的分店，所以连锁超市企业物流系统是连锁超市的市场供应保障系统。物流系统工作效率的高低，直接影响到企业的经营状况。其具体作用体现在：

1. 集中采购

物流系统集中分店所需要的商品进行统一采购。分店除特殊情况外，不得自行采购，即使自行采购，也得报配送中心批准。

2. 集中储备

购进的商品不是马上运往分店，而是由配送中心统一保管。分店只保持少量库存，这样有利于节约场地，扩大分店的营业面积，也有利于提高物流管理水平。

3. 统一配送

集中采购、集中储备都属于商品“集”的过程，配送属于商品“散”即“分配”的过程。“分配”商品之所以不由分店亲自提货，而由配送中心统一配货、送货，是因为统一配送可以事先周密安排，充分利用车辆的载容和载重，减少运输成本。

第二节　商品的采购业务

连锁经营物流系统的职能主要体现在采购、储存、加工、配送和信息处理5个方面。商品采购是连锁经营物流系统活动的始点，是商品销售的前提和基础，也是确保商品质量和经营绩效的一个关键性环节。

一、采购组织的建立

采购业务是连锁超市的第一道环节，因此，采购组织的建立显得尤为重要。现代超市的采购一般有以下四种方式及相应的采购组织。

1. 分权式采购

分权式采购又称连锁式经营，此种经营形态虽属连锁店方式，但采购业务仍授权给各分店自行负责。

（1）优点

这种组织常见于连锁店刚形成时，将采购权委由各店自行负责，可精简人力；采购具有相当弹性，较具市场攻击力；价格由分店自定，机动性佳，有较大的经营主导权；较能符合消费者的需要。

（2）缺点

较难发挥大量采购、以量制价的功能，利益很难控制，易生弊端，无法塑造连锁店统一的企业形象。

2. 本部采购

此种采购组织是把采购权集中在本部，并设立专责采购部门来负责，采购

权不下放，品项的导入、淘汰、价格制定、促销活动的规划，完全由本部控制；卖场只负责陈列、库存管理及销售的工作，对商品采购无决定权，但有建议权。

（1）优点

单店不负责采购，可专心致力于营业；可发挥集中议价功能；价格形象一致；利益控制较佳；活动易于规划；易掌握货源。

（2）缺点

弹性低，消费者需求较难满足；营业与采购商品的人员易对立。

3. 采购委员会

组织较大的连锁超市，通常都成立采购委员会，裁决商品采购事宜。采购委员会的成员，则从各超市中选出，目的在综合各超市的意见来决策采购问题。理论上此种组织比较能客观地采购，但因组成成员过于复杂，意见分歧时，往往会延迟采购时效。一般来说，以品项变动与更替较小的连锁店，较适合采用此方式的组织。

（1）优点

连锁庞大，可避免导入浮滥商品，减低库存；采购较能公正，非优良品也不会被导入；可以求得较优惠的进价；采购的商品由各超市参与意见，较能同心协力；属计划性采购。

（2）缺点

意见易分歧，担任委员应避免私人请托；无机动性；采购耗时。

4. 联合采购

联合采购又称集团式采购或委托采购。联合采购如欲得到较好的效果，只有在将相同业务形态集合起来的采购情况下才会产生；不同业态要联合采购，则比较困难，因为不同业态之间的商品结构差异很大，如硬把采购业务集中起来处理，只会使情形变得更复杂；比较可行的方式，是把一些畅销品项集中起来采购。

（1）优点

声势浩大，采购量大、进货条件优越；人手充足，市场资料搜集充分；集团内小公司可享受较大的折扣利益。

（2）缺点

组织复杂、运作协调较不易；采购线拉长，效率较差；卖场的意见较不被重视。

二、采购业务的流程

连锁超市商品采购业务流程见图 5.1 所示。

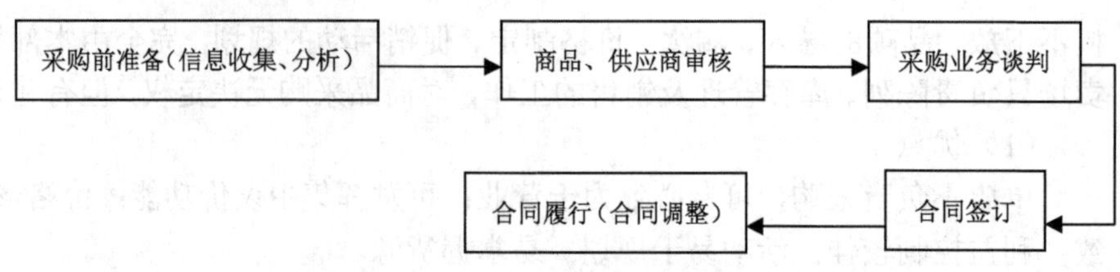

图 5.1　连锁超市商品采购业务流程

1. 采购前的准备工作

1）采购商品在国内市场行情和当地市场的行情分析。首先，对商品的市场需求进行调查、分析；其次，对供应商的经营、销售情况和价格政策做出正确判断；其三，对本超市同类商品的销售情况进行分析；其四，对竞争对手同类商品经营策略进行研究。

2）商品的类别、型号、质量、数量及价格水平等信息的收集与分析。

3）对公司的销售网络及销售能力分析和评价。公司的销售网络是企业的无形资产，需要公司业务人员不断的开发和维护。公司销售能力信息来源于企业内部网；也有些来自企业外部，需要业务人员平时注意收集。

2. 新商品的开发

在进行商品的更新、开发时，一定要把握“能给顾客带来新的效用和利益”这一基本原则。根据超市商品的市场目标、定位和结构调整需求，企业应有计划、有目的地不断开发新商品。新商品的开发主要包括以下几方面的工作：

（1）年度商品开发计划

1）商品开发计划的目的。在超市的发展过程中，竞争必然非常激烈。因为除了超市本身有新的竞争者不断加入外，不同业态的加入，更促使超市必须面临更大更激烈的竞争。如近年来量贩店如雨后春笋般的设立，以大卖场、低毛利、低价格、多品项的姿态经营，就给超市经营者带来很大的冲击。因此，如何调整超市的经营方式，便成为超市经营者最大的课题；其中改变现有的商品结构，避开与量贩店价格厮杀，更是课题中重要的一环。但调整商品结构，必然会牵涉到滞销品淘汰及引进新品项的问题。因此，如何把引进新商品的工作，在年度里做一则“有系统的规划”，是十分重要且必要的。

2）年度新商品计划的内容。①增加分类：新年度要加入什么新的分类、去除哪些不适于贩卖的分类，需有一明确的计划。②新商品增加品种数：全年大约要更新多少品种要有一个目标计划，而后再细分到每个月要开发多少品种，如此操作下去便不致毫无效率。③分类的利润标准建立：对于每一分类的商品，公司希望能取得多少利润，必须订立一个标准，作为采购议价时的依据。④季节性重点商品计划：要明确的列出在新年度里，新的季节性重点商品是什么。⑤自行开发商品的计划：对于年度计划要推出几种自有品牌的商品，如何推展、推展数量等均须明确规定。

3）新商品的评估。①新商品初评：企业开发的任何新商品在质量方面必须符合国家、行业、地方政府的有关法律、法规规定。不论是供应商主动报价或基于市场需求而由零售业者主动询价，采购人员都应就新商品的进价、毛利率、进退货条件、广告宣传、市场竞争力、赞助条件等项目予以初评。②新品复评：采购人员初评后，还需经过具有商品专业知识的人员组成的采购委员会进行复评，对拟引进的品项进行筛选，复评的项目除初评项目外，还需对商品的口味、包装、售价及市场接受程度等项目进行具体评价，以防止不符合标准的商品流入超市。③新品试销：对连锁店而言，贸然将新品引入风险很大，通常选择部分门店先进行试销，再就试销结果做出是否推广到所有门店的决策。④更新卖场商品配置表：若新品试销效果良好，则采购人员应配合进货，制作新的商品配置表。⑤通知门店：新品全面引进门店之前，需事先以书面或其他方式告知门店，并给予前置时间，要求门店限期做好新品引进的各项作业。⑥跟踪管理：商品导入卖场后要对销售量进行观察、记录与分析。

（2）商品采购议价程序

1）报价。采购行动的第一步就是报价。就采购诱因的观点来看，有供应商主动报价的，有因顾客需求而超市主动寻求报价的，也有因超市本身商品结构的需要而寻求报价的，因此，我们可以将报价归纳为主动报价及被动报价两种情况。

接受报价应注意以下原则：①分类报价原则，即将不同类的商品分开处理。②定期报价原则，即每周定一天或二天为报价日，接受供应商的报价。③资料齐全原则，即接受报价时，应把商品的基本资料建立齐全，故详细规定供应商在报价时应提供的资料。④报价单规范化，即各部门所采用的报价单要规范化，同时要求供应商按统一的报价单来报价，以利管理。⑤样品提供与保管，即接受供应商报价时最好向供应商要求提供实物样品，以便采购人员判断商品品质，同时还能存档一份，作为品质基准。

2）访价。所谓访价，是指采购人员接到供应商的报价后进行市场调查，以确定供应商的报价对本超市的适合度。其程序如下：①初审。收集每周所接受的报价单，由采购人员先进行初审的工作，剔除不合适的品项，再把超市可以贩卖及符合超市本身需要的品项列出来整理成清单。②通过初审的品项，必须进行访价的工作。访价的工作是很重要的，至少要调查 3～4 家以上竞争对手的价格，作为议价的基础。③访价前的准备工作。访价前将应访对象、品项等事宜记入访价表内，访价路线及时间也要妥善安排。

3）议价。首先确定议价日。访价完成后的工作就是议价。议价最好定期实施，如固定在每月的某几日为议价日，或每周的某一天为议价日。应制定一套议价日制度供供应商遵循，同时也要求内部人员遵守。其次谈判价格及交易条件。将通过市场调查的商品在议价日安排供应商来议价。在议价时，有些商品可以议价，有些商品则明码标价，概不二价。这就要求采购员要想方设法压低价格。如果超市的采购是大批量的、连续进行的，则议价能力较强。如果交易价格已定，则应尽量采用折扣。

议价时应注意：①议价与谈判的基本原则是要使己方做出最少让步而获得最大收益，又能使对方同意及执行。②议价前要做好充分准备，如明确己方的责任及可承担的极限，明确要达到的目的，分析对方的有利和不利条件，认清对方应承担的责任，了解对方谈判代表的背景等。③选择对己方有利的谈判地点、谈判环境和谈判时间。④要灵活运用谈判技巧等。

4）商品导入卖场。商品导入卖场后的工作内容包括：①编码。议价之后的步骤就是给通过核准的商品编一个号，以便于未来的进销存管理。②建档。要建立商品的编号、品名、规格等资料，输入总部的电脑及各店的电脑中，并确认资料无误。③商品配置表。进货之前，采购人员同时要修改商品配置表，规划新商品的陈列位置，并指示各分店依表陈列。④第一次进货。为了进货的统一性，第一次进货由采购人员集中订货，再分配到各店陈列贩卖。⑤追踪管理。新商品导入卖场之后，最重要的就是要让新商品能畅销。因此在商品导入卖场之后，采购人员要主导新商品的陈列展示，并每周记录它的销售量，观察1～2个月，直到确定为畅销品为止；否则便要分析销售不佳的原因，并加以改善。这项工作十分重要，不要将商品导入卖场后就不闻不问。但若销售情况仍无法改善，就要进行淘汰。

3. 滞销商品的淘汰

滞销品是超市经营当中普遍存在的问题，它阻碍了超市经营的健康营运，因此，需要及早发现、及早去除。在商品经营上要能对滞销品采取快速淘汰的运营方针。

（1）制定滞销品的基准

1）以销售最后的项数或百分比为淘汰基准。例如：以 3 个月销售排行榜资料作参考，将最后 100 个品项作为淘汰的对象，或是将排行榜最后的 3%作为淘汰基准。不过以这样的基准作为淘汰的依据时要注意考虑：这种商品的存在是否为了使品种齐全，或是因为季节性的因素才滞销。如属于这些因素产生的滞销，便不可贸然予以剔除。

2）以销售数量未达一个标准为淘汰基准。例如：规定连续 3 个月平均销售额未达 2000 元或未达 5 箱的品项为滞销品，再考虑是否要淘汰。

3）以销售单位未达一个数量标准为滞销品的基准。例如：以每月单品销售未达 50 个为淘汰的基准，这对于某些单价低的商品特别适用，有时一个单品售价才 5 元，卖了 50 个才 250 元，但所占陈列面积却很大。所以对低单价商品的管制宜特别注意，需将其销售单位提高，如再未达到标准便可考虑是否淘汰。

4）品质出现问题的商品也列入淘汰的对象，被食品单位宣布为有问题的商品皆应列入淘汰的对象。

从上面可以看出，淘汰基准要以数字为根据，而这种数字的统计工作一定要使用电脑才可能做到，故超市的经营者应善用电脑来进行数字分析与管理。

（2）滞销品淘汰程序

1）列出淘汰商品清单。确定要淘汰哪些项目，列出一张清单，并经主管确认。

2）确定淘汰日。淘汰商品最好每个月固定集中处理，不要零零散散地进行。例如：规定每月 15 日为淘汰日，所有或要进行淘汰滞销品的分店便在这一天把淘汰商品下架退货。

3）淘汰商品的数量统计。确定要淘汰的商品后，应清查各店所有淘汰品的库存数量及金额，以便于及时了解处理后所损失的毛利是多少，便于控制整体利润。

4）查询有无货款可抵扣。查询被淘汰商品的供应商是否有剩余货款可抵扣，这点相当重要，必须和财务部门联系，确认后，请财务部门进行会计手续处理，若无货款，则不可将商品退给供应商，否则先将商品退回给供应商，要供应商再拿钱来是不可能的，这种损失是可事先预防的。

5）决定处理方式。淘汰下来的商品，有的可以退回给供应商，有的无法退给供应商。处理方式可以降价贩卖或便宜卖给员工，当然也可以当作促销的奖品来送给客人，可从中选定一种处理方式。

6）进行处理。①若采取退货处理方式，便应通知供应商按时取回退货，并将扣款单送交会计部门，做会计处理。②若采取卖场处理方式，则将处理方式明确通知各店，在卖场进行处理，直到处理完成为止。而既然是处理，就是要做到清理完为止。因此，若第一次所订的方式无法处理完成，便须再做修改。

7）淘汰商品的记录。最后将处理完的淘汰商品，每月汇成总表，整理成档案，随时供查询，避免因年久或人事变动等因素，又重新将滞销品引进。

（3）滞销品形成的原因

1）供货商所提供的商品有质量问题，顾客买后退货，造成店铺商品积压而成滞销品。

2）供货商供货不及时，延误了销售时机。

3）进价及采购成本过高，影响商品畅销度。

4）未掌握商品的畅、滞销状况。

5）贪图厂商搭赠或数量折扣，贸然大量进货。

6）市场供求量发生变化，以致畅销品成为滞销品。

7）商品库存分类不清，门店陈列没有定位或促销方式不佳。

8）总部对门店存货及销售量没有准确把握等。

某一商品是否淘汰，连锁超市企业应对滞销品产生的原因进行分析，分析的目的主要是为了改进销售工作。

4. 供应商管理与评估

超市是一种满足顾客生活需要的企业，它本身不生产，也不制造商品，顶多是再加工而已，故须依赖很多供应商供货，才能对顾客做到完整无缺的供应。目前国内的物流还未能发挥其应有的配送功能，而超市供应商可能高达几百家，有的甚至高达几千家，在此种情况下，一定要对供应商进行管理和评估，否则业务的推动必定难行。

（1）供应商分类与编号

超市所贩卖的商品范围相当广泛，故应对供应商进行分类管理。比如分成果菜类的供应商、日配类的供应商，再依各类别来编号，给予每一个供应商一个编号。这种编号大概4码就可以，例如，某公司是供应饼干的供应商，而饼干的部门分类码为3，则我们可以将该公司编成3001来辨识管理。当然也可以用更细的分类码来给予代号，但总的来说，超市应对供应商进行分类管理并给予每一供应商一个代码，以便于电脑管理。

（2）供应商基本资料档案的建立

对每一个供应商的基本资料进行建档，包括公司名称、地址、电话、负责人、资本额、营业证号、营业资料等，供应商的档案资料要存入企业管理信息系统，以便有关人员随时根据需要可以查阅。

（3）各供应商商品台账的建立

对每一个供应商所供应的商品要建立台账，包括商品序号、商品代码、商品名称、规格、单位、数量、售价、进价、毛利率等，台账存入企业管理信息系统，进售价或规格有所变更时要及时修改。

（4）供应商销售数量的统计

按年度、季度对每家供应商的商品数量、金额等予以统计，作为议价谈判的筹码。

（5）供应商的评估

供应商评估是要对现有供应商在过去合作过程中的表现或对新开发的供应商作全面的资格认定。评估供应商主要着重于对他们的技术、质量、交货、服务、成本结构和管理水平等方面的能力进行综合评定。

1）建立对供应商的评估体系。传统的商业竞争环境较单纯，评估一个公司的优胜劣败主要是比较与其竞争对手间的获利能力与市场占有率，于是绩效评估的方向也就多半围绕着这些项目。但是在强调专业分工、快速客制化产品

以及全球化经济的年代，公司间的竞争重点已逐渐转变成各自供应链（supply chain）体系的效能之争，所比较的则是谁能以最快的速度、最低廉的成本将客制化的产品送交顾客手上。

2）超市对供应商评鉴方法一般采用 ABC 管理法，即把供应商评鉴分为 A、B、C 三级。A 级供应商通常由主管亲自控制及管理，或由采购主管来决定合作方式。表 5.1 为一张供应商评价表。

表 5.1　供应商评价表

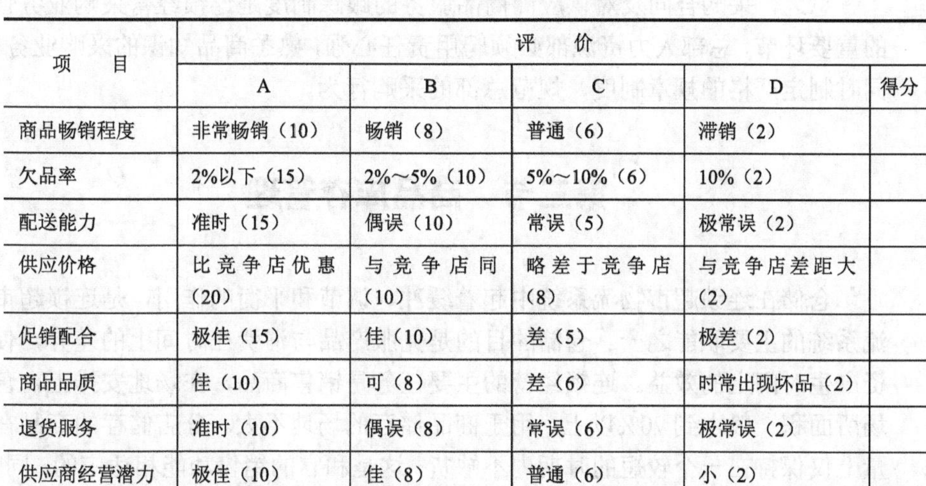

项　目	评　价				
	A	B	C	D	得分
商品畅销程度	非常畅销（10）	畅销（8）	普通（6）	滞销（2）	
欠品率	2%以下（15）	2%～5%（10）	5%～10%（6）	10%（2）	
配送能力	准时（15）	偶误（10）	常误（5）	极常误（2）	
供应价格	比竞争店优惠（20）	与竞争店同（10）	略差于竞争店（8）	与竞争店差距大（2）	
促销配合	极佳（15）	佳（10）	差（5）	极差（2）	
商品品质	佳（10）	可（8）	差（6）	时常出现坏品（2）	
退货服务	准时（10）	偶误（8）	常误（6）	极常误（2）	
供应商经营潜力	极佳（10）	佳（8）	普通（6）	小（2）	

注：1）评鉴半年一次，一年二次，取平均得分。

2）得分 70 分以上为 A，60～70 分为 B，50～60 分为 C，50 分以下为 D。

5. 采购业务谈判、合同签订及合同履行

与供应商建立的良好关系是超市的一种重要资产，现代管理理念是使双方达到双赢的目的。采购谈判的内容主要是商品价格、交货期、运输费用等。

通过采购业务谈判，就价格及交易条件内容双方达成共识，准备签订合同。合同内容包括以下六大要素：

1）品名、型号、规格：其中家电产品对“认证”的要求须特别注明。比如：UL 认证，CE 认证等。

2）数量：包括计量单位、总量、批量等。

3）质量：对商品外观，材质，理化指标含量的检验标准及商检单位要明确写在合同细则中。

4）包装：运输包装要求、分类、标志，对销售包装提出要求。

5）付款方式：汇付、托收（商业信用）、信用证（银行信用）。

6）交货日期：交货日期是合同的要则，由于逾期交货所引起的违约后果须双方另行约定。此外，逾期交货赔偿条件、品质检验及不合格品的赔偿条件、仲裁条款等。最后，数量及数量折扣、保险费支付、包装、运输方式及风险责任划分、税项负担、售后服务也是合同应涉及的内容或细则。

连锁总部或分公司一般有统一制式的合同书，同时制定包括合同签订、审核、存档等内容的实施细则。分公司有专门的职能机构，负责采购合同的造册登记和存档并随时跟踪合同的履行和终止情况。

采购人员应跟踪调查供应商所供商品的品质、供货量和服务保证情况，及时向总部采购中心汇报并积极与供应商联系及时、限时解决问题。

总之，采购合同及对供应商商品服务的跟踪制度是连锁经营采购业务管理的重要环节，总部人力资源部必须聘用责任心强，熟悉商品知识的采购业务员，同时制定严格的规章制度，规范总部的采购行为。

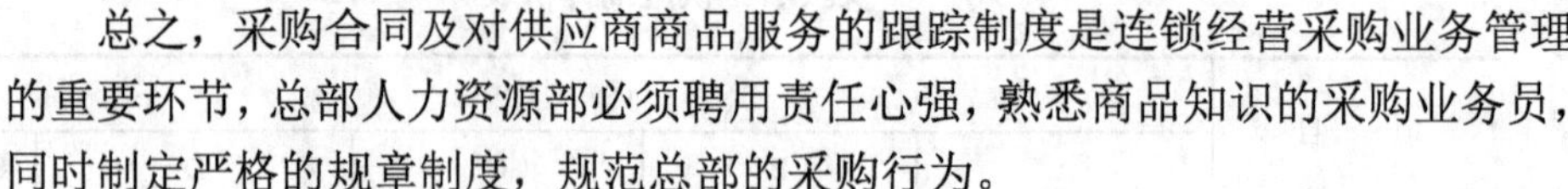

第三节　商品库存管理

仓储在连锁超市物流系统中起着缓冲、调节和平衡的作用，是连锁超市物流系统的主要职能之一。仓储的目的是克服产品与消费在时间上的差异，使物资产生时间上的效益。连锁经营的主要任务是销售商品，在场地安排上，营业场所面积一般占到70%以上，用于商品储存的场地不大。分店储存的商品在数量上仅保持在一个较短的时期内不缺货，这是和它的销售功能相适应的；同时，为了加快分店的资金周转，以取得最佳经济效益，也不宜储备较多的商品。连锁经营集中仓储的功能体现如下：商品验收、储存和保管、调节供需、配送和提高库存周转率。

一、收货及验收

收货并进行验收是商品采购、进库前须进行的必要作业。收货作业主要按合同的有关规定，以及国家、政府主管部门、企业的相关要求，做好质量、品种、数量、包装的验收，并对合格的商品办理入库手续，不合乎要求的商品做退货处理。

1. 商品验收的主要项目

（1）条码、数量品种、规格验收

条码是否合格，需要通过扫描的方式验收商品是否与超市POS、MIS系统已有商品冲突。数量、品种、规格是否准确，可以通过实物与合同、送货单或电脑中的资料进行对比确定，核对没有错误后，才能进行签收。如有损益按实际收货或做相应的处理，品种、规格必须与所订购的合同相符，否则需做退货处理。

（2）商品包装检验

商品包装的检验主要通过感官方法进行。对于商品价值不是很高，供应商有很好信誉，超市与供应商有较好的合作关系的，超市的商品检验可以仅对商品包装进行检验。主要包括：①包装是否合乎国家、地方政府、行业主管部门的有关规定，以及双方合同的规定。②销售包装是否标明了国家、地方政府、行业主管部门规定必须标明的内容，以及双方合同规定的内容。③包装是否完好无损，如是否有破损、渗漏、变形、发霉、受潮、水侵、雨淋等问题，有则按规定处理。④包装的数量是否正确。对于大多数代销商品，一般不需要打开包装进行检验，对于价值大的、购销的商品，则要求必须逐件打开包装检验签收。

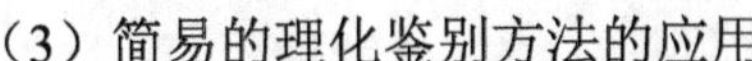

（3）简易的理化鉴别方法的应用

理化鉴别方法在商场中的应用还不广泛，只是一些简易的方法有所应用：①重量、尺寸、宽度、体积、比重等基本物理量。这些基本的物理量是一些商品的重要质量指标，也是商品交易的重要条件和数量指标，如重量对于定量包装商品，尺寸、面积、长度等对于以面积、体积计价的商品等。这些基本的物理量测定并不难，如定量包装的食品、化妆品、洗涤用品等用相应的衡器、量具就可以测定，布匹的匹长、幅宽、服装的规格等用尺子也很容易测定。②强度、耐用、耐温、收缩、褪色等性能。多与商品的使用性能有关，但多数超市不具备相应的实验、检验条件。但如果顾客投诉与上述有关的问题，如鞋帽类、服装类、器皿类等，超市则应抽取相应的样品，模拟顾客的使用情况用简易的方法进行检测。③燃烧法。主要用于纺织品纤维成分的鉴别。

（4）商品各项功能的调试

对于日用工业商品中的某些机械、电器、钟表、照明类商品，应对他们的功能进行相应的调试，以确定其是否与标准要求、说明书的内容相一致，如功能、特点等。尤其是电器类商品，近年来发展很快，新产品、新技术不断出现，多功能趋势明显，其中既有质量过硬的商品也有以次充好的劣质品，超市要对它们进行较全面的功能调试。业务人员、质监人员要按标准和说明书调试机器，以便检验、判断其质量。

（5）进货检验中的索证工作及标识检验

由于多数超市不具备对商品的内在质量进行检验的能力，按照国家有关规定，超市进货检验中的索证和标识检验是超市控制、管理进货质量时必须认真完成的工作。所谓索证是指商业企业在进货前，要求生产企业或供应商提供相关的文件、证件等。标识检验就是检验商品的包装及其标识、标签等是否合乎国家、地方政府、行业主管部门和企业的规定。

（6）委托社会有关机构的检验

由于条件的限制，超市对某些商品不可能进行全面、准确的鉴别，若消费者予以投诉并有强烈的要求，如涉及“违规商品”（国家质量技术监督局规定了 14 类违规商品）的界定问题时，就需要委托社会有关检验机构进行公正的质量鉴别。对于商品质量问题性质严重，超市自身无法准确判断其质量或问题的性质以及与消费者争议强烈、需要公正的第三方进行客观评价时，都需要委托社会有关机构进行检验。

2. 入库作业

对于验收合格的商品，配送中心就做入库处理或直接发货。入库作业主要是根据商品性质、类别，选择合理的储存空间、货位，并做好电脑录入和有关账务处理。

二、库存管理

由于配送中心仓库为周转型仓库，仓库商品的管理往往以商品的数量管理为主，商品的养护工作为辅，但库存商品的霉变、虫蛀、鼠咬等问题也时有发生，故要加强库存的管理工作。配送中心库存商品管理业务主要包括：

1. 仓间管理

（1）巷道设置

巷道设置包括走道、支道设置。

1）走道是根据库房的建筑状况和面积，方便商品出入而设置。它的宽度应根据商品和装卸设备的具体情况决定。

2）支道的多少，主要取决于储存商品的批量大小和吞吐特点。一般储存商品批量越小支道越多，支道的宽度应与储存商品的特点和装卸设备大小相适应。

（2）货位标号

货位标号就是商品在仓库中的“地址”，通过标号可以方便商品的存取，尤其是在拣选工作中，可以按计算机系统理单后，排出商品出库单的先后顺序，按次发货。根据仓库条件、商品类别和批量整零的情况，编好货位标号，以符合“标志明显易划，编排循规有序”的要求。

（3）分区分类管理

分区分类就是根据商品的数量和性能等将仓库划分为若干区域，同时将商品分成若干类别，以便分类集中保管。通过分区分类可以缩短商品收发作业时间、合理利用仓库容积，便于熟悉商品性能、合理配置和使用机械设备，同时有利于商品的科学养护工作。

2. 商品盘点及数量管理

为了随时了解库存情况，保证账实相符，维持合理的库存量，配送中心在

做好商品验收、储存工作的同时，要对库存商品实行定期或不定期盘点。

（1）定期盘点

定期盘点包括年、季、月度盘点，每日盘点，交接班盘点。年度商品盘点，是年终全部资产全面清点的一个部分，据以落实商品资金，编制年度决算。在年度中间还必须按月、按季盘点商品，确定实际库存量，以便及时处理溢耗长短，调整账务。贵重、大件商品、定量包装商品以及实行日清日结的柜组，于每天营业结束时盘点库存。营业中班次交接时备售商品由交接双方共同盘点。

（2）不定期盘点

不定期盘点则是在调整价格、改变供应方法、人员调动、意外事故、清理仓库等情况下临时进行的盘点，盘点的结果要在财务报表上如实反映，对货账不符现象应进行差错分析。超市还要根据盘点的情况调整库存，及时进货、上货、与其他连锁分店调剂商品。

库存商品盘点的内容主要包括点数、检查质量、查保管条件、查仓库安全情况等。在盘点结束后，要进行资料处理，对盘点表进行汇总，得出盘点结果，向上级汇报。

第四节　配送中心及配送业务

一般来说，连锁超市配送中心就是专门从事配送业务的物流基地，是通过转运、分类、保管、流通、加工和信息处理等作业，然后根据用户的订货要求备齐商品，并能迅速、准确和廉价地进行配送的基本设施。

连锁超市配送中心为了做好送货的准备，需要采取零星集货、批量进货等资源汇集方法，具有集货中心、分货中心的职能。此外，连锁超市配送中心还有比较强的流通加工能力。

连锁超市配送中心的形成和发展是物流系统化和规模化的必然结果。为了更好地满足用户在货物处理内容上、时间上和服务水平上的更高要求，必须引进先进的分拣设施和配送设备，建立正确、迅速、安全、廉价的作业体制，从而产生了正式的连锁超市配送中心。

一、配送中心及其功能

连锁超市的统一配送体系是依靠建立自己的配送中心来完成的。很多企业往往将统一采购、统一配送合二为一组统一采购配送中心，来完成连锁超市的统一采购和统一配送功能。

配送中心的设立主要是为了实现物流中的配送行为，是位于物流节点上，专门从事货物配送活动的经营组织或经营实体。连锁超市配送中心的核心任务就是将货物送到需要的连锁分店。围绕这一核心，配送中心除了配送外还必须进行信息收集、订货、储存等一系列活动，配送中心内基本上集中了所有的物流功能。

从商品配送及开展相关业务的角度，一个完整的配送中心的内部结构首先要有基本的硬件设施，如足够的场地和仓库；其次还需要有保障配送中心内各项活动有效运作的各种设备；最后也是最重要的，还需具备进行现代化的管理信息系统，包括计算机软、硬件作保证。

当然，具体到某个连锁超市企业的配送中心，如果外部环境良好，社会化配送发展也较完善，超市完全可以不设置具体形式的配送中心。它只需要通过自已的计算机网络系统和中心决策机构，向有关的仓库、运输公司等发出命令，就可完成配送中心的核心功能——配送。而配送中心这时完全是一个管理机构。但这需要社会上有比较发达、健全、完善的物流体系，目前我国尚不具备这样的条件。

从业务功能上看，配送中心是一个多功能体系，它集加工、理货、仓储、运输、信息收集等多种职能为一体，是这些功能的综合体。

1. 连接功能

配送中心把生产领域与消费领域连接起来，许多供应商本身就是制造商，通过订货，供应商可以把产品送达配送中心，然后由配送中心将商品根据需要送到各个连锁分店。在这里配送中心起着媒介的作用，它把商品的供需连接起来。这时配送中心就构成了整个物流连接中的一个重要结点。

2. 进货入库验收功能

进货入库是实现商品配送的前置工作。一旦商品入库，连锁超市配送中心就要担负起商品完整的责任，所以在商品入库前应严格按照验收规则验收商品。

3. 仓储功能

超市配送中心的服务对象是连锁超市的各个连锁分店，为了顺利而有效地完成向连锁分店配送商品的任务，更好地发挥连锁组织地规模效益，通常配送中心都要储存一定量地商品，以调节供求矛盾。连锁超市常常需要对一些销量大的商品进行一次性大规模的采购以降低采购成本。

4. 分拣、理货功能

连锁超市配送中心服务的连锁分店少则十几个，多则上百个，各连锁分店

之间存在着许多差别。在订货时，不同的连锁分店对于商品的种类、规格、数量等会提出不同的要求。因此，配送中心必须采取适当的方式对连锁分店所需商品进行拣选，并在此基础上，按照配送计划分装和配装商品，分装、配装后的商品才能送给需要的连锁分店。

5. 加工功能

配送中心通过对商品的加工，能够扩大经营范围和提高配送水平，满足广大消费者的需求；同时，通过加工，可以提高商品的附加价值，从而提高连锁超市的经济效益。目前鲜活商品，如蔬菜、水果已经普遍进入超市，这些商品还是有些超市吸引顾客的主力商品，这些鲜活商品没有经过整理、加工是不可能直接销售的。

6. 运送功能

配送中心的重要任务之一就是将商品送达各需要的连锁分店，及时、准确、安全、经济地将商品送达是配送中心的基本职责，因此配送中心的另一项功能就是运送功能。

7. 信息收集功能

配送中心的特殊地位，使其成了信息比较密集的地方。很多商品的供求等信息都可以在配送中心集中地反映出来。一些商品的问题往往也在配送中心表现出来，如有问题商品需要经配送中心收集、整理后退给供货商或与供货商协商处理等。配送中心利用自身优势收集商品信息。

二、配送中心的一般作业流程

各连锁分店提出要货信息后，配送中心从供应商那里组织货源，经过储存加工、整理、分拣、配货、送货后到达不同的连锁分店。配送中心一般作业流程见图 5.2。

图 5.2 中，a 表示配送中心是按各连锁分店提出的要货信息，从供应商处组织货源，然后依次经过集货、储存、加工和整理、选拣分拣、配货送货，最后到达相应的连锁分店。这是由于各连锁分店所处地理位置不同，周边消费者消费水平和需求偏好不同所带来的各分店经营的各类商品销售的不均衡，这样做最大限度地发挥各连锁分店的经营优势，提高商品的适销率，减少商品积压，从而实现连锁企业的最佳经济效益。

b 表示对相当部分销售比较均衡的、反映本企业经营特点的、销售频率比较高的商品，由配送中心直接从供应商处整批组织货源，集中保管，然后按各连锁分店的要货要求，依项经过储存、加工、整理、选拣分拣、配货送货，最后送达各连锁分店，以保证各分店销售业务的正常开展。通常连锁经营企业为了保证企业的不断发展，更好地满足消费者日益增长的物质文化生活的需要，也必须根据市场的变化、生产企业新产品的上市情况等，选择有潜力的新商品，不断充实和调整现有经营业务范围内的老商品，这也是社会经济发展对企业经营提出的必然要求。

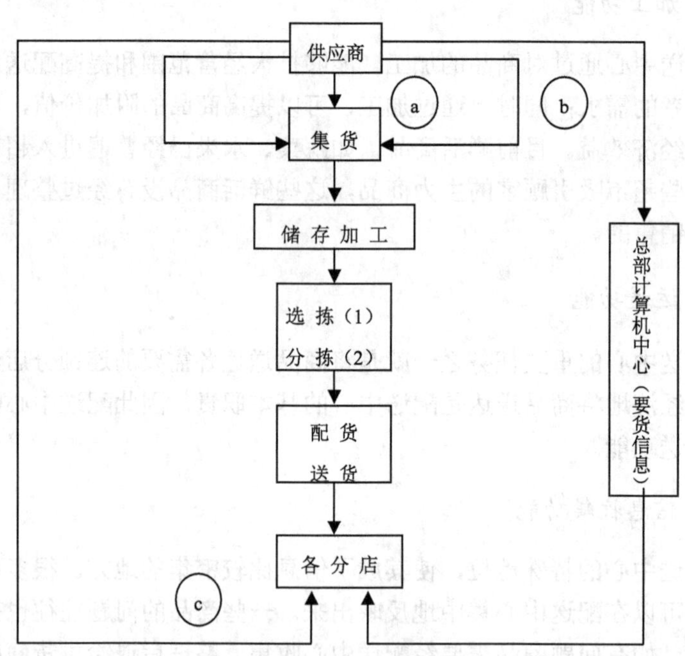

图 5.2 配送中心一般作业流程

c 表示对一些本地生产的或供应商可以代连锁企业将所需商品直接送达各连锁分店的商品，可以不经过自己的配送系统，利用社会的供应力量，直接由供应商向连锁分店提供此项服务。在现代流通方式下，特别对于一些代销商品，经连锁总部同意在本连锁系统代销后由供应商负责送货至各个连锁分店，这样在一定程度上减轻了总部配送中心的压力，同时也起到了节省流动资金、降低经营费用的作用。

三、配送作业管理

连锁超市配送中心的现代管理主要包括信息管理计算机化、商品分拣自动化、商品储存立体化和商品配送共同化。

1. 信息管理计算机化

物流信息管理是根据企业物流活动的需要而产生的，传统的人工管理物流信息的办法已不适应连锁超市配送中心现代化管理的要求。在这种情况下，只

有全面采用电脑来管理物流信息，才能保证高效率的商品配送。根据在物流活动中所起的作用，物流信息可分为5类：

1）接受订货的信息。这是一切物流信息活动的基本信息。

2）库存信息。根据与订货信息的比较，作出采购决策。

3）采购指示信息。商品库存量不足时，应根据采购指示信息安排采购。

4）发货信息。为了做好发货准备工作，应根据发货信息将商品转移到搬运地点，以便发货。

5）物流管理信息。物流管理部门为了能有效地管理物流活动，必须收集各种表单，以及与物流成本、仓库和车辆等物流设施、设备运转率等有关的资料，并以此作为物流管理信息。

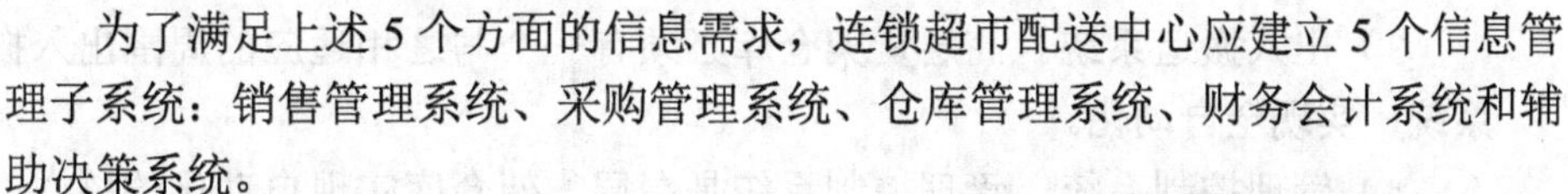

为了满足上述5个方面的信息需求，连锁超市配送中心应建立5个信息管理子系统：销售管理系统、采购管理系统、仓库管理系统、财务会计系统和辅助决策系统。

连锁超市配送中心信息管理的计算机化不仅需要连锁超市配送中心自身完善信息设施，而且还需要以门店的 POS 系统、EOS 系统以及社会的公用网络系统建设为基础。只有全公司、全社会的相互配套，才能充分发挥连锁超市配送中心信息管理的效率，最终实现整个配送作业的无纸化运作。

2. 商品分拣自动化

大型的连锁超市配送中心，商品种类多达上万种，客户数量多、分布面广，而且要求拆零配送、限时送达。在这种情况下，商品分拣作业就成了连锁超市配送中心内部工作量很大的一项工作。为了提高商品分拣的效率，国外的连锁超市配送中心参照邮局分拣信件自动化的经验，配置了自动化分拣系统。自动分拣系统一般包括如下方面：

1）输入系统。商品由皮带或辊道输送机，输入分拣系统。

2）分拣信号设定装置。一般采用激光扫描的办法，对物流条码进行扫描，以区分配送商品的目的地、配送商品的对象等物流信息 。

3）分拣传输装置。传送装置把混杂的商品自动送到设定的分拣道上，分拣装置把商品分拣后送入分拣道口。在分拣道口上部设有动力轨道，把分拣商品“投入”斜道，以暂时储存，等待装车取走。

由于自动分拣系统的设备复杂，投资及营运成本也相当高，因此不一定所有的连锁超市配送中心都必须配置，连锁超市配送中心要实现分拣的自动化，首先必须提高商品的条码化率和实现包装的标准化。

3. 商品储存立体化

商品储存立体化是指用高层货架储存货物，以巷道堆垛起重机（简称巷道机）存取货物，并通过周围的装卸运输设备，自动进行出入库作业，采取这种方式的仓库称为“高层货架仓库”。高层货架一般由以下 4 个部分组成：

1）高层货架。高层货架由“排”、“列”、“层”三者组成，其规模由“排数×列数×层数”的总货位（格）数或以其“长度×宽度×高度”的体积来表示。高层货架的制作一般采用两种方式：一种是整体式，即货架不仅承载货物，还兼作外围建筑物支撑结构，建筑物与货架合二为一；另一种是分离式，即货架与建筑物分开，相互独立。货架上货物的存放形式一般多采用统一规格的集装箱单元，最普遍的是平托盘、箱式钢托盘和塑料容器。

2）巷道机。巷道机是来回运行在货架巷道内，自动存取货物并把货物放到巷道口“出入库平台”的机械设备。

3）出入搬运系统。高层货架仓库必须有一个与之相适应的周围出入搬运系统，实现全自动化。

4）管理控制系统。管理控制系统是高层货架仓库实现自动化的核心，它具有管理、监控和控制三个职能。管理职能由连锁超市配送中心的主计算机系统承担；监控职能由高层货架仓库和搬运系统的监控系统承担，一般设有用屏幕来显示全系统运行情况的监控中心；控制职能则由巷道机及搬运系统的控制系统承担。

高层货架仓库实际上是一个机电一体化的自动化仓库，随着无线通讯技术和自动化控制技术的发展，高层货架仓库的自动化程度及机动灵活性将进一步提高。

4. 商品配送共同化

商品配送共同化是指生产商、批发商或零售商、连锁企业共同参与，由一家连锁超市配送中心承担它们的配送作业。共同配送的实质是相同或不同类型的企业联合，其目的在于相互调剂使用各自的仓储运输设备，最大限度地提高配送设施的使用效率。减少运货交通流量，提高送货车辆满载率，减少送货费用，降低连锁物流总成本。缩短补货时间，提供更高效优质的补货保证，进一步满足销售需要，提高企业竞争能力和经济效益。

复习思考题

一、选择题

1. 物流总成本的一半以上都和（　　）有关。

A. 包装　　B. 配送　　C. 仓储　　D. 运输

2. 物流的概念最早是在（　　）形成的。

A. 日本　B. 美国　C. 亚洲　D. 德国

3. 连锁商店注重经营过程中的商品（　　）管理。

A. 营业额　B. 数量　C. 价值　D. 物损

4. 提供企业竞争力的关键是（　　）。

A. 价格低　B. 质量好

C. 新产品导入率　D. 加强促销

5. 配送中心的投资与营运成本要占到连锁企业总成本的（　　）以上。

A. 60%　B. 70%　C. 80%　D. 90%

6.（　　）指伴随货物运输或搬运中的包装容器、装卸工具及其他可再用的旧杂物的回收、分类、再加工及复用过程的物流。

A. 供应物流　B. 生产物流　C. 销售物流　D. 回收物流

7.（　　）是指生产工厂或商业企业（批发或零售），从商品采购、运输、储存、装卸搬运、加工、包装、拣选、配送、销售，直到顾客收到商品过程的物流。

A. 供应物流　B. 生产物流　C. 销售物流　D. 回收物流

8. 采购业务是连锁超市的第（　　）道环节。

A. 一　B. 二　C. 三　D. 四

二、填空题

1. 物流的六个要素包括______、______、______、流量、流程、流速。

2. 按照物流在社会再生产过程中不同阶段的活动范围和业务性质，一般可将物流划分为五种类型______、______、______、回收物流、废弃物流。

3. 现代超市的采购一般有四种方式，即分权式采购、______、______、联合采购。

4. 连锁经营商品采购业务流程是采购前的准备、______、______、合同签订、合同履行。

5. 商品采购议价程序为______、______、______、商品导入卖场。

6. 配送中心的功能为连接功能、进货入库验收功能、______、______、______、运送功能、信息收集功能。

7. 连锁超市配送中心的现代管理主要包括______、______、______、商品储存立体化。

8. 单品是商品分类中不能进一步______的、______的商品品项。

三、名词解释

1. 物流　　2. 连锁经营物流

3. 配送中心
4. 经济订货量
5. 二八原则
6. 供应物流
7. 生产物流
8. 联合采购
9. 访价
10. 商品配送共同化

四、简答题

1. 配送中心的现代化管理主要包括哪些方面？
2. 物流系统在连锁经营中的作用有哪些？
3. 商品验收主要包括哪些项目？
4. 仓库管理主要包括哪些方面的工作？
5. 简述连锁超市物流系统的含义。

五、绘制图表题

1. 试绘制配送中心一般作业流程图。
2. 试绘制连锁超市商品采购业务流程图。
3. 试绘制供应商评价表。

案 例 分 析

沃尔玛的物流配送

一、快速高效的物流配送中心

沃尔玛采取过站式物流管理方式，即由公司总部“统一定货、统一分配、统一运送”的物流供应模式。到20世纪80年代末期，沃尔玛配送中心的运行完全实现了自动化。每个配送中心约10万平方米，相当于24个足球场那么大，里面装着人们所能想像到的各种各样的商品，从牙膏到电视机，从卫生巾到玩具，应有尽有，商品种类超过8万种。沃尔玛到2001年在全球建立了70多个配送中心，这些中心按照各地的贸易区域精心部署，通常情况下，从任何一个中心出发，汽车可在一天内到达它所服务的商店。每种商品都有条码，有十几公里长的传送带传送商品，由激光扫描器和电脑追踪每件商品的储存位置及运送状况。

在配送中心，计算机掌管着一切。供应商将商品送到配送中心后，先经过核对采购计划、商品检验等程序，分别送到货架的不同位置存放。当每一样商品储存进去的时候，计算机都会把他们的方位和数量一一记录下来，一旦商店

提出要货计划，计算机就会查找出这些货物的存放位置，并打印出印有商店代号的标签，以供贴到商品上。整包装的商品将被直接送上传送带，零散的商品由工作人员取出后，也会被送上传送带。通过激光辨别上面的条形码，把他们送到该送的地方去，传送带上一天输出的货物可达20万箱。对于零散的商品，传送带上有一些信号灯，有红的、有黄的、有绿的，员工可以根据信号灯的提示来确定商品应该被送往的商店，来取这些商品，并将取到的商品放到一个箱子当中，可以避免浪费空间。

配送中心的一端是装货平台，可供130辆卡车同时装货，在另一端是卸货是卸货平台，可同时停放135辆卡车。配送中心24小时不停地运转，平均每天接待的装卸货物的卡车超过200辆。沃尔玛用一种尽可能大的卡车运送货物，大约可能有16米加长的货柜，比集装箱运输卡车还要更长或更高。在美国的公路上经常可以看到这样的车队，沃尔玛的卡车都是自己的，司机也是沃尔玛的员工，他们在美国的各个州之间的高速公路上运行，而且车中的每立方米都被填的满满的，这样非常有助于节约成本。

沃尔玛的送货车队也可能是美国最大的，沃尔玛通常为每家分店的送货频率是每天一次，而凯马特平均5天一次。沃尔玛的6000多辆运输卡车全部安装了卫星定位系统，每辆车在什么位置、装载什么货物、目的地是什么地方，总部都一目了然。因此，在任何时候，调度中心都可以知道这些车辆在什么地方，离商店还有多远，他们也可以了解到某个商品运输到了什么地方，还有多少时间才能运到商店。对此，沃尔玛精确到小时。如果员工知道车队由于天气、修路等某种原因耽误了到达时间，装卸工人就可以不用再等，而可以安排别的工作。

目前沃尔玛85%的商品是靠自己的仓储运输系统进行配送，每个配送中心离最远的零售店不超过500英里，只有一天的路程，所以从零售店下定单到货物上架的响应时间只需要48小时，而大部分竞争对手则仅提供50%的商品配送，相应的货物配送响应时间至少120个小时。沃尔玛把货物运送到商店的成本占总成本的比例低于3%，而竞争对手要运送同样的物品则支付的成本在4.5%～5%。

经济学家斯通博士在对美国零售企业的研究中发现，在美国的三大零售企业中，商品物流成本占销售额的比例在沃尔玛是1.3%，在凯马特是8.75%，在西尔斯则为5%。

二、物流信息技术的应用

1．建立全球第一个物流数据的处理中心

20世纪70年代建立了物流的管理信息系统（MIS），负责处理系统报表，加快了运作速度。1983年采用了POS机，，就是销售时点数据系统。1985年建立了EDI，即电子数据交换系统，进行无纸化作业，所有信息全部在电脑上运作。1986年建立了QR，称为快速反应机制，对市场快速拉动需求。沃尔玛在全球第一个实现集团内部24小时计算机物流网络化监控，使采购、库存、订货、配送和销售一体化。例如，顾客到沃尔玛购物，然后通过POS机打印发票，与此同时负责生产计划、采购计划的人员以及供应商的电脑上就会同时显示信息，各个环节就会通过信息及时完成本职工作，从而减少了很多不必要的时间浪费，加快了物流循环。

2．沃尔玛物流应用的信息技术

射频技术（radio frequency，RF），在日常运作过程中可以跟条形码结合起来应用。便携式数据终端设备PDF，传统的方式到货以后要打电话、发E-mail或者发报表，通过便携式数据终端设备可以直接查询货物情况。物流条形码BC，利用物流条形码技术，能及时有效地对企业物流信息进行采集跟踪。射频标识技术（RFID），是一种非接触式的自动识别技术，它通过射频信号自动识别目标对象并获取相关数据，识别工作无需人工干扰，可在各种恶劣环境中工作。

（资料来源：http://tech.163.com/04/1122/20/15QPQMGA000915DD_2.html）

思考与讨论

1. 沃尔玛物流配送中心的功能有哪些？

2. 沃尔玛先进的物流配送带给我们的启发有哪些？

第六章

连锁超市价格策略

【学习目的与要求】

本章主要阐述了商品定价目标及特点，商品的定价方法、价格策略以及价格管理等问题。通过本章的学习，了解商品零售价格的形式，商品定价的特点以及商品价格管理的特点，在此基础上，理解和掌握商品定价目标、定价方法以、价格策略以及价格管理等有关问题。

导入案例

"幸福鱼"的"分时段价格消费"

"幸福鱼"是隶属于云南天天集团的一家以经营风味快餐为主的连锁公司，该公司在昆明首次推出了"分时段价格消费"，在昆明餐饮界曾发生了一场不小的轰动。这种餐饮经营模式出尽了风头，食客们纷至沓来，一时间门庭若市。"幸福鱼"餐饮超市的"分时段价格消费"具体做法是：餐饮超市分四个时段进行分别定价。每个时段的价格固定。每周一至周四 10:30～15:30 为一个阶段，这期间，每位顾客只需要花 10 元钱即可品尝到 200 多种风味小吃美味；16:30～20:30 为一个时段，每位顾客只需花 19 元钱即可尽情享受到各种风味小吃、自助火锅和酒水。而周六和周日及其他国家法定节假日的 10:30～15:30 又为一个时段，每位顾客只需花 19 元钱就可以享受到小吃、火锅和酒水、饮料；16:30～20:30 每位顾客只需花 23 元钱就可以享受到小吃、火锅、酒水、饮料以及海鲜、汽锅鸡、扎啤等。

根据公司的负责人介绍，他们是从名冠全球的零售商"沃尔玛"超市的经营理念中得到的启示，并决定做第一个吃螃蟹的人，在云南首创餐饮超市。而后，"幸福鱼"根据消费者的实际需要对经营方式进行调整，推出了超前的分时段消费优惠让利消费者。顾客可以根据自己的实际需求选择时段邀约亲朋好友前去尽情享用，据消费者反映，分时段定价消费推出以后，中午忙，"幸福鱼"就以"快"满足顾客的需求；晚上或节假日，大家又可以花少量的钱在此尽情地享受，这种幸福感觉在大宾馆、大饭店是难以找到的。这样一来，就给广大消费者既带来了经济实惠又提升了餐饮服务感受，自然颇受欢迎。

云南"幸福鱼"超市的连续超前行为在昆明餐饮业界掀起了波澜，引起了省内外业界人士的强烈关注。这种聪明的"时间差战术"兴许会给商界带来活力，为该省餐饮业的复苏打进一支强心剂。

（资料来源：http://souchu0002.blog.163.com/blog/static/98938294200）

第一节　商品的定价目标及特点

连锁超市在经营过程中必须有计划、有目的地制定自己的价格策略。在具体做出价格决策之前，必须先分析影响连锁超市制定价格的影响因素，来确定超市的定价目标。

一、连锁超市零售价格的形式

零售价格是商品流通环节中的最终价格，是与消费者直接见面的价格。零售价格根据进货来源与商品性质，可分为四种形式。

1. 统一价格

统一价格是指由国家物价部门和其他业务主管部门统一管理的价格。卖场经营的品种中，属于统一价格的有金银制品、香烟。对国家制定的价格，门店必须严格执行，不得违反。

2. 浮动价格

国家物价主管部门允许某些商品价格可以在一定范围内浮动，一般有两种形式。一种是国家规定中准价，零售价格可以在规定范围内上下浮动。实行这类浮动价格的商品，品种花色繁多，可挑选性强，难以规定统一的价格。另一种是只能在国家规定的最高（最低）限价向下（向上）浮动。以上两种浮动价格均须经上级物价主管部门核算。

3. 工商协商价格

三类轻纺工业品中的最小商品和手工业品，在省、自治区、直辖市人民政府规定允许协商定价的商品目录范围内，卖场可与生产企业按规定的品种和议价原则协商定价。

4. 议价

稀有商品、名家名师的作品、特种工艺品等都实行议价，而且这类商品的价格可以定得高一些。

统一价格和浮动价格均属于计划价格，是零售价格的主要组成部分，而工商协商定价和议价则是计划价格的补充。卖场对议价商品可按照高进高出、低价低出、随行就市得原则组织经营活动，并发挥平衡物价、稳定市场的积极作用。

二、影响超市商品价格的主要因素

制定价格时不仅要考虑国家的方针政策、商品价值的大小、市场供求的变化、货币价值的变化，更重要、更具体的是要考虑消费者因素、环境方面的因素、产品的市场生命周期以及超市的经营策略。

1. 消费者因素

消费者对商品价值的判断应作为定价的主要依据，其方法有三种：一是针对不同的目标顾客采用不同的价格策略；二是根据销售价格制定商品进价；三是根据供应商与消费者所能接受的价格以及超市的期望利润，来控制经营成本。

消费者在购买商品时，对各商品都有其认知的价格，也就是消费者所能接受的价格范围，即价格带。如果商品价格在价格带以上，可能会难于被顾客接受，而如果商品价格低于其价格带，销售量就会增加。

2. 环境因素

设定价格时，除了要了解自身的状况、产品的原价外，对随时发生变化的周围环境也要非常敏感。

（1）其他超市的价格动向

在完全竞争的条件下，价格是由市场决定的，竞争者之间的行为相互依存、相互影响，对竞争双方最有利的价格是既不降价也不提价，采取比较稳定的价格策略，但实际上这一点又是很难做到的。竞争对手也许表面上风平浪静，实际上可能随时在准备下一波的进攻。当竞争对手举办促销活动或采用价格手段时，超市必须马上做出反应（尤其是降价），及时跟进，这样才能使自己更具竞争力，除非本超市采用不同的促销策略（如竞争对手用特卖的方式促销），各自吸引不同层次或不同需求的目标顾客，或能做到“走自己的路，树立非价格竞争优势”。当超市在市场中处于领导地位时，提价或降价要十分谨慎，不要无端引起价格大战。

（2）季节变化的因素

在季节更替时，商品也要随之改变。例如，夏季来临，冷饮上场；冬季来临，保暖商品上市。商品计划人员应了解季节的变化，并借此掌握消费者的需求。要注意的是，季节性商品的推出应把握好时机，如秋冬变化之际，第一波寒流来临时，适时推出保暖商品，必定会有不错的销售业绩，因为此时消费者的需求较高。另外，在季节更替时，最初推出的商品售价应酌情降低，以吸引消费者的注意。

（3）气候变化的因素

依福建、广东为例，这些地方属于沿海地区，气候的变化非常大，尤其在夏季时应特别注意台风动向的变化。台风来临前该准备的商品（如电池、蜡烛、矿泉水、速食面等）以及台风过后顾客急需的商品（如果菜、鱼肉等）应及时控制货源、保证供应，此时部分商品可以降价出售，以提升企业形象，而能够赚取利润的商品则不必降价。

（4）了解市场整体供求情况

当供大于求时，商品只能以一般的价格销售；当需求大于供给时，可适度地调高售价。尤其是生鲜果菜，常因季节更替或气候地变化而产生供需失调。

至于其他的商品，由于取代性高、可替代品较多，所以较难回到以往的卖方市场。

3. 商品的市场生命周期

商品的市场生命周期是指商品从投入市场到退出市场的全过程。在商品投入期，为引起消费者的注意和兴趣，应以较低的价格出售；成长期的商品应维持一个稳定且有适当利润空间的售价；成熟期商品的定价与成长期类似，但应注意替代品的出现和竞争者的价格行为，应加大促销力度；衰退期的商品应通过各种方式的促销活动尽快清理库存，并及时将其清退出卖场。

4. 超市的经营策略

（1）从整个商品组合或商品群考虑定价

如蔬果部的毛利率为 17%，但并不意味着每个品种都要有 17%的毛利率才能出售，应视消费者对个别商品的敏感度和销售量而定，要研究商品的毛利结构。

（2）充分把握促销的基本目标

促销时某些商品的价格应适当降低，但举办促销活动的目标是吸引顾客、扩大门店的有形利益和无形利益，同时促销也需要支付较大的成本，所以促销商品的定价最终应能为门店带来新的利益，以不亏本为基本目标，减少的单位利润可以通过销量来弥补。

（3）充分考虑来自不同进货渠道的商品成本

要制定出合理的、有竞争力的价格，进货渠道就不宜拉得过长，最好向产地和制造商直接采购，开发总代理、总经销业务，有进出口权的超市也可从国外直接进口。

（4）要随时关注广告宣传的动向

正在各媒体进行广告宣传的商品，往往是消费者最敏感的商品，售价不能定的太高。

三、商品定价的目标

1. 维持生存

生存是企业发展的最低要求。为了维持生存，超市必须制定一个较低的价格，能弥补可变成本和一部分固定成本。这种价格可能会小于完全成本，但必须大于变动成本。只有这样，才有可能稳定地提高市场占有率，逐渐扩大企业规模，增加销售额，促进企业的发展。

2. 追求当期利润最大

企业若以一定的利润为目标，同时考虑企业的长远发展及整体经营效益，

就有可能在经营过程中为了求取最多的毛利，采取相应的高价或低价策略，来实现目标利润。

3. 追求市场占有率最大

连锁超市要想求取当期收入最大，就要采取低价薄利多销的策略。即商品采用较低的价格出售，通过销售量的增加来保证企业的利润，同时随着销售量的增加，进货量也增加，从而赢得最大的市场份额。

4. 追求最大利润率

当连锁超市资力雄厚，商品质量优越，服务水平高等情况下时，就可以采用较高的价格以获取最大的利润率，从而树立产品质量领先地位或体现特定的“物有所值”的原则。

以上这些目标可配合连锁超市的定位，商品分类特性，地区差异等灵活搭配运用。当然企业经营的最终目的是为了赚取利润，所以其定价必须牵涉到利益的回收，即应先找出利润目标，但如何找出这个利润目标呢？我们可以从“损益平衡点”的观念来着手，其公式为

$$损益平衡点=\frac{固定营业费用}{1-\dfrac{变动成本}{销售净额}}=\frac{固定营业费用}{1-变动成本率}=\frac{固定营业费用}{毛利率-变动成本率}$$

其中固定营业费用是指超市的日常固定开支，如管理费用、固定销售费用等。销售净额是指销售收入总额扣除销售退回、销售折让、销售折扣后的余额。

假设一家 400 平方米的超市，每个月需要 30 万元的费用，而超市平均的毛利率有 20%，且变动费用率为“0”，损益平衡点为 30 万元÷0.2＝150 万元，也就是该超市每个月要做 150 万元的营业额才不会亏本。

如果从另一个角度来看，一家超市在商圈调查时，若每个月可作 40 万元的生意，而该超市估计的费用支出每月需 10 万元，则其平均毛利率必须控制在 10 万元/40 万元＝25%，才算平衡，也即毛利率低于 25%则会产生亏损，高出才有利润。

而此损益平衡点需要的毛利率，是我们最简单的定价标准。如某项商品，进货成本是 80 元，我们预定的销售毛利率是 20%，该商品的售价应为 100 元，则可采用下列公式：

$$售价=\frac{购入成本}{1-预定销售毛利率}=\frac{80}{1-20\%}=100（元）$$

若改用传统的成本加成法，则可能得出来的毛利率会降至 16.67%，计算方法为：

$$80+（80\times20\%）=96（元）$$

毛利率＝（96－80）÷96＝16.67%

这样，毛利率为16.67%，而非20%。

总之，经营者在为商品定价时，使整体的定价目标高于损益平衡点所需的毛利率目标，才能获取利润。

四、商品定价的特点

1．统一定价的特点

统一定价是指连锁超市的定价决定权在总部，各个分店无权自行定价。各连锁分店在各地区由于消费水平、消费习惯完全不同时，有责任及时、全面、准确的向总部提供价格信息，并有权向总部提出适合自身的价格修订建议，在总部的许可下，可重新制定价格，以增加商品的地区适应性和竞争能力。

2．体现企业经营目标的特点

不同的企业在不同的时期，不同的环境中，可以有不同的经营目标，它可以销售量、利润的增加为目标，也可以市场占有率的提高或市场竞争能力的增强为目标。作为连锁超市，为了实现定价目标，对不同的商品，可能同时采取多种价格策略，但其必须与企业商品的总体经营目标相协调。

3．收益定位的特点

不同的商品给予不同的收益定位，每一种收益定位的商品其价格特征都是不同的。例如，反映企业形象的商品，其价格特征是比较优惠，而收益定位则是考核其对顾客流量的吸引力；促销商品，其价格特征是特别低价，而收益定位则是考虑其在一段时间内销售总量提升幅度的比率，以及供应商所给予的其他利益，如进货奖励，提高折扣率，延长付款期等。

第二节　商品定价方法

连锁超市为了实现定价目标，应采取恰当的定价方法。而目前竞争加剧、消费者主导地位加强，影响价格变动的因素越来越多，主要因素有：商品的成本、市场需求情况和竞争情况。下面分别按照这三个因素介绍商品价格的确定方法。

一、成本导向定价法

成本导向定价法即以成本为中心的定价法，是一种按卖场意图定价的方法。主要的理论根据是：定价时首先要考虑收回在经营中投入的全部成本，然后再考虑取得一定的利润。以成本为中心的定价方法主要有三种：

1. 成本加成定价法

成本加成定价法又叫加额法、标高定价法或成本基数法，这是大多数零售业者普遍采用的方法，简单又实用。其原理是按商品的成本加上若干百分比的加成（预期利润）来定价。其计算公式为

$$单位商品价格=单位商品总成本\times（1+加成率）$$

式中加成率即预期利润占商品总成本的百分比。不同时间、不同地点、不同市场环境、不同品类，加成率不应相同。

成本加成定价法最主要的优点是计算方便，而且在正常的情况下，即在市场环境诸因素基本稳定的情况下，采用这种方法可以保证各行业获得正常的利润率，从而保证超市经营的正常进行。所以，在市场环境稳定的情况下，许多行业都采用这种方法定价。缺点是忽视了市场竞争和市场需求状况。

显而易见，这种定价方法对独家销售的商品，新产品和市场上无确定价格的商品比较适用，而对多家同时销售的商品不宜采用。

2. 售价加成定价法

售价加成定价法即以商品的最后销售价为基数，再按销售价的一定百分率来计算加成率，最后得出商品的售价。其计算公式为

$$单位商品的价格=\frac{单位商品的总成本}{1-加成率}$$

一般来说，大多数超市采用以售价为基础的加成定价法。因为，对于企业来说，更容易计算商品销售的毛利率；而对于消费者来说，在售价相同情况下，用这种计算法计算出来的加成率较低，更容易被认为定价合理。因而该种价格更容易被接受。

3. 目标收益定价法

目标收益定价法又叫投资收益率定价法，它是先按企业的投资总额确定一个目标收益率（即资金利润率），然后按目标收益率计算目标利润额，再根据总成本、计划销售量和目标利润额算出商品价格。其基本步骤及方法如下：

1）确定目标收益率（资金利润率），即确定要在什么期限内收回全部投资。确定了投资回收期限，目标收益率就确定下来。

2）计算目标利润额。根据公式：

$$目标收益率=利润总额（目标利润额）\div 总投资额$$

得出

目标利润额＝总投资额×目标收益率最后

3）计算单位商品价格，即

单位商品价格＝（固定成本÷预测销售量）＋单位商品变动成本
＋单位商品目标利润额

为保证一定能取得目标利润额，在实际计算时通常将预测销售量设为计划产量的 80%～90%。如果市场销售情况好，能做到尽产尽销，则预测销售量可以按计划产量或生产能力计算。

目标收益定价法的优点是可以保证实现既定的目标利润，从而实现既定的目标收益率；缺点是这种方法只考虑生产者的利益，而没有考虑竞争情况和需求的实际情况，另外这种方法是先预测商品的销售量，再确定和计算出商品的价格。

二、需求导向定价法

此法是以需求为中心的定价方法，即定价时不简单的只考虑商品的成本，以成本为依据，而是以消费者对商品价值的理解和认识程度为依据。以需求为中心的定价方法主要有以下两种：

1. 理解价值定价法

这种定价方法的基本思想是：认为决定商品价格的关键因素是买方对商品价值的理解水平，而不是卖方的成本。因此，在为某种商品定价时，首先要估计和测定商品在顾客心目中的价值水平，然后再根据顾客对商品所理解的价值水平，定出商品的价格。影响顾客理解价值的因素有：超市的声誉；超市内硬件设施与气氛；商品本身的性能、用途、质量、外观等因素；附加的服务。

2. 区分需求定价法

这种定价法又叫差别定价法。是指某一种商品，在特定的条件下，可以按不同的价格出售。对于具有不同购买力、不同需求强度、不同购买时间或不同购买地点的顾客，可根据他们的需求强度和消费感觉的不同，采取不同的定价。区分需求定价法主要有以下几种形式：

（1）以顾客为基础的差别定价

即对不同的顾客，可以用不同的价格，如会员与非会员价格不同、零星购买和集体采购价格不同。

（2）以商品的外观、式样、花色等为基础的差别定价

如同一产品新上市与旧式样以顾客为基础的差别定价。

价格差别，如手机款式的不断变化，新款式的价格与旧款式价格的差异。

（3）以地区为基础的差别定价

如产地与非产地的商品价格差别，如本地水果与非本地水果的价格差异。

（4）以时间为基础的差别定价

如季节蔬菜与非季节蔬菜价格差别。

采用各种区分需求定价法要具备一定的前提条件：首先是要做好市场细分，使各细分市场的需求差别比较明显，其次是要避免和防止转手倒卖；此外还要防止引起顾客的反感。

三、竞争导向定价法

此法系依据目前市场主要竞争者价格来决定售价，而不考虑商品成本或需求的变化。竞争导向定价法主要有以下几种。

1. 跟随市场（随行就市）定价法

就是根据同类超市的价格水平定价。在竞争激烈而商品需求弹性较小或供需基本平衡的市场上，随行就市是一种比较稳妥的定价法，可以减少风险，也容易与同行业和平相处。

2. 追随领导者企业定价法

如前面所述，在一些行业特别是拥有丰富后备资源的企业，为了稳定市场以利于长期经营，为了应付或避免竞争，往往以同行业中实力最雄厚或影响最大的企业的价格为基础定价。用这种方法可避免企业之间相互竞争。

3. 收支平衡与变动成本定价法

收支平衡定价法是运用损益平衡原理实行的一种保本定价方法。其出发点是，在订货不足或市场不景气的情况下，保本销售总比停工损失要好。而定价时考虑对变动成本的补偿，同时争取更多的边际贡献，即每增加一个单位的商品销售，就能多做出一份用来补偿固定成本的贡献的定价方法则是变动成本定价法。在商品销售竞争激烈，销量不足时为了尽可能保住市场，采用变动成本定价法是可取的。

四、商品成本、需求、竞争相结合的定价方法

对于超市商品的定价，实际操作来说，应将成本定价、需求定价、竞争定价三种方法结合起来运用，因为它们各有长处和短处。一般情况下，在制定某种商品价格之前，必须考虑清楚以下问题：给定的价格水平会使超市获得传统的毛利吗？假如超市降低价格，销售额会大增吗？超市应根据不同顾客的议价、季节性等情况，对一种商品定出不同的价格吗？竞争者制定的价格水平怎

样？根据卖场的声誉和形象，能制定比竞争者更高的价格吗？对在采购、销售、送货上需要特殊费用的商品，应制定怎样的价格水平？

第三节　商品的价格策略

一、价格策略的决定因素

所谓价格策略或价格战略，即以价格的决定与价格的维持等操作价格，借以达到短期或中长期的销售目的并同时谋求提高效益。其策略决定因素主要包括以下内容。

1. 消费者的价格意识与价值判断

超市在制定价格策略时应采取如下做法：

（1）顾客阶层的细分化即在商圈调查时所作的“客层定位”

没有一家超市可以满足所有的消费者，所以只能利用客层定位选择最多的客层或族群作为服务对象。

（2）商品层次的决定即依据客层定位所做的“商品定位”

商品定位包含了商品组合，当然也涵盖了商品品质的层次。商品层级不同，价格策略自然不同。

2. 与整个市场经营的关系

（1）与商品组合的关系

商品的定价，必须从整个商品群去考虑，而不以个别商品来定价。例如，我们先设定果菜需要达到20%的毛利，虽然如此，我们并非每样果菜商品都加20%的毛利出售，而须视消费者对个别产品的敏感度以及销售量而定。

（2）与广告宣传的关系

新推出的商品，或可提升商店形象的商品，其定价当然不可以过高；此外厂商正在媒体广告宣传中的商品，往往也是消费者最为敏感的商品，其售价也不可过高，以免破坏商店形象，引起消费者的反感。

（3）与流通渠道的关系

商品的流通渠道越短，中间所经历的层次越少其价格通常都比较有竞争力。如从产地直接进货的果菜产品；再者，这些商品也较具价格优势，较易获取应得的利润。

（4）与促销方法的关系

开展促销活动总会花钱，而且有时要降低某些商品的价格，牺牲利润。但举办促销活动的目的不外是要吸引更多的消费者前来，以获取更多的无形利益

（如形象、口碑等）及实质的利益，所以举办促销活动一定要以不亏本为目标，至于减损的利润则可以多销售的商品数量来弥补。

3. 在同行业中的竞争地位

1）如果在竞争中处于绝对优势，那么你所订的价格也一定会成为领导价格，此时对价格的升降更须谨慎，以防紧随其后的其他业者迎头赶上。反之，在价格上则须紧追着前一名业者，不要无端引起战火，以免遭受围剿或痛击。

2）要了解竞争对手的优缺点，做到“知己知彼，百战不殆”。例如，能与其他同业价格策略取长补短，则为上策；若不能，最好商品重叠的部分不要太多，以和平共处为原则；如果碰到已无合理的价格策略时，只有选择“竞争的价格策略”。

4. 与产品生命周期的关系

（1）导入期

商品在导入阶段，较易引起消费者的注意，此时应以较低的价格出售。例如，柑橘初上市，我们可以选出品质最好的商品，而以近于成本的价格出售，以换取消费者的好感；如果该项新产品属于“有成商品”，即有意将其培育成明日之星的产品，则更需长期抗战，在初期绝对不可以赚取过高的利润，以免高价吓跑消费者，等到该项商品已经育成到一个阶段，例如，每天都有相当固定的销售数量后，才可慢慢地提高售价。

（2）成长期、成熟期

成长期的产品，可以维持一个稳定且适当利润的价格，偶尔也可以运用促销手段，以再度吸引消费者的注意。成熟期的商品其定价策略与成长期相同，但需随时注意观察，并准备新的替代品，待替代品准备好，在成熟期末端出清存货，如此周转的速度才会快，消费者也才会有鲜活的感觉。

（3）衰退期

已步入衰退期的商品应在举办促销活动时，尽快出清存货，如能收回成本，尽快出清就算是赚钱了。消费者对衰退期的商品，已经没有新鲜感了，此时周转率自然会变慢，而且还会产生“滞销品”或“残货”，所以我们宁愿出清存货而不要让商品变成滞销品，因为滞销品不但会占据宝贵的货架，而且在办理退货时超市还须付出更多的代价。

二、制定价格策略的程序

1. 选择定价目标

企业经营的目的是为了赚取利润，所以在制定价格之前一定要先确定目

标，按照目标的要求，保证企业利益的收回。

2. 确定需求

当供大于求时，则是买方市场，价格政策只能以一般的价格销售；当需求大于供给时，则是卖方市场，可以适度调高售价。尤其是生鲜果菜，常因季节、气候的变化而产生供需失调。

3. 核算准确成本

零售业的商品成本主要来自采购进价、经营费用、营业税金等，故其成本估算较制造业来的容易，但仍需考虑以下因素：进价成本变动的计算，一般采取加权平均法，以舒缓成本波动的幅度；是否有现金折扣、数量折扣；正常损耗的比率为多少；是否会有过时、过期的坏品；是否会失重（某些食品）。

4. 分析竞争对手的价格行为

在当今信息化时代，消费者可充分掌握市场商品资讯，尤其对于价格敏感度较高的消费者而言，更是可以多方比较，再予以取舍。故超市在决定售价或调整售价时，不得不考虑竞争对手现状或其可能的反应。例如，竞争不仅仅存在于同业，异业间有可能竞争替代；同样的商品在不同的零售业态，售价往往不同，因为价格并非消费者考虑的唯一要素等影响因素。

5. 选择定价方法

详细内容见本章第二节。

6. 选定最后的售价

连锁超市经营者在最后决定售价时，要重新审视下列各项：成本与品质的一致性；消费者的接受性；企业既定的价格政策；售价与其他营销组合要素协调性；主要竞争者可能的反应；不同区域的差异性。

三、常用的价格策略

前面所讨论的定价方法，只是要缩小定价考虑的范围，真正决定售价时，应采用一些合理价格策略，以吸引众多的消费者。常用的价格策略如下：

1. 低价策略

由于连锁超市最主要的特点是薄利多销，因此，同样两个超市，谁的价格偏低，顾客就选择谁。在商品定价之前，对于销售量大、周转速度快的一些日常用品，在进行充分市场调查的基础上，参照竞争对手的定价，尽量等于或小

于该种商品的平均市场价格，在消费者心中树立物美价廉的形象。

2. 心理定价策略

（1）尾数定价

尾数定价又称奇数定价，通常保留价格尾数，采用零头定价。例如，价格为9.9元而不是10元，使价格保留在较低一级的档次上，这种定价方式给人以便宜感，另一方面又因标价精确而给人以信赖感。

（2）整数定价

对于价格较高的商品，如高档商品、耐用品和礼品等则采取整数定价策略，它易使顾客产生"一分钱一分货"的感觉，提升商品的形象。

（3）声望定价

在顾客中有声望的企业、商店、牌号的商品，可以把价格订得比一般的商品高一些，消费者还是能够接受的。这种定价方法特别适合药品、饮食、化妆品及医疗等质量不易鉴别的商品定价。

（4）招徕定价

即用低价策略吸引顾客，有意降低几种商品的价格以招徕顾客，目的是吸引顾客在买这些商品时，也购买其他商品。

（5）习惯定价

许多商品在市场上已经形成了一种习惯。这一类商品不应轻易改变价格，免得引起顾客的不满。尽量在商品的内容、包装、容量等方面进行调整，而不采取升价的办法。日常生活中的饮料、大众食品一般都适用这种定价。

（6）分组定价

即把商品按不同档次、等级分别定价。使顾客便于按需要购买，各得其所。并产生一种安全感，又能简化手续，提高效率，便于管理，增加收益。

（7）"不二价"与弹性定价

不二价是指超市对于自己出售的商品都只定一个固定价格，不允许讨价还价。这种定价方式让人产生信赖感，是常用的方法。弹性定价允许顾客对售价进行还价，这种定价方法针对喜欢讲价的顾客。

（8）自动降价

所谓"自动降价"，是针对消费者心理而采用的一种促销技巧，主要做法是：首先，确定商品价格和首次上架的时间；其次，确定商品价格的折扣幅度和不同价格的保持时间，并公之于众；最后，在整个销售过程中，对超市该商品的拥有量保密。

运用这种定价技巧的关键是把握价格折扣率和不同价格的保持时间，如果在销售过程中泄露了存货数量，这种技巧就没有什么刺激性，同时超市也会遭受不必要的损失。自动降价技巧既适用于积压商品、滞销商品、拍卖，也适用

于优质畅销商品和时令商品。运用自动降价技巧的大忌是超市将此演变成欺骗行为。自动降价的商品质量必须有保证，即使是积压的滞销商品也应如此。

3. 折扣定价策略

（1）现金折扣

顾客可以在正常价格基础上购买商品后，再获得一定折扣金额，连锁超市有时采取在另一时间或地点返还折扣金额，使顾客产生"获得"的感觉。

（2）数量折扣

为了鼓励顾客多买货，根据其购买商品数量达到的标准，给予不同的折扣。买的商品愈多，一般折扣愈大。

（3）季节性折扣

季节性商品的供货商，对提前进货的中间商给予一定的价格优惠；或对已过时的商品折扣出卖，使得零售商店可以借此机会做季节性折扣。

（4）同业折扣

又称交易折扣、职能折扣、进销差价，是指生产企业或产地批发商为鼓励其他中间商多进货，按其不同的交易职能给予不同的价格折扣。一般做法是先定好商品的出厂价，然后按不同的差价率按顺序相加，依次制定各种批发价和零售价。一般来说，中间环节越多，折扣率也就 越大。

（5）推广折扣

中间商在进行广告宣传、布置橱窗、展销等推广工作时，超市对其给予一定的价格折扣，又叫让价。

（6）运费折扣

对离店较远的顾客，用减让一部分价格的办法弥补其全部或部分的运费。

（7）跌价保证

超市向买主保证，当生产企业调低商品价格时，对于买主的原有存货依数量退还，或补贴因跌价所造成的损失部分。这种办法对于买主是一种有效的保证措施，使他们安心进货而不用考虑进货损失，在竞争激烈或开拓市场时，有利于调动买主的积极性。

4. 差别定价策略

在连锁超市定价时，可以根据不同顾客、不同花色、式样的产品、不同时间和不同场所实行差别定价。如果蔬价格在早、中、晚价格有可能不同。

5. 销售赠品定价策略

对于利润高或竞争激烈的商品销售时采用带赠品的方法，由此来刺激高利润商品的销售。

6. 销售回赠法策略

如在特定节日或周末，采用“满 200 元返 50 元奖券”之方法，使之在本超市扩大消费和产生连带消费。

总之，企业只有从其经营的战略高度出发，采取灵活多样的价格策略，才能实现自己的经营目标。

第四节　商品价格管理

价格管理是指从“价格设定”到“价格维持”、“价格调整”等一系列管理流程。

一、商品价格管理的特点

1. 掌握主权的特点

连锁超市总部在制定价格时，必须掌握主导权、决策权、制定统一的定价政策。而零售业又是立地产业，各连锁分店的商圈特性均不完全相同，其各自面临的竞争对手也不相同，故总部价格决策部门有必要从各分店不断搜集价格信息，以此作为定价的重要判断因素。

2. 相对弹性的特点

针对不同的商业区或不同区域的连锁店，价格要有差异的弹性，因为分布在不同地区的连锁店，面对本地区的消费习惯特点等不同的竞争挑战，只有灵活的调整价格，才能生存发展。

3. 适当授权的特点

连锁超市总部适当授权各分店，增强各分店的价格应变能力。总部的授权非常重要，授权太大，固然有弹性较大、相对灵活的优点，但也会相对的造成市场价格的紊乱，造成总部无法控制的局面；授权太小，虽然易于控制，但各分店往往将之推卸为业绩不振的因素，而且也可能导致总部应变能力削弱。因此，总部在价格管理时应不断维持“适当授权”。

二、连锁超市价格调整

1. 超市价格调整的原因

超市一般碰到的最频繁的决定就是商品价格的决定，其中包括价格调整。

同时，由于超市不可能拥有与供求有关的完整、精确的信息，因此经常会发生一些差错而导致价格调整。

（1）采购商品的差错

采购上的差错表现在采购的商品发生差错或采购的商品数量过多。超市的采购会在商品的种类、尺寸大小、色彩、式样或价格范围上发生差错，同时也会因为对需求估计过高或没有预见将要出现的经济衰退而造成商品数量过多。不管是什么原因造成的差错，其结果均要降价销售，而且降价后的价格常常低于实际成本。

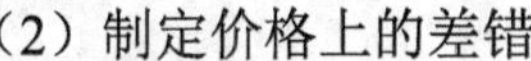

（2）制定价格上的差错

这时的降价是由于商品售价太高，影响到超市预期的商品周转速度和销售数量时而进行的。

（3）促销上的差错

这是指顾客不能得到或不能及时得到有关商品的信息，或超市的广告活动、促销员的销售活动、超市的促销活动未能取得预期效果，或店内商品陈列太不醒目或过于零星、分散，不能引起潜在顾客的强烈反响。为适应市场竞争、季节性和顾客对商品式样的偏好等可变因素，超市很有必要进行价格调整。

2. 超市降价控制

价格调整有两种形式，即提价或降价。提价是在原有价格上追加零售价格，这是在需求出乎意料的好时机或成本上升时运用的。超市最常用的价格调整方式是降价。顾客常从不同的角度来理解和解释降价，例如，该商品将被新型规格型号商品所替代；该商品退货量大，超市库存积压；该商品的销售旺季已过；该超市已陷入财政困难。

上述这些解释对超市的降价销售都会带来不利影响，并且可能损害超市形象，所以很有必要实施降价控制。

确定商品的降价幅度时，应以商品的需求弹性为依据。需求弹性大的商品只要有较小的降价幅度就可以使商品销量大增；相反，需求弹性小的商品则需要较大的降价幅度才会扩大销售量。但是，由于需求弹性小的商品降价可能会引起销售收入和销售利润的减少，所以掌握调价幅度时要慎重。超市调价时，应考虑的最重要的因素还是消费者的反应。因为调整商品的价格是为了促使消费者购买商品，忽视了消费者的反应，销售就会受挫，只有根据消费者的反应调价才能收到好的效果。

实施降价控制时，必须能对降价做出估计并修改最近各期的进货计划，以反映每次实施降价的理由。实施降价控制使超市管理人员能对各项政策的执行情况进行检查，如检查商品的储备方式、检查最近的新商品验收情况等。然而，超市可以通过仔细筹划、加大广告宣传力度、更好地培训员工并给他们较好的

报酬、在各分店之间更有效地分配商品以及将商品退回卖主等办法来避免某些降价。

3. 超市降价时机的选择

降价时机的选择是非常重要的。在很多情况下，超市会发现某些商品必须降价，但是做出决定却关系重大，要考虑时机的选择、考虑如何迅速地贯彻执行。尽管超市对降价时机有不同地看法，但必须在保本期内把商品卖掉却是共识。在保本期内，可以选择早降价、迟降价、交错降价和全店出清存货等方式。

（1）早降价

有较高存货周转率的超市一般都会采用早降价策略，实行早降价有以下好处：可以在还有一定市场需求的情况下顺利地将商品降价出售；与在销路好的季节后期降价相比较，实行早降价的策略中只需要较小的降价幅度就可以把商品卖出去；可以为新商品腾出销售空间；可以改善超市的现金流动状况。

（2）迟降价

迟降价策略的主要好处是能有充分的机会按原价出售商品，而不利之处正是早降价策略的有利之处。季节性商品在季末的时候打折出售虽然会亏本，但所收回的货款可以在投资到其他商品上，再创销售机会。

（3）交错降价

交错降价就是在销路好的整个季节期间将价格逐步降低。这种方式往往和“自动降价计划”结合运用。在自动降价计划中，降价的幅度和时机选择是由商品库存时间的长短所制约的，如表 6.1 所示。

表 6.1　库存时间与降价幅度的关系

库存时间	降价幅度（按原价）
14 个销售日	20%
21 个销售日	40%
28 个销售日	60%

4. 全店出清存货

全店出清存货是超市定期降价的一种方式，通常一年进行两三次。这种策略可以避免频繁降价对商品正常销售的干扰，其目的是在实时盘存和下一季节开始之前把商品清除出去。全店出清存货与自动降价政策相比，其优越之处在于：为按原价出售商品提供了较长期限；频繁降价会破坏顾客对卖场

正常定价政策的信任，而全店出清存货可避免这一点。

三、连锁超市商品贡献度分析与毛利目标模型的建立

1. 超市商品贡献度分析

商品定价最重要的是要能确保利润，否则企业的经营就没有意义。超市的商品计划人员经常变换价格，以对抗同行的竞争或适应进货成本的变化。但单一商品的价格变化也会牵动整体商品毛利率的变化，因此商品计划人员必须能够精确地推测出价格变动后所产生的后果，而这种推算方法即称为“贡献度计算法”。

贡献度地计算法如下：将商品结构比乘以商品毛利率，所得的结果就是该类商品对整体毛利率的贡献程度，这就是贡献度分析。贡献度数额越大，表示该类商品在超市所占的地位越重要，是超市的主力商品。

以往在收银机尚未普遍使用时，超市计算毛利率的方法是利用公式：毛利率＝（毛利额÷营业额）×100%，此方法很难了解某种商品在调整价格后对整体毛利率结构的影响。但自从超市普遍采用收银机后，各部门的毛利率和贡献度都可以进行计算，因此也渐渐可以发现某种商品价格的变动对整体毛利率的影响。

在商业步入自动化后，超市将逐步迈入 POS 时代，POS 采用单商品管理，在导入进销存系统后，超市随时可了解某种商品在一段时间内的进、销、存状况，甚至在月底盘点结束后可以按销售数量、销售金额的多少排出所谓的销售排行榜。这样做不仅可了解各部门的贡献度，也可了解各商品的贡献度，表 6.2 是某超市各类商品所占的销售结构比、毛利率及贡献度的情况。

表 6.2 某超市各类商品所占的销售结构比、毛利率及贡献度

单位：%

部　门	结构比（A）	毛利率（B）	贡献度（C＝A×B×100%）
果　菜	13	18	2.34
水　产	8	25	2.00
畜　产	16	24	3.84
日　配	20	18	3.60
一般食品	18	15	2.70
糖果饼干	8	15	1.20
日用百货	12	18	2.16
烟　酒	4	8	0.32
米	1	8	0.08
合　计	100		18.24

从表 6.2 可以看出，果蔬类商品所占的销售结构比是 13%，毛利率是 18%，贡献度是 2.34%。我们再进行细分，可以得到表 6.3。

表 6.3　某超市果菜类商品的销售结构比、毛利率和贡献度

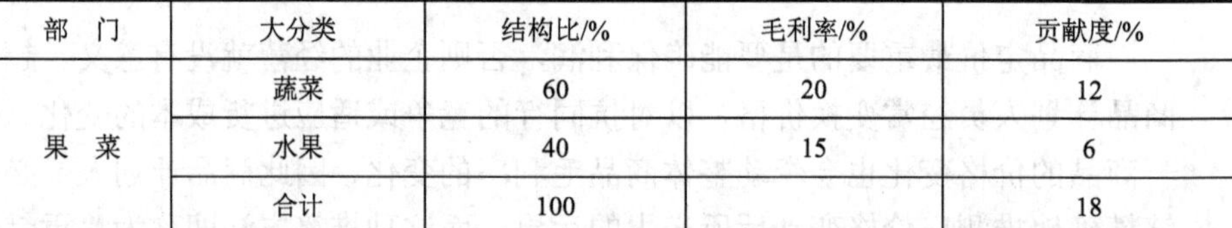

部　门	大分类	结构比/%	毛利率/%	贡献度/%
果　菜	蔬菜	60	20	12
	水果	40	15	6
	合计	100		18

了解了蔬菜、水果的贡献度。也等于大致了解了蔬菜、水果的价格调整度对超市整体毛利率的影响。我们假设结构比不变，那么各部门价格的变动（毛利率的变化）对超市整体毛利率的影响如表 6.4 所示。

表 6.4　各部门价格的变动对超市整体毛利率的影响

单位：%

部门	结构比（A）	正常		调低		调高	
		毛利率（B）	贡献度（C）	毛利率（D）	贡献度（E=A×D×100%）	毛利率（F）	贡献度（G=A×F×100%）
果　菜	13	18	2.34	5	0.65	25	3.25
水　产	8	25	2.00	20	1.60	28	2.24
畜　产	16	24	3.84	20	3.20	30	4.80
日　配	20	18	3.60	15	3.00	20	4.00
一般食品	18	15	2.70	12	2.16	16	2.88
糖果饼干	8	15	1.20	12	0.96	16	1.28
日用百货	12	18	2.16	15	1.80	20	2.40
烟　酒	4	8	0.32	8	0.32	8	0.32
米	1	8	0.08	8	0.08	8	0.08
合　计	100		18.4		13.77		21.55

由表 6.4 我们可以了解到，价格的变动对超市整体的毛利率会有极大的影响。因此我们不仅要了解部门的价格影响，还要了解个别商品价格的变动对超市整体毛利率所产生的影响。运用贡献度的计算方法，我们可以了解价格调整对整体的销售是否有帮助以及价格调整的适当幅度。

假设该超市为促销牛肉，拟将毛利从 30%降到 20%，使牛肉的销售结构比由 25%增加到 40%，但此变化可能也会使同部门的猪肉、鸡肉的销售受到影响，整个畜产部门的营业额将由每天的 8 万增加为 10 万元。表 6.5 为牛肉降价前畜产部门的商品结构比，表 6.6 为牛肉降价后畜产部门的商品结构比。

表 6.5　牛肉降价前畜产部门的商品结构比

大分类	结构比/%	毛利率/%	贡献度/%
牛　肉	25	30	7.5
猪　肉	40	15	6.0
鸡　肉	20	28	5.6
加工肉	10	40	4.0
其　他	5	18	0.9
合　计	100		24.0

表 6.6　牛肉降价后畜产部门的商品结构比

大分类	结构比/%	毛利率/%	贡献度/%
牛　肉	40（升高）	20	8.0
猪　肉	30（降低）	15	4.5
鸡　肉	15（降低）	28	4.2
加工肉	10	40	4.0
大分类	结构比/%	毛利率/%	贡献度/%
其　他	5	18	0.9
合　计	100		21.6

由表 6.5 和表 6.6 可以了解到，整个畜产部门的毛利率因为牛肉的降价而由原来的 24%降为 21.6%。若畜产部门原本每日的营业额为 8 万，其毛利则为 80 000×24%＝19 200 元。降价后，虽然毛利率降低，但营业额可能会提高到 10 万元，故毛利为 100 000×21.6%＝21 600 元。就畜产部门来说，牛肉降价尚不至于给部门带来负面的影响（毛利增加了 21 600－19 200＝2400 元），但却可带来整体营业额的提高（来客数量增加），所以此降价行为还算值得。

2. 超市毛利目标模型的建立

贡献度计算法是建立和掌握毛利的最好模型。建立超市毛利模型的步骤为：

1）了解盈亏平衡点的毛利以及超市想获得的投资报酬率。例如，某超市每月预计销售额会达到 2500 万元，而每月需支出的费用 500 万元，则毛利率最少要达到 20%×（500÷2500×100%＝20%）超市才能盈亏平衡。假设该超市拟定的利润率是营业额的 3%，则毛利率就必须设定在 23%。

2）了解同行各种商品的结构比。

3）了解同行各种商品的毛利率。

4）参考同行的结构比和毛利率，设定本超市各部门的结构比和毛利率，并求出贡献度。

5）依据各部门设定的毛利，设定大分类的结构比、毛利率和贡献度。

6）设定各种商品的结构比、毛利率和贡献度。

7）按设定的毛利率、采用加价法求出各商品的售价。

商品价格变动时，应计算贡献度的变化，以决定是否调整价格以及价格调整的幅度。

四、应对价格挑战

“价格战”是经营企业最直接且危险的竞争手段，而连锁店在遭遇竞争对手的价格挑战时，应如何自处呢？我们可以从下列几种层面来探讨：

1. 了解价格挑战是来自整体性还是区域性

区域性的价格变动与整体性的价格变动对于超市来说应对的策略是不同的，因此，在价格战之前，应多方面搜集信息，了解价格变动的情况。

2. 商店所销售的商品是以日常用品还是奢侈品为主

以日用品为主的超市，其替代性较高，价格影响性较大，而连锁超市的应对的措施为：不动声色，维持原价；增加其他服务；相同商品降价；选择其他不同商品降价；不销售相同的商品或品牌。而以奢侈品为主的商店，价格相对影响性较低，连锁超市的应对措施包括：维持原价；维持原价，增加其他服务；维持原价，提高相对认识品质。

3. 了解市场变动情况

连锁超市要考虑应对降价的损失金额是多少，持续期间会有多长，竞争对手或其他潜在对手是否有下一轮的反制活动。只有了解了竞争对手的情况，才能做到知彼知己，做出相应的价格对策。

4. 对于连锁超市的企业价格定位以及企业形象是否有影响

当价格调整时，要考虑连锁超市的总体定价目标，是以高价位为总体定价目标，还是以中价位或低价位为整体定价目标，只有这样才能做好商品价格的调整。

基本上，连锁超市在面对“价格挑战”时，其策略出发点仍以“非价格竞争”的手法应对为宜，采用“价格竞争”应对是万不得已的险招。

复习思考题

一、选择题

1．消费者购买商品时，都有自己所能接受的价格带，如果商品的价格

（　　）价格带，顾客可能接受，销售量也会增加。

A．高于　　B．低于　　C．等于　　D．不确定

2．为维持生存，超市必须制定一个较低的价格，能弥补（　　）和一部分固定成本。

A．可变成本　　B．生产成本

C．半变动成本　　D．营业成本

3．经营者在为商品定价时，使整体的定价目标高于（　　）所需的毛利率目标，才能获取利润。

A．目标利润　　B．损益平衡点

C．求发展　　D．最大利润率

4．连锁超市统一定价的特点是指（　　）。

A．统一价格　　B．统一价格权

C．总部定价　　D．分店不能定价

5．连锁经营的价格种类应该（　　）。

A．多　　B．少　　C．不多不少　　D．一般

6．对于独家销售的商品，（　　）定价法比较适用。

A．售价加成　B．竞争导向　　C．区分需求　　D．成本加成

7．下列（　　）不属于定价时应考虑的与整个市场经营的关系。

A．商品组合　B．广告宣传　　C．客层定位　　D．促销方法

8．导入期的商品应采用（　　）的价格出售。

A．较高　　B．一般　　C．较低　　D．中等

9．连锁超市降价时应考虑的最主要的因素是（　　）。

A．消费者的反应　　B．降价时间

C．降价幅度　　D．降价措施

10．商品贡献度的计算是建立和掌握商品（　　）的最好模型。

A．利润总额　　B．毛利　　C．目标利润　　D．净利润

二、填空题

1．超市制定价格时，最重要、更具体的是要考虑消费者因素、______、______以及超市的经营策略。

2．当连锁超市______、______、服务水平高等情况下时，就可以采用较高的价格以获取最大的利润率。

3．成本导向定价法是一种按______定价的方法。

4．理解价值定价法认为决定商品价格的关键因素是______，而不是______。

5．连锁超市总部在制定价格时，必须掌握______、______，制定统一的

定价政策。

6．超市最常用的价格调整方式是______。

7．超市贡献度数额越大，表示该类商品在超市所占的地位______，是超市的______。

8．连锁超市商品主要获利的方式包括______、______、______或其他补贴。

三、名词解释

1．统一价格　　2．成本导向定价法

3．成本加成定价法　　4．目标收益定价

5．差别定价法　　6．同业折扣

7．价格管理　　8．贡献度分析法

四、简答题

1．商品零售价格的主要影响因素有哪些？

2．连锁超市商品的定价目标是什么？

3．连锁超市常用的定价方法有哪些？

4．简述制定价格策略的程序。

5．简述连锁超市价格调整的原因及降价时机的选择。

五、绘制图表题

1．绘制超市各类商品销售结构比、毛利率及贡献度。

2．绘制超市各部门价格的变动对整体毛利率的影响表。

3．绘制超市牛肉降价前畜产部门的商品结构比表。

案 例 分 析

超市定价精确到“分”

在位于沈阳市中心街的一家超市里，许多商品的价格里都有”9”，如 1.99、5.99、9.99 等。但在收银台结账时收银员只收整钱，而不找零。该店工作人员说，现在没有分币无法找零。顾客在超市买的商品总价尾数如果小于 4 分就舍去，如果超过 5 分就按 1 角收费。为了吸引消费者的眼球，各个大型超市都有特价促销的商品推出。这些商品共同的特点就是大多数价格都定到了“分”，从 1.09 元到 239.99 元，不一而足。据调查，目前国内很多超市都使用四舍五入方式的收款。

超市按四舍五入方式收钱已经成了司空见惯的事，大多数消费者都觉得没有什么大不了的。大多数顾客认为“虽然这次买的商品零头超过5分钱超市多收钱了，但下次再买东西时零头不够5分，超市不就给抹了吗？谁也没吃亏。”但是有一位细心的顾客却算了这样一笔账：1、2、3、4有4个数，5、6、7、8、9有5个数，按概率算，“舍”的概率为44.44%，而“入”的概率为55.56%。也就是说，超市比顾客多11.12%的机会。“舍”与“入”相抵之后，还是超市多赚了钱。由此可见，四舍五入其实并不公平。而且，超市常常将商品的价格尾数定在9，除非消费者同时购买6件这样的商品，才可能让总价格的尾数降到4。虽然消费者得到了抹零的机会，但是超市从这6样商品中获得的利润肯定高于抹掉的那4分钱。

沈阳市消费者协会的工作人员在接到笔者咨询电话后说，超市把货物的单价精确到分是一种市场定价行为，行政部门是无权干涉的。超市因为不找零而多收消费者的钱款应该属于不当得利，消费者可以到消协对其进行投诉。辽宁金源丰律师事务所的王乃龙律师说，“虽然随着物价的上涨，分币已经渐渐淡出了人们的生活，但是它也仍然是国家法定货币，并被允许在市面上流通，经营者不能拒绝找分币零钱。除非双方明确约定以四舍五入来计算，否则，就是违反了公平交易原则。”

一位超市的负责人说，现在分币在市面上很少使用，就算找分币给消费者，他们也花不出去。而且如果找零，超市一天最少也得准备数百元的分币，超市收银员会因此增加不少工作量，超市去银行兑换分币也是个问题。与其这样，还不如用四舍五入的方式收款。如果超市想用低价的商品来吸引消费者，就要拿出诚意来，几分钱虽少，但是对超市信誉会造成一定的影响。既然做不到“有零找零”，超市在定价时就不要玩这种数字游戏，给商品定出一个明确的价格，真正给消费者实惠，才能真正留住顾客。

（资料来源：http://info.biz.hc360.com/2005/11/09115038538.shtml）

思考与讨论

1. 分析连锁超市销售商品利用了消费者的什么购买心理？
2. 连锁超市主要运用了哪些价格策略？
3. 理论联系实际，结合你周边的商场、超市，提出一些行之有效的定价策略。

第七章

连锁超市促销策略

【学习目的与要求】

本章重点阐述了连锁超市的商品促销策划、商品促销方式、商品促销策略以及商品促销活动的实施与管理。通过本章学习，掌握连锁超市会员制促销策略、POP促销策略、广告促销策略、公关促销策略以及服务促销策略。理解连锁超市的商品促销策划方案及从营业推广和公共关系活动两个方面所进行的商品促销方式。了解商品促销活动的效果评估与管理。学习对连锁超市商品促销活动进行设计与策划，以便熟练的运用多种商品促销方式与策略来解决实际问题。

兰州华联超市的促销活动

兰州华联将大力度的促销作为其经营手段之一，广泛地促销活动是其提升业绩、争取顾客，积极参与同业竞争的有效手段。华联特别注意在"元旦"、"春节"、"五一"、"国庆"等黄金周上做好促销文章。2007年国庆期间，兰州华联进行了一次大规模的商品促销活动——"购物满100元送40元购物券"活动，活动取得了较好的效果，10月1日当天，红星店销售318万元，西宁店销售211万元，西固店销售113万元，三店均创造了各自开业以来的销售新纪录。促销活动不仅仅包括卖场内部的促销，还包括促销活动准备和市场开发等工作。这就要求促销活动不仅仅要把商品推销出去，还要进行商圈调查、顾客分析、组织协调等一系列的工作。在形式上，兰州华联采取广告促销、人员促销、公共传播等促销手段，取得了促销活动的成功，这说明了商业零售业发展到今天，促销活动已经成为零售企业经营活动中不缺少的一部分。

（资料来源：http://hi.baidu.com/paxlx/blog/item/bf916d60339f35d48db10d86.html）

第一节　商品促销策划

连锁超市的促销活动以连锁公司总部的战略促销计划展开，促销活动能否实现其预期目标，达到促销活动的效果，关键在于是否有创意、是否周密详细。促销策划大致分为明确促销目的、选择促销时机、选定促销商品、确定促销主题、选择促销方式、选择促销媒介及确定促销预算七个步骤。连锁超市促销策划步骤如图7.1所示。

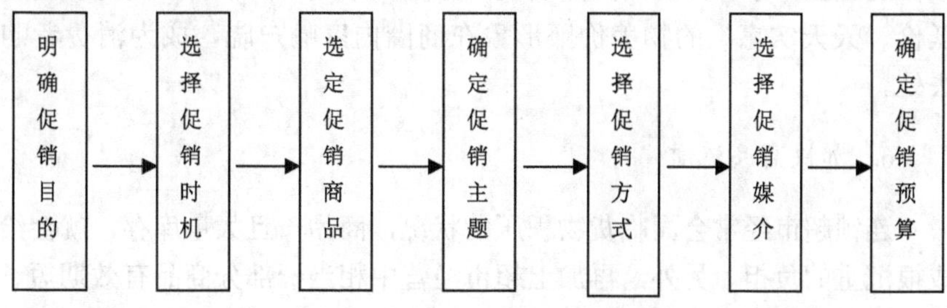

图7.1　连锁超市促销策划步骤

一、明确促销目的

促销的一般目的是通过向市场和消费者传播信息，以促进销售、提高业绩。连锁超市在不同时期会有不同的促销目的，促销目的不同促销方式也就不尽相同。因此，在进行促销策划时，首先要明确具体的促销目标，这样才能收到事半功倍的效果。超市促销一般有以下几种：

1. 提高营业额

大多数促销活动都是围绕着提高营业额来进行的，特别是在超市展开激烈竞争争夺消费者时，他们往往会想方设法的稳定营业额，保住市场占有率。

2. 增加利润额

利润是企业追求的目标，提高利润是超市活动的基本方向，各种各样的促销活动会给超市带来利润额的增加，从而使超市营业额扩大，效益提高。

3. 提高来客数

连锁超市重点经营日常生活必需品，顾客大部分会有意无意的购买商品，空手而归者非常少。因此提高来客数不仅可以造成生意兴隆的景象，而且还可以带动销售额的增加。例如，提供便利的交通设施，备有充足的停车场，开展一些精彩的演出活动等，都会使来客人数增加。

4. 提高客单价

客单价是指平均每位顾客到超市所实现的购买额，提高客单价可以在保证来客数相对稳定的基础上使总体销售额增加。

5. 提升企业形象

超市可以通过特色经营、特色商品、特色服务等开展促销活动，形成独具个性的企业形象，并提高其知名度。如人人乐超市的独特经营方式，以“天天低价、天天实惠”的物美价廉形象在商圈内家喻户晓，成为消费者购物的好去处。

6. 加快商品流通

连锁超市经常会面临货物积压的状况，商品一旦大量库存，就会给企业造成很沉重的负担。另外，再加上超市经营中相当一部分商品有效期短、时令性强。因此，相应的促销活动可以有效地降低库存，减少商品积压，及时回收资金，加快商品流通。

7. 应对竞争对手

促销是连锁超市应对竞争的重要手段。一系列新奇、实惠、有效的促销活动，会使消费者对该超市的商品购买欲望增加，从而有效的击败竞争对手。

二、选择促销时机

选择促销时机是促销活动策划的重要内容。同样的促销活动由于所展开的时机不同，花同等的费用却会产生不同甚至截然相反的效果。因此，良好的促销活动必须把握住时机。选择促销时机应注意以下两方面问题：

1. 促销活动的延续时间

（1）长期促销活动

一般延续时间在一个月以上的促销活动称为长期促销活动。其目的是希望营造超市的差异优势，从而增强顾客对超市的认同感和向心力，以确保顾客长期来超市购物。如提供免费的停车场，购买量超过一定金额可享受免费赠送商品，经常向顾客赠送资料等。长期促销活动应持之以恒，从开始到结束始终如一，以树立良好的企业形象。

（2）短期促销活动

短期促销活动通常为 3～7 天。其目的是希望在有限的时间内，通过特定的主题活动来提高来客数和客单价，以达到预期的营业目标。短期促销活动不宜将时间拉得过长，否则会使顾客缺乏新鲜感，结果影响促销效果。

2. 促销时机的选择和把握

由于季节、气候、节假日不同，顾客的消费习惯和消费需求也会有很大差异，因此把握好时机在很大程度上就等于把握了消费需求，在不同的时机采用适当的促销方式会收到非常好的效果。超市常采用的促销时机有：

（1）季节

连锁超市以经营日常生活用品为主，季节不同会有不同的市场需求。春、夏、秋、冬四季都可以成为超市促销的好时机。通常情况下选择该季最畅销的商品种类或品牌进行促销，其促销效果会非常显著。

（2）月份

商品促销有淡季、旺季之分，一般而言，3 月、4 月、7 月、8 月和 11 月份经常是淡季。在淡季做促销工作，使淡季不淡是非常重要的。比如，进行特价销售，推出特色商品销售以及附赠品销售等活动来激发消费者的需求动机，以增加营业额。

（3）日期

一般而言，由于发薪、购买习惯等因素，顾客在一个月或一个星期中的购物是不平衡的，月初的购买力比月底强，周末的购买力比平日强。因此，促销活动应与日期相配合，有针对性地进行促销活动。

（4）天气

天气变化会影响客流量，而对超市来说，客流量则意味着营业额，一旦天气变差，超市的来客就会比平日少，营业额往往会减少5%～10%，因此，如何在天气不好的时候为顾客提供价格合理、鲜度良好的商品以及舒适的购物环境（如伞套、伞架、外送服务、防滑垫、干爽的卖场等），也是促销策划中应考虑的因素。

（5）温度

需求会随自然环境的变化而变化，气温一高，空调、饮料、冰品等类商品销售量就会上升，而温度降低，火锅、生鲜食品等的销售量会显著提高。

（6）节假日

节假日已成为超市促销选择的重要时机，根据不同的节假日，可以抓住商机，策划不同的促销活动，以增加营业额，提高利润。

节假日通常可分为以下几类：①国定节日，如元旦、春节、“五一”国际劳动节、“十一”国庆节等；②西方节日，诸多年轻人对其情有独钟，如圣诞节、情人节、母亲节、父亲节等；③宗教节日，如开斋节、圣诞节、复活节、感恩节等；④民俗节日，如元宵节、端午节、中秋节、重阳节等。

三、选定促销商品

消费者的基本需求是希望买到价格合适的商品。因此，促销商品的品种、价格是否具有吸引力将直接影响到促销活动的成败。一般来说，促销商品有以下四种。

1. 节令性商品

根据季节和节日选择时令性促销商品，如夏季选择饮料、冰品等，冬季则选择羽绒服、床上用品等商品进行促销，会收到良好的效果。

2. 敏感性商品

敏感性商品一般属于生活必需品，市场价格变化较大，而消费者极易感受到价格的变化，比如鸡蛋、大米、食用油等，选择这类商品作为促销商品时，在定价上只要稍微低于市场价格，就能有效地吸引更多的顾客。

3. 大众性商品

大众性商品一般是指品牌知名度高、市场上随处可见、替代品较多的商品，

比如化妆品、保健品、饮料、啤酒、儿童食品等，选择此类商品作为促销商品往往可以获得供应商的大力支持，但同时应注意将超市的促销活动与大众传播媒介的广泛宣传相结合。

4. 特殊性商品

特殊性商品主要是指超市自行开发、使用自有品牌、市面上无可比较的商品。这类商品的促销活动主要应体现商品的特殊性，价格不宜定得太低，但应注意价格与品质的一致性。

无论选择哪种商品作为促销品种，都应坚持两个基本要点：一是要选择顾客真正需要的商品；二是要选择能给消费者带来实际利益的商品。

四、确定促销主题

连锁超市在开展系列促销活动或进行整体促销时，需要设计一个统一、鲜明、有特色的主题，使其系列活动或各分店的活动形成一个有机的整体。

1. 促销主题的选择

一个良好的促销主题往往会产生非常强的感染效果，因此应针对整个促销内容拟定具有吸引力的促销主题。促销主题的选择应把握以下两个方面：

（1）促销主题要突出“新”字

促销内容和促销方式要独特新颖，要有自己鲜明的个性，促销口号要简明扼要、高度概括、悦耳动听、琅琅上口，从而使促销主题具有强烈的感召力和吸引力。

（2）促销主题要突出“实”字

促销主题要形象化，既要有吸引力，又要体现人情味，使顾客倍感亲切，能够体会到实际的利益所在（即得到更多实惠），从而调动起他们的购买欲望。

2. 促销主题的分类

依据促销的主题来划分，促销活动大致可以分为以下几种：

（1）开业促销活动

开业促销是促销活动中最重要最关键的一种，因为它只有一次，而且与潜在的顾客是第一次接触，超市的商品、价格、服务、气氛、环境等会给顾客留下极深的印象，这些会影响到他们日后是否有再度光临的意愿。因此，超市经营者无不对开业促销活动进行精心布置、充分准备，希望图个好的兆头。通常，超市开业当天的业绩可达到平时业绩的 5 倍左右。

（2）周年店庆促销活动

周年店庆促销仅次于开业促销活动，也是一项很重要的促销活动，因为每

年只有一次。周年店庆促销期间，商品供应商往往都会给予较优惠的条件，以配合超市的促销活动，从而达到共赢的目的。因此，周年店庆促销活动如果策划的细致周密，实施良好，其促销业绩可达到平日业绩的1.5～2倍。

（3）例行性促销活动

例行性促销活动通常是为了配合国定节日、民俗节日及地方习俗、行事等而举行的促销活动。一般情况，超市每月都会举办2～3次例行性促销活动，一方面可以吸引新顾客光临，提高来客数；另一方面可以激发老顾客的购买欲望，增加营业额。在例行性促销活动期间，其业绩通常比非促销期间提高20%～30%。

（4）竞争性促销活动

竞争性促销活动往往发生在同行业竞争店比较密集的地区，由于各种经营业态的兴起，加上同行业各分店距离太近，彼此之间争夺顾客会时有发生，因此，在竞争店采取特价促销或周年店庆促销活动时，通常会推出竞争性的促销活动。比如特价销售、试吃、附赠品等以保持其营业额的稳定。

五、选择促销方式

促销方式是促销活动的一个重要内容。促销方式应该以促销目标、促销主题及促销商品的特点为依据，再根据促销效果和超市在不同时期的需要来选择合适的促销方式。

连锁超市举办促销活动时，往往通过营业推广的方式以提高超市对顾客的吸引力，同时结合公共关系活动来建立良好的企业形象，提高其知名度及信誉度，逐步稳定其市场。所以，促销方式可以从营业推广和公共关系活动两个方面进行选择。详细内容见本章第二节。

六、选择促销媒介

超市举行促销活动，必须通过相应的媒介把信息发布出去，媒体的种类很多，而且日新月异。因此，选择促销媒介应根据促销活动的方式、商圈范围、顾客特点、媒体本身的运用情况及成本来定夺。

1. 电视

电视突出影像、声音和动作，对消费者的视觉和听觉具有有很强的吸引力，再加上观众对其注意力集中。因此，其宣传效果是非常显著的。其局限性在于成本较高，电视广告混杂繁多，宣播瞬间消逝，消费者选择性小。

2. 报纸

报纸具有灵活性、及时性等特点，且对当地市场覆盖面大，读者接受广泛，

可信度高。其局限性在于寿命短、复制质量差、传阅者少。

3. 杂志

杂志的地理位置和适应人群选择性强，内容可靠，信誉好，且复制质量高、寿命长，便于读者传阅。其局限性在于广告购买等待时间较长，刊登时间和位置没有保证。

4. 广播

广播覆盖面广，使用人数多，成本较低。其局限性在于只能给消费者听觉上的刺激，比电视的效力低，而且一播即逝，给听众留下的印象不深。

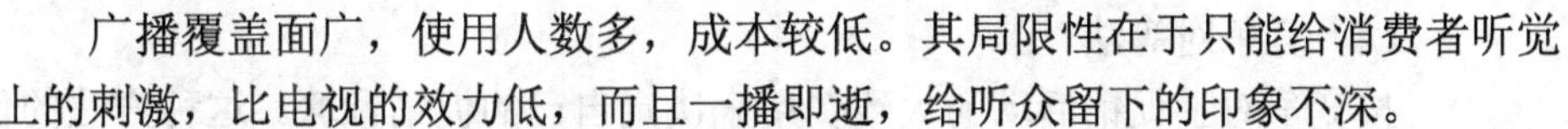

5. 宣传单

宣传单针对性强，个性鲜明，使消费者对商品的功能特点等一目了然，便于顾客选择，成本较低。其局限性在于发放地域有限，众知性不高，宣传力度不强。

6. 户外广告

户外广告富于灵活性，展示内容重复率高，成本较低，竞争相对较小。其局限性在于不能选择观众，创造性比较有限。

7. POP 广告

POP 广告对顾客有较强的刺激性，可激发顾客增加购买量，同时还可以唤起顾客的联想力，从而留下深刻的印象和感受。其局限性在于不能很好地吸引新顾客的光临，只能激发老顾客的购买欲望。

七、确定促销预算

通过促销预算来合理确定各项促销费用，保证促销活动的顺利进行。确定促销预算的原则是：由于促销而为企业增加的贡献应当大于促销费用的支出。连锁超市促销预算包括两项内容：一是所需资金量，二是资金的来源。

1. 促销预算常用的方法

（1）营业额比例法

根据超市营业额的一定比例来提取促销费用，这个比例系数的大小不定，因企业状况不同，市场需求不同，会有很大差异。这种方法简单、明确，易控制，便于操作。其局限性是调整起来较慢，缺乏弹性，未考虑促销活动的实际需要，会影响促销效果。

（2）逐项累计法

按照年度促销计划设定的促销活动，逐项累计所需要的促销费用，比如广告费、人员宣传费、公关费、礼品费等。这种方法的优点是：以促销活动为主导，能够充分考虑到实际需要。其局限性在于各项促销费用繁多，总费用支出较大。

（3）量入为出法

根据企业的财力来确定促销预算。这种方法的优点是：能确保企业的最低利润水平，不至于因促销费用开支过大而影响最低限度的利润。其局限性在于由此确定的促销预算与最优预算支出水平会有一定出入，可能低于它，也可能高于它。

（4）竞争对等法

按竞争对手促销活动的大致费用来决定自己的促销预算。这种方法的优点是：能借助他人的预算经验，为自己做促销预算提供借鉴，而且有助于保持本公司的市场份额。其局限性在于：情报未必真实可靠，且每家超市的具体情况不同，不便于操作。

（5）目标任务法

根据促销目的和促销任务来确定促销预算。这种方法的优点是：注重促销效果，使促销预算能够满足实际需求。其局限性在于：促销费用的确定带有一定的主观性，且促销预算不易控制，会给企业造成一定的经费负担。

2. 促销费用来源

由于生活日用品、食品等在连锁超市及便利商店中的销售比例日益上升，而提供这些商品的厂商主要依靠超市售卖。因此，厂商与超市共同负担促销经费已是大势所趋。其主要做法有：

1）将厂商的促销活动融入超市的促销计划。比如由厂商提供产品的样品及附加的赠品；举办推广特定厂商商品的促销活动，其促销费用由该厂商负担；配合厂商在大众媒体所作的促销活动，以及在店内开展优惠促销活动等由厂商分担相关促销费用。

2）厂商向超市租用卖场的特定位置及相关设备，以推广其商品。比如租用端架或大量陈列区；促销活动所用的样品、赠品、购物袋和手推车上附加广告的费用；利用店内灯箱、货架槽沟做广告的权利金以及店内各项POP广告等由厂商承担相关费用。

第二节　商品促销方式

一、营业推广

营业推广也称销售促进，是商家在商品销售过程中，为刺激消费者购买其

商品而采取的能给消费者带来直接利益的促销方式。他是一种直接用利益来刺激顾客需求的辅助性、临时性促销方式。其特点是：见效快，顾客反应迅速，促销效果显著。但是，这种促销方式如果运用不当会产生负面效应，使顾客怀疑商品质量及价格的可靠性与真实性，从而贬低商品身价。营业推广是超市最重要的促销方式，常用的促销方式有：

1. 人员促销

人员促销是通过推销员的口头宣传来说服顾客，实现商品销售的一种直接促销方式。其特点是：推销员与顾客能进行双向交流，在顾客充分了解商品的特点的基础上激发其购买欲望。其促销效果与促销人员的推销技巧密切相关。

2. 特价销售

特价销售又称打折销售或折扣优惠，是在一定时期内，对店内部分或全部商品实行优惠售卖，它是连锁超市最常用的销售方式之一。通常情况下，这种特价销售活动会增加客流量和营业额，在一定程度上会提高企业知名度。

3. 优惠券

优惠券是一种顾客优惠购买某种商品的凭证，超市可以在指定地点发放，也可以刊登在报纸和宣传广告上。其特点是：可以刺激消费者试用，扭转其消费偏好，可以增加促销商品的市场占有率，提高其市场竞争力。

4. 附加赠送

附加赠送是指当顾客购买金额达到一定量后，可获得相应奖品或奖金，鼓励顾客增加购买。其特点是：可以激发顾客的潜在购买欲望，增加营业额，还可以有效地排斥竞争者。在运用这种促销方式时，一要注意其适用范围，二要注意持续时间不宜过长。

5. 有奖销售

有奖销售是指企业根据自身的销售现状、商品性能及顾客需求情况，通过给予一定比例的奖励来刺激顾客的购买欲望，促进其购买商品，进而达到扩大销售、提高效益的目的，它可以通过抽奖与竞赛等方式来进行。其特点是：对顾客的刺激性较大，容易提升超市的销售额，同时还会提高消费者对超市的忠诚度，从而提高了超市的知名度，其促销效果非常显著。

6. 样品赠送

样品赠送是指向消费者免费赠送商品样品，以鼓励其使用的销售促进活

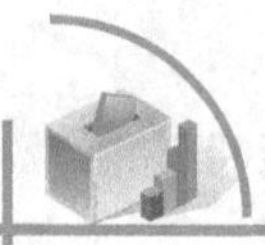

动。这种促销方式的特点是：能充分向顾客展示商品特性，容易获得消费者参与，从而使该商品得到公开宣传，扩大影响，提高其市场占有率及销售额。

7. 以旧换新

以旧换新是拿旧产品来换超市的新产品，并补齐差额的一种促销方式。其特点是可以巩固和发展新老顾客，建立顾客对品牌的忠诚度，以扩大其销售额且有助于树立产品的品牌形象。

二、公共关系促销

公共关系促销简称公关促销，是指通过商业企业的公共关系活动，使其与社会各界建立良好的支持与合作关系，从而以企业的知名度、美誉度来带动商品销售的间接销售方式。连锁超市常用的公关方式，是通过富有创意的活动或事件，使其成为大众关注的焦点，以吸引媒体的报道及消费者的参与，最终达到提升企业形象和促进销售的目的。常用的公关促销方式有：

1. 宣传活动

利用各种传播媒体和传播方式，比如人际传播和大众传播，以扩大企业知名度，让社会各界了解超市及其商品，为其自身的发展赢得社会各界的支持与合作。

2. 服务型活动

公共关系促销的基本原则是互利互惠，公共关系以一定的利益关系为基础，他强调的是企业利益与员工利益的协调发展。因此，培养员工塑造良好的企业形象，不断开发真实新颖的服务项目，传递企业的优质服务及特色经营理念，从而树立超市良好的市场形象。

3. 公益服务活动

超市可以在公益事业方面投入一定的资金和时间，如赞助运动会、资助文化比赛、为失学儿童募捐、到公园和路边提供便民服务等活动，为企业营造良好的社会环境，从而获得社会的赞誉。

4. 娱乐型活动

定期举办一些有价值的大型娱乐活动，借助艺术、音乐、文化、体育及名人效应等吸引客流量，提高超市及其商品的知名度，以达到扩大销售、提高利润的目的。

5. 教育型活动

在21世纪的当今社会，新知识、新产品不断涌现，消费者的需求也在不断发生变化。因此，超市可以举办一些烹饪技巧、化妆技巧、插花技巧以及健身技巧等知识讲座等，帮助消费者树立新的消费观念，从而引导消费新潮流。

6. 企业形象促销

企业形象促销是指利用企业所确定的、经社会公众认识和评价的理念系统、视觉系统和行为系统，来促进商品销售的一种间接促销方式。其目的是建立企业的差异优势，突出本企业的优质产品及周到服务，并注重企业的文化价值，从而给社会公众留下良好的整体印象，为企业建立良好的社会氛围，以赢得社会公众的支持与配合。

由于促销活动的层面相当广泛，连锁超市必须以整合的思想，并结合相关营销策略，综合运用各种促销方式，才能有效实现其预期的目标。

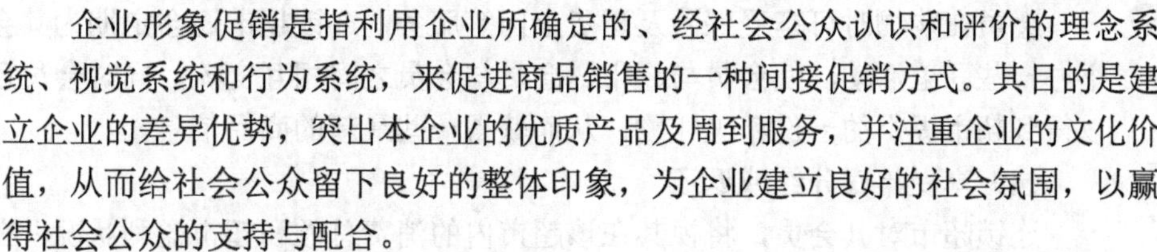

第三节　商品促销策略

促销的根本目的是聚集人气，吸引客流量，提高销售额。而通常情况下，消费者进入超市，计划性购买仅占30%～40%，冲动性购买则能占到60%～70%。因此，连锁超市只有通过开展多种促销活动，才能扩大销售，提高效益。超市如何以促销活动来促进其经营业绩的增加，关键在于根据本超市的经营特点，选择切实有效的促销策略，并对促销活动进行周密、细致且富有创意的策划。

一、连锁超市会员制促销策略

连锁超市在实际的经营过程中，为了能够争取长期稳定的顾客群，可以采用会员制作为一种促销方式。会员制是最能体现长期效益的一种促销形式，其具体做法是：由到某一超市购物或享受特定服务的人们组成一个俱乐部，其成员向俱乐部交纳一定数额的会费，以后可以在该超市享受折扣购买一定数量的商品或享受一定级别服务的权利。

1. 会员制给消费者带来的利益

（1）享受价格优惠或折扣

对于消费者来说，加入俱乐部的一次性缴费要远远低于以后享受到的价格优惠累加额。而且持有会员卡的消费者在购买大宗昂贵商品时，还可以享受分

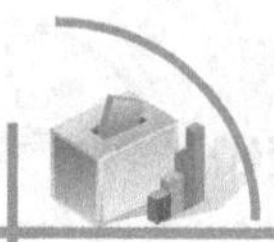

期付款的优待。另外，超市对持卡会员每半月或一月中还有一定时期的优惠购买日等。因此，它是一种非常有诱惑力的促销方式。

（2）方便购买

消费者加入俱乐部以后，会经常受到超市送来的许多新产品宣传单，如该新产品的功能、款式、价格等，这样不用亲自外出，就可以通过电话或互联网进行购物，既方便又快捷。

（3）享受优质服务

会员在购物时可享受保险及送货上门等服务，连锁超市还会定期为其会员举办一些联谊活动，使会员与超市、会员与会员之间相互交流，同时会员还可以得到超市提供的一份精美礼物，从而获得一些最新的商品信息。

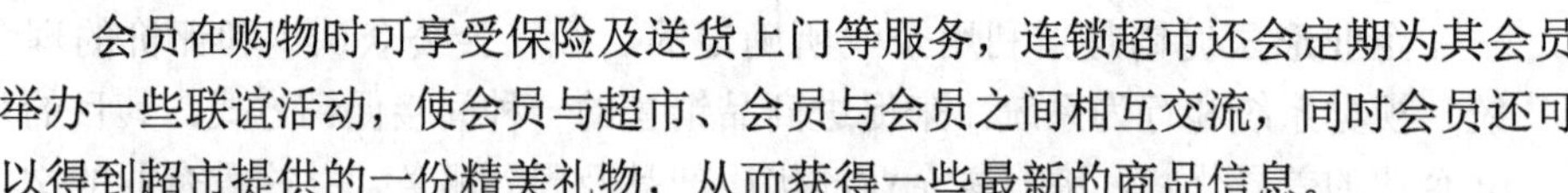

（4）享受年底分红或返还

连锁超市对其会员，将视其在该超市内的消费总额和超市盈利状况，在年底给予会员一定的分红或返还，从而使会员得到更多的实惠。

2. 会员制给超市带来的利益

（1）建立长期稳定的顾客群

对于超市来说，设立会员制并不仅仅是促进商品的销售，而是为企业建立了长期稳定的顾客群，有利于超市在保持现有市场占有率的基础上进行市场开拓。另外，实行会员制，顾客只要缴纳一定的会费后，就可以享受到超市提供的价格优惠、免费送货、免费提供商品信息等服务，这非常有利于培养顾客对超市的忠诚度，为超市节省大量的促销费用。

（2）便于调整营销策略

由于绝大部分入会成员都是超市的老顾客，他们对超市发放的统计资料或调查问卷等，通常都很支持配合，这样可以使超市获取到相对真实的需求信息，把握市场需求的发表趋势，及时调整超市内的商品结构和品牌结构，为企业在市场竞争大潮中赢得竞争优势。

（3）会员费收入可观

连锁超市对会员实行低价销售还能大赚其钱的原因，在于连锁超市有可观的会费收入，会费的收入有时比销售的纯利润还多。

3. 连锁超市会员制的种类

连锁超市会员制一般有公司会员制（corporation membership）、终身会员制（lifelong membership）、普通会员制（common membership）和内部信用卡会员制（internal credit membership）四种类型。

（1）公司会员制

公司会员制是指消费者不以个人身份而以所在公司身份，加入超市的俱乐

部，超市向入会公司收取一定数额的会费。这种会员制的会员卡只适合入会公司内部职员使用，即公司会员制中的会员，在指定超市购物时可以享受一定数量的价格优惠和某些免费服务项目。实际上，公司会员制是入会公司对持卡职员的一种信用担保。

（2）终身会员制

它是指消费者一次性向超市缴纳一定数额的会费后，就可以终身成为该俱乐部的成员，其会员可长期享受一定幅度的价格优惠，并且可长期免费享受商品信息宣传单，电话订货以及送货上门等项服务。

（3）普通会员制

它是指消费者不用向超市缴纳会费，只要在该超市一次性购买足够金额的商品就可以申请到会员卡，以后便可享受到一定幅度的价格优惠和一些免费服务项目。

（4）内部信用卡会员制

内部信用卡会员制适用于大型连锁超市，消费者一旦申请到某超市的信用卡后，到该超市购物时，只需出示信用卡，便可享受分期付款或购物后半个月到一个月先进免息付款的优惠，还可以享受一定幅度的价格优惠。

二、连锁超市 POP 策略

POP（point of purchase advertising）译为店面促销，也称为店面广告、售点广告，是指在商品购买场所和零售商店的周围、入口、内部以及有商品的地方设立的广告。因此，商店的招牌、商店名称、门面装潢、橱窗布置、商店装饰、商品陈列等，都属于店面广告的范畴。

POP 是无声的推销员，它可以将商品的特性、功能传达给顾客，以促进销售；在百货公司、超市、餐厅、快餐店、服装店及鞋店等场所，POP 广告可以说是随处可见，POP 的任务主要在于简明扼要地介绍商品特性，诸如告知促销商品的陈列地点、新商品、推荐商品、特价商品的特色、价格等。同时，它还可以活跃店内的销售气氛。

1. POP 广告的作用

（1）传达新商品信息

商店的货架上、橱窗里、墙壁上、天花板上、楼梯口处等可以将新上市的产品全面地向消费者展示，使他们了解产品的功能、价格、使用方式及售后服务等方面的信息，从而达到宣传新产品、增加销售额的目的。

（2）激发消费者兴趣，唤起其潜意识

店面广告可以凭借其新颖的图案、绚丽的色彩、别致的造型等吸引顾客，使他们驻足停留、对店面广告“多看一眼，甚至多看几眼”，进而对店面广告

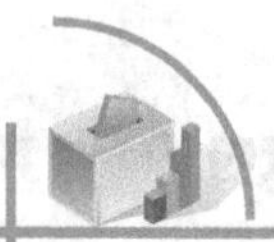

所宣传的商品产生浓厚兴趣。而张贴、悬挂在销售地点的店面广告还可以提醒消费者，唤醒他们对超市不同商品的潜在意识，从而根据其偏好选购所需商品。

（3）诱使消费者产生购买欲望，进而达成交易行为

当消费者经过商品销售地点时，五颜六色的店面广告会使他们放慢脚步，在欣赏各种张贴画，彩色宣传之后，他们会不经意地认为“这个牌子的商品看起来不错，可以试一下”，这样就产生了最初的购买冲动。这时如果有一个店面广告引起了他们的兴趣，使他们大脑里原有的商品印象清晰起来，就可以加速他们的购买行为。

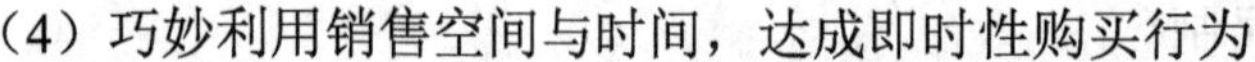

（4）巧妙利用销售空间与时间，达成即时性购买行为

据调查，20 世纪 80 年代以来，对超市有忠诚感的消费者人数日益减少，由于店面广告宣传商品而产生冲动购买的人数却日益增加。超市经营者可以充分利用销售地点的过道、货架、墙壁、橱窗、天花板展示台等进行广告宣传，为超市营造销售地点的空间优势。一定规模的广告宣传，可以调动消费者的情绪，使他们潜在的购买欲望转换成即时性的购买行为，从而扩大超市的市场份额。

（5）能够配合季节促销，营造节日气氛

店面广告可以配合季节和节假日，展开促销活动。例如春节、五一、国庆期间各商店门口迎风流彩，店面广告五彩缤纷，衬托出热闹欢快的节日气氛。大多数消费者都会为之心动，自然想到商店里走一走，看一看，顺便买点东西。

（6）塑造企业形象，保持与顾客的良好关系

企业形象也称为企业识别系统（CIS），它包括企业理念识别（MI）、企业行为识别（BI）和企业视觉识别（VI）三部分内容。而店面广告又是企业视觉识别的一项重要内容，具有强烈的视觉传达作用，能够激发消费者的购买意愿。

因此，超市经营者可以使企业的名称、标志、标准色、形象图案、宣传标语和宣传口号等印刷在店面广告上，以塑造富有特色的企业形象。当消费者接触到这些图案时，就会立刻明白他们代表哪些企业，从而给他们留下深刻印象和感受。

2. POP 广告的策划与设计

POP 广告是个大家族，其中包括购物场所的各种广告形式，广告形式不同，对消费者购买行为产生的影响也不同。例如，门面和橱窗会吸引消费者进入超市，超市内的海报或促销活动广告会刺激顾客的购买兴趣，而商品的详细介绍或特价说明则可能会导致顾客的购买行为。

（1）不同的 POP 广告作用不同

1）按顾客对 POP 广告的态度，可将 POP 广告分为出售 POP 广告和装饰 POP 广告。前者代替店员来做宣传，顾客看了这种广告后，能够了解到所宣传

商品的有关信息，从而影响顾客的购买决策；而后者则是以提升企业形象为目的，并能够充分发挥季节感、品位感的一种装饰性较强的店头广告。

2）按POP广告摆放的位置，可将超市POP广告分为室外POP、室内POP和陈列现场POP。室外POP是将本店的存在及所经销的商品告知顾客，并将顾客引入超市；室内POP是将超市的商品分布、特价品的种类、宣传商品的有关信息及陈列地点等告诉顾客；陈列现场POP是通过展示卡、价目卡和牌架等帮助顾客选购商品。

（2）超市POP广告的设计原则

店面广告的设计要求新颖别致，无论采用陈列形式，还是发放形式，都必须别具一格，能够很快引起消费者的注意，激起他们“想了解”、“想购买”的欲望。具体来讲，超市经营者在设计店面广告时，必须遵循以下原则：

1）突出个性，设计醒目。店面广告要想在琳琅满目的商品中引起顾客的注意必须以简捷的形式、新颖的格调、和谐的色彩以及独特的造型，来突出商品的个性特征。POP广告的效应不仅仅是促进商品销售，它还应当在一定程度上建立超市的特定形象，成为消费者对超市的识别标志。因此，POP广告必须突出其鲜明的个性特征，比如特定的店标、特有的颜色以及独特的设计等，从而给消费者留下深刻的印象。

2）重视陈列设计，强调主题先行。店面广告不同于节目的点缀，它是商业文化中企业经营环境文化的重要组成部分。因此，POP广告的设计要有利于树立企业形象，注意商品陈列、悬挂以及货架的结构等，要加强和渲染购物场所的艺术气氛。现代POP广告设计很注意主题的选择，并以所确定的主题来统一指导整个POP广告的设计和制作，因而在主题的选择方面应针对目标顾客集中考虑，以适应时代潮流和顾客需求。

3）充分利用各种要素，注意其统一性和协调性。POP广告系统是由各种要素综合构成的，如门面装潢中的建筑、招牌、橱窗陈列中的商品、陈列支架、柜台、闭路电视以及先进的声光设备等，在进行POP设计时，要让这些要素准确、充分地发挥其应有的作用；一方面，要让这些要素准确无误地传递商品的有关信息；另一方面，还需通过艺术加工，使其产生的宣传效果最大化，能够产生较强的冲击力，从而在创意和风格方面达成统一化。

4）强调现场宣传效果。由于店面广告具有直接促销的特点，超市经营者必须深入实地了解超市内部的经营环境，认真研究所经营商品的特色（例如商品的档次、质量、工艺水平、售后服务等状况），以及消费者的心理特征与购买习惯，以求设计出最能打动顾客的店面广告。

3. 需要设置POP广告的商品

连锁超市里的商品种类，不可能也没必要每一类商品都贴上POP广告，通常情况下，应重点选择一些有代表性的商品，根据其特点，设置不同目标的POP广告，下面列举几项应设置POP广告的商品。

（1）广告商品或宣传商品

一方面包括超市本身向顾客推荐的特色商品；另一方面，还包括厂商为提高销售量而促销的商品。因此，POP广告既有超市自己制作的、自己宣传的，也有厂商为其提供的，但无论是超市还是厂商在制作POP广告时，都必须详细告知顾客商品的功能、属性及其特点。

（2）特价品或牺牲品

有时候，超市为了招揽顾客，提高其客流量及营业额，降价销售某种商品，以此作为吸引顾客来店购物的诱饵。这种商品的POP广告必须明确告知顾客该商品的原价和促销特价，以及促销期间等，以突出其价格的优越性，从而使消费者来购买。

（3）能够让顾客冲动购买的商品

相比较而言，单位价值不高、需求弹性较大的商品往往容易促使顾客冲动性购买。因此，对这类商品有必要设置带有刺激性和诱惑力的POP广告，从而让消费者的购买冲动转化为购买行为。

（4）新产品和流行商品

要促进新产品的销售，提高其市场占有率，必须设置POP广告，对新产品本身的特色优势加以详细说明，从而让顾客广为了解，直到被消费者接受并购买。而对于流行商品来说，其时代感要求较高，必须制作能体现流行趋势的POP广告，以使顾客受其感染而踊跃购买。

（5）有关联的商品

如果要扩大一些关联性商品的销售量，即通过某种商品的互补性商品或替代性商品来促进其销售，就要相应地制作具有关联性图案的POP广告，以带动顾客产生联想，进而购买这种关联性商品。

4. POP广告对超市营业额的影响

根据对日本大荣超市所进行的调查，POP广告对营业额的影响有以下几方面：

1）端架的陈列、定位的陈列（如特价品、新产品、推荐品等）有POP广告时，可增加5%的营业额。

2）具体的商品促销（如打7折或8折）有POP广告可增加23%的营业额。

3）如果有POP标示，大量陈列的商品可增42%的营业额。展示大量陈列商品的期限为1星期。1星期以上就必须更换POP广告标示。

三、连锁超市广告促销策略

连锁超市广告促销，是指超市经营者采用付款方式，委托广告经营部门通

过传播媒介，以现代科学技术和现代化设备为手段，以策划为主体、创意为中心，对目标市场所进行的有关超市的店名、标志、企业定位等为主要内容的宣传活动，旨在使顾客心目中牢固树立企业的形象，从而达到刺激并扩大市场需求、开拓潜在市场、扩大市场份额、发展连锁超市的目的。

在快速流通的消费品市场上，树立零售品牌与广告宣传就像鱼和水一样关系密切。因为大量实验证明“商店＋广告＝名店”，所以，广告是提高商店知名度，塑造超市个性，向社会传播企业经营信息的有力工具，连锁超市的广告促销应该成为经营者的核心工作之一。

1. 确定广告促销目标

确定广告促销目标是开展超市广告促销的第一步，这些目标必须以有关目标市场、超市营销定位和营销因素组合方面的重要决策为依据。广告促销主要类型包括以下几种：

（1）信息性广告促销

指在某一超市开业初期，用来宣传、介绍该超市商品的特色、经营特点或经营理念的广告，以突出其独特的品位，来扩大超市的知名度。

（2）说明性广告促销

在多家商店展开竞争时，说明性广告非常重要，它的及时出现，可以为超市培植选择性需求，从而改变顾客过去的认识，吸引顾客光顾本店。例如，赤华斯·黑格尔公司为促进其威士忌的销售量，曾宣称该公司销售的苏格兰威士忌不仅风味独特、与众不同，而且饮用该品牌的威士忌可以显示饮用者高贵的身份。有些说明性广告已发展成为比较性广告，而通过与同类商品中的一个或几个品牌的比较来建立一种品牌优势。

（3）提醒性广告促销

这类广告比较适合于新产品上市的促销活动，为实现销售额，超市往往可通过这种信息性广告将有关商品或促销信息告诉消费者。在连锁超市持续经营时期，利用提醒性广告能够让顾客对该商店“念念不忘，流连忘返”。例如，可口可乐公司在杂志上刊登昂贵的四色广告，其目的不在于提供信息或说服顾客购买，而在于提醒购买者，确信他们做出了正确的选择。

2. 确定广告促销预算

当连锁超市的广告促销目标确定之后，超市经营者就需要进一步编制广告促销预算。广告促销预算是超市经营者对广告促销活动费用的匡算，是企业投入广告活动的资金费用使用计划，它规定了在广告计划期内从事广告促销活动所需的经费总额，使用范围和使用方法，是超市 广告促销活动得以顺利进行的有力保证。科学地编制广告促销预算是实施有效的广告促销策略并取得预定促销效果所必需的。

3. 广告促销策划

为了通过广告沟通取得良好的促销效果，超市应对广告过程进行周密的策划，从而真正起到吸引消费者，宣传商品，促进销售，进而树立良好企业形象的目的。

（1）广告促销策划原则

广告促销策划的原则主要包括及时性、真实性、针对性、效益性。

（2）制订促销广告

体现广告目标、选择广告诉求形式、确定广告促销时间、做好广告设计。

（3）广告促销的媒体选择

超市经营者的一个任务是选择传递广告信息的广告媒体。具体步骤是：确定理想的广告接触人数、广告频率和效果，在各种主要类型媒体中作出选择，选定具体的媒体载体以及决定使用媒体的时间安排，即确定广告接触人数、频率和效果，选择广告媒体，决定媒体的使用时机。

4. 评价广告促销效果

连锁超市广告促销效果包括沟通效果和销售效果两方面内容。

（1）沟通效果的测定

超市广告促销的沟通效果是指广告在商店知名度、商店认知度及顾客偏好等方面产生的效果。

（2）销售效果的测定

衡量广告销售效果的大小，主要是以商品销售量的增减幅度作为标准，一般在广告发布后，商品销售的增幅越大，说明广告的销售效果越好，反之则越差。

四、连锁超市公关促销策略

连锁超市公关促销是指超市经营者为获得公众信任，加深顾客印象而进行的一系列为扩大超市知名度和树立超市良好形象，进行促进商品销售等促销活动。

由于广告媒体费用越来越高，广告喧嚣与日俱增，听众和观众的人数日益减少，使广告促销的作用有所削弱，超市经营者正在更多的求助于公关促销，根据调查发现，无论是新开业的商店还是原有商店，公关促销对提高商店的知名度有着特殊的效果。实践证明，公关促销的成本效益高于广告促销，不过，公关促销必须同广告促销一起规划，因为广告促销有利于建立顾客对商店的忠诚度，而公关促销则有利于提高商店知名度和树立商店形象。

1. 确立公关促销目标

公共关系促销的基本出发点是建立和谐的社会销售环境，协调商品销售渠道以外的社会关系，营造良好的社会气氛，为销售打好基础。因此，连锁超市公关促销的目标主要有以下几种：

（1）提高商店知名度

公关促销可利用各种传播媒体和传播方式（如人际传播和大众传播），吸引人们对商店及其商品的吸引力，来扩大超市的知名度。

（2）树立商店良好形象

超市经营者可以不定期地开展一些联系、庆贺与咨询活动，加强与社会各界的联系；另外，还可以积极参与社会公益事业和其他社会活动，为卖场创造良好的社会氛围，以树立良好的企业形象。

（3）激励销售人员和经销商

公关促销一方面可以帮助提高销售人员和经销商的工作热情；另一方面，还可以培养员工塑造良好的自身形象，建立企业与员工之间的良好情感，为营造良好的企业文化打好基础。

2. 公关促销策划

公共关系促销是通过超市的公共关系活动，使超市与社会各界建立良好的理解、友谊和支持关系，从而以超市的知名度、美誉度、库存带动商品销售的一种间接促销方式，其特点是超市与社会建立双向沟通，并注重卖场的长远利益。因此，实施公共关系促销时不能急功近利，必须着眼于未来。

（1）公共关系策划的基本原则

公共关系促销的基本原则是互利互惠，公共关系以一定的利益关系为基础，它强调企业利益与公众利益的平衡协调。企业获利的前提是公众获利，因而在平等、互利的基础上，公关促销强调公众利益第一，即首先要让公众觉得有利可获。

公共关系策划是制订公共关系战略的关键环节，他需要理性的思考和艺术的提升，同时还必须达到以下一些基本原则：

1）价值导向原则。它是指企业的公共关系策划必须以企业明确的价值观念为导向，而不能无视或偏离企业的价值观念，否则公共关系策划就会失去其“灵魂”，甚至损害企业形象。因此，它要求公共关系从业人员在进行公共关系策划过程中，首先必须对企业的经营理念进行确认，即理念识别。这包括明确企业的价值追求是什么，是如何表达的，然后才能进行行为识别、视觉识别以及传播设计。

2）真实性原则。真实性原则即科学性或客观性原则，它包括两个方面：

①在进行公共关系策划时，必须尽可能全面地收集各类信息，客观地整理、分析各种信念；②策划程序和步骤必须符合科学规划及逻辑。真实性原则要求公共关系策划人员必须遵守科学的原则和程序。

3）新奇性原则。公共关系策划是一种创造性活动，而不是一种重复性的机械劳动。因此，它与因循守旧、墨守成规、不思进取等都是格格不入的，它要求的是标新立异、大胆创新、奇中取胜。例如，20 世纪 80 年代，我国香港一家保险公司推出一种新的防盗安全保险柜，为了迅速打开销路，曾在知名度极高的香港《大公报》和《文汇报》上打出这样一条广告："本公司展厅保险柜里放有 10 万美元，在不弄响警报器的前提下，各路英雄可用任何手段拿出来享用"。结果广告一出，即刻轰动全香港，前往一试身手的有工程师、警察、侦探，甚至小偷，但都无一人得手，香港各大报纸为此大肆宣传，一时间，该品牌的商品名扬香港、购者如云。

（2）选择公关促销的方式

可供超市经营者选用的公关促销方式主要有以下几种：

1）制造新闻。公共关系人员要善于发现和创造对商店、自有品牌或职员有利的新闻，通过新闻媒体来对超市及其商品进行宣传。当然，超市经营者在制造新闻时，可以掌握以下一些技巧：多寻找一些公众关注的话题，抓住新闻媒体的"新、奇、特"等特点，以便能够出奇制胜；有意识的将名人与商店、原有品牌联系起来；巧借传统节日、公共假日开展促销活动；与新闻机构联办一些公众活动，增加超市的亮相机会等。

2）发表演讲。演讲是提高商店知名度的另一种方式。一次公共演讲，一次电视谈话，一次简单的答记者问等都会对超市的形象产生重要影响。因此，超市经营者应经常通过宣传媒体圆满地回答消费者提出的各种问题，并在行业协会和促销会议上进行咨询。当然，超市在挑选发言人时一定要慎重，同时要做好充分准备，以确保演讲的效果良好。

3）创造事件。超市可以有意安排一些特殊的事件，来吸引公众对商店及其所经营商品的注意。这些事件包括记者招待会、讨论会、展览会、竞赛和各种庆祝活动等。

4）从事公益服务活动。超市经营者可通过投入一定的时间和资金来从事一些公益性的活动，以树立商店在公众中的良好形象。如赞助运动会、资助文化比赛、为失学儿童募捐、到公园或路边宣传便民服务等。

5）散发书面资料。超市经营者可以广泛借助散发书面资料来联系和影响目标市场。这些书面资料有年度报告、小册子、文章、企业业务通讯和刊物等，这其中经超市经营者深思熟虑而撰写的文章，可以吸引顾客对该商店的注意力；而公司的业务通讯和刊物有助于树立商店良好形象。

6）编辑视听资料。电视、幻灯片、录像带和录音带等视听资料正越来越

多地用做公关促销的工具，他们的成本高于书面资料，但是效果却大于后者。视听资料可以高效率的向目标顾客展示品牌，以引起他们的强烈关注。然而，超市经营者必须精心地编辑视听资料，以便给顾客留下良好印象而非反面印象。

7）利用自身媒体。超市经营者应努力创造一个使公众能迅速辨认出本商店的视觉身份标志。视觉身份的传播可通过商店的广告标记、文件、小册子、招牌、企业模型、企业名片、建筑物、员工制服和车辆等企业媒体来完成。当商店的自身媒体具有吸引力、独特性及印象深刻的效果时，它就成了超市经营者开展促销活动的一个有利工具。

8）提供电话服务。电话是一种快捷而新颖的公关促销工具。通过电话沟通，一方面可向目标顾客提供新产品的信念，介绍所经营商品的相关知识；另一方面也可了解超市在公众心目中的知名度和美誉度等情况。高质量的电话服务，常常能使潜在顾客成为固定顾客，并能使其成为商店信念的传播者。

3. 评估公关促销效果

由于公关促销与其他促销在一起使用，因此，他的效果很难衡量。如果超市公关促销使用在其他促销方式之前，评估其效果就比较容易了。常用的评估方法有以下几种。

（1）展露衡量法

展露衡量法即检查在公关促销活动中超市通过媒体所展露的次数，次数越多就说明公关促销效果越好。但是，这种方法没有显示出有多少人来看到、听到或能回忆起宣传报道的内容，也没有显示出顾客看了宣传报道以后的动向，因此，要与其他衡量方法结合起来使用。

（2）注意、理解、态度改变衡量法

这是一个较好的衡量方法，是在公关促销活动后衡量顾客对该超市的注意、理解、态度三方面有何变化，比如：有多少人能回忆起听到的有关新闻节目，有多少人将有关新闻转告他人，有多少人听后改变了对超市的态度。

（3）销售额和利润衡量法

根据超市的各项指标计算，如销售量、营业额、盈利表等，把实施公关促销活动前后的两个数据进行对比，就能看出公关促销活动的效果。

在超市促销活动中，广告促销有利于建立顾客对超市的忠诚度，销售促进有利于提高超市的市场占有率，而公关促销则有利于扩大超市的知名度，树立良好的超市形象，如果将这三者结合起来使用，会取得最佳的促销效果。

五、连锁超市服务促销策略

随着买方市场的大规模出现，迫使企业运用多种促销策略来赢得消费者口袋里的“货币选票”。对连锁超市来说，由于是本身具有服务性质的行业特征，所以依靠提供优质服务来树立良好的店铺形象，成为其实施差别化促销策略的有效途径。

1. 连锁超市服务促销常见的方式

连锁超市开展服务促销常用的主要方式如表 7.1 所示。

表 7.1　连锁超市服务促销常用的主要方式

连锁超市售前服务	连锁超市售中服务	连锁超市售后服务
购物环境卫生	销售接待服务	送货服务
商品陈列	在线销售服务	维修服务
购物指南	订购服务	抱怨与投诉的处理
商品介绍、咨询信息服务	加工服务	培训服务
培训服务		咨询信息服务

（1）售前服务

售前服务即在商品出售以前所进行的各种准备工作，目的是向消费者传送商品信息，从而促使消费者的购买，这一阶段的服务促销包括提供商品信息、商品陈列、购物指南、货位布局、购物气氛创造等。

（2）售中服务

在实行人员服务和自助式服务相结合的超市中，售中服务集中表现为店员与顾客在交易过程中所提供的各种服务，如接待、商品介绍、帮助挑选、办理成交手续、提供咨询、结算、包装等。

（3）售后服务

售后服务即商品售出后继续为顾客提供的服务。一般来说，超市向顾客提供了商品，顾客向超市支付了金钱，销售就算结束了。但是顾客在购买商品后，在商品的运输、使用上会产生一些困难。因此，超市需要提供进一步的服务，以便让顾客满意为止。售后服务包括退货、送货上门、商品保证、维修、安装、解决抱怨及赔偿等。

2. 连锁超市服务促销策划

服务促销是连锁超市巩固老顾客、开发新顾客最重要的方法之一。各连锁超市之间的竞争，从某种意义上讲，就是服务的竞争。“顾客就是上帝”，这句话为超市的服务促销指明了方向——即超市应该使每位顾客都感到信任和尊重，应该为消费者提供善解人意的服务，保护顾客的利益，尊重顾客的权益，让他们在超市购物甚至闲逛时能够自由自在，自得其所。

（1）连锁超市服务促销的目标

1）提高销售量（额）。连锁超市的服务促销是与商品销售紧密联系在一起

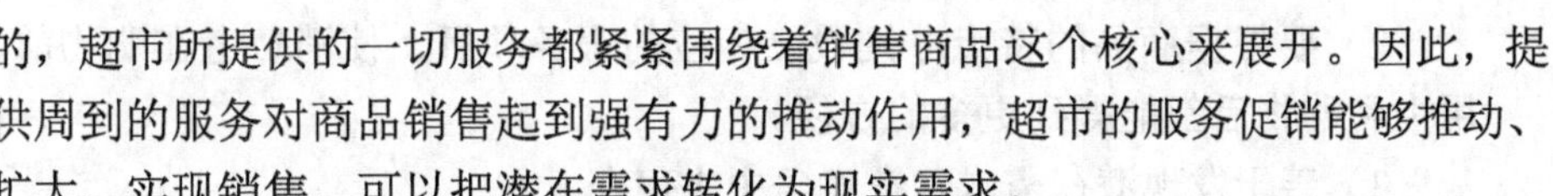

的，超市所提供的一切服务都紧紧围绕着销售商品这个核心来展开。因此，提供周到的服务对商品销售起到强有力的推动作用，超市的服务促销能够推动、扩大、实现销售，可以把潜在需求转化为现实需求。

2）与竞争对手展开竞争。超市的各项服务已成为现阶段的竞争利器，有人把服务称为“第二次”竞争。因此，超市提供广泛而多样性的服务，其目标不仅停留在促进商品的销售方面，同时也为了更好地吸引顾客、留住顾客、创造顾客，从而为自身赢得市场竞争的优势。

3）树立良好的企业形象。连锁超市服务的投入往往是一种投资性支出，它不仅能带来销售量（额）的增加，自身竞争力的提高，更能为超市营造一种互动的氛围。一方面可以引发消费者的好感，使其备受感动，直到完全满意为止；另一方面，通过服务理念的反复宣传与贯穿，使员工以顾客为乐趣和事业的最高境界，提高其向顾客提供优质服务的素质与能力，从而为树立良好的企业形象，找到最佳结合点。

（2）常见的连锁超市服务促销活动

1）商品现场演示促销活动。在超市现场直接向消费者做商品演示，它是由连锁超市与厂商联合，对所出售的某种商品进行现场表演或示范，并向顾客提供咨询服务，以便扩大超市该种促销商品的销售量，并以此带动其他商品销售的一种经营途径。在此活动中，一方面要精心选择所要演示的商品和演示人员；另一方面还要设置合适的区域来开展演示活动，以便能吸引更多的消费者的注意力，提高促销商品的销售量（额）。

2）顾客教育促销活动。连锁超市可以经常开展一些针对所售商品的知识传播和培训服务。通过这种形式，既可以使消费者增长知识，更好地了解商品的使用方法、使用技巧、维护与保养等，又可以激发消费者的购买欲望，带来营业额的增加，为超市树立良好的企业形象。这些活动一般通过两种方式进行：一是利用媒介传播知识，超市可以经常利用一些小手册、宣传单、POP 广告等媒介，来向顾客传播商品的相关知识、使用方法、消费观念等；二是组织人员进行培训，超市可以不定期的开展一些技术性强的产品，如化妆品、保健品、健美设备的专业知识培训，使顾客真正享受到实实在在的服务。

3）日常便民服务项目促销活动。连锁超市可以推出一系列便民服务项目，向消费者提供多种服务，这样即能满足消费者的潜在需求与实际需求，同时也能为超市创造意想不到的利润，如代缴公用事业费、附设 IC 卡电话、代售电影票及晚会票，附设自动提款机、冲洗照片、传真服务等。另外，还可以在所服务的社区内形成良好的口碑，从而树立良好的超市形象。

3. 实施服务促销中应注意的问题

1）要适应消费者的心理特点，根据消费者的需求开设服务项目。

2）要根据商品的特点分别设立相应的服务项目，使消费者在购物前、使用中和购物后都能得到更多的方便。

3）善于发现潜在需求，在竞争中先声夺人。

第四节　商品促销活动的实施与管理

在激烈的市场竞争大潮中，各大连锁超市推出的促销活动越来越频繁，手段方式也越来越多。而要实现促销活动的预期目标，实现销售利润的提高，促销活动的组织与实施则显得尤为重要。一方面，要加强促销活动的实施与管理，是促销活动取得良好效果的重要保证；另一方面，对促销活动效果的检验与评估，有助于不断改进促销方式，以提高促销活动效果。

一、促销活动的实施

1．促销活动作业流程规划

连锁超市的促销计划经上级主管部门确认以后，促销管理的重点便落在了促销活动作业流程规划上面。由于超市每月配合节令、重大事件而实施的促销活动通常为 2～3 次，时间安排得相当紧凑。因此，必须依照作业流程做好规划与进度掌握，以防止促销效果不理想。促销活动作业流程如图 7.2 所示。

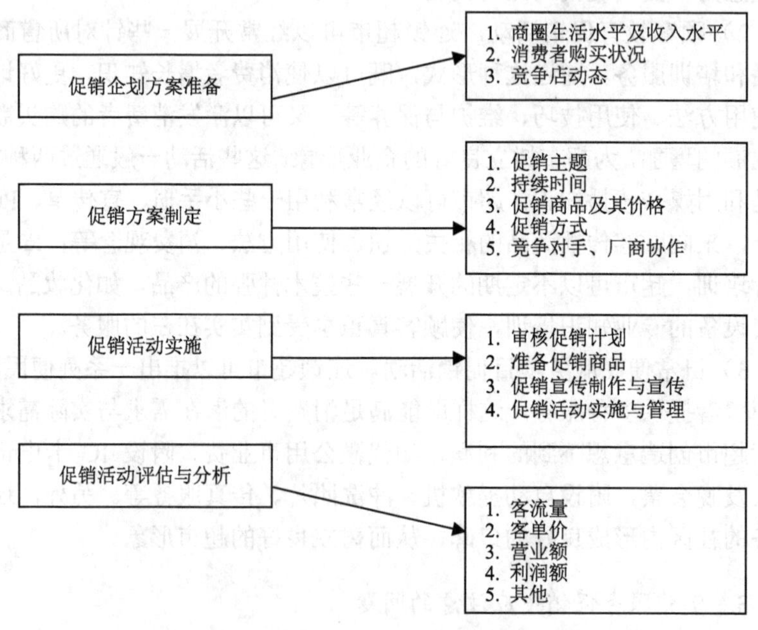

图 7.2　促销活动作业流程

2. 连锁超市促销活动的实施

（1）审核促销企划方案

首先，由连锁超市负责促销的职能部门根据计划要求，分析研究最近商圈内竞争店动态、消费者收入水平及其购买力状况，拟定本次促销活动的诉求重点及具体做法；其次，还需要获得相关部门的配合与支持，比如邀集营业部、商品部及管理部相关人员召开促销会议，对促销活动的主题、期间、商品品种及价格、媒体选择、供货厂商的配合及竞争店的促销活动等仔细分析，以确保促销活动的有效实施。

（2）促销活动准备

1）准备促销商品。连锁超市的大多数促销活动都可以使商品销量大幅度增加，而超市的业绩往往与厂商的配合与否有很大关系。因此，超市在实施促销活动前，应取得厂家或供应商的积极配合，对促销商品的数量、质量、价格及供货期等进行核定，以保证及时、充足的供货。

2）做好促销宣传。连锁超市可以选择的媒体很多，但最常用也是最重要的媒体是宣传单。因此，宣传单的设计与制作就显得尤为重要，超市可以事先召集其他相关部门进行宣传策划，印制出别具一格的宣传单，并进行充分宣传。这样，促销效果会非常明显。

（3）促销活动的实施

超市举办促销活动，不仅仅希望在促销活动期间提高客流量、客单价及营业额，更重要的是吸引新老顾客经常光顾。因此，超市必须利用核检表来确保促销活动的实施效果，从而为顾客提供优质周到的服务。促销活动核检表如表 7.2 所示。

促销活动核检表是超市店长（副店长）或本部管理人员在不同促销期间，根据卖场情况进行评估的依据，可以作为促销活动实施情况的参考。

表 7.2 促销活动核检表

类 别	核 检 项 目	是	否
促销前	促销宣传单、海报等是否准备妥当		
	促销人员是否进行培训		
	促销商品是否准备到位		
	相关部门是否做好促销商品变价手续		
促销中	促销商品是否齐全、量够		
	促销商品是否变价		
	促销商品的宣传是否到位		
	促销商品的陈列是否有吸引力		
	卖场的促销气氛及购物环境是否有诱惑力		

续表

类　别	核检项目	是	否
促销中	促销人员的服务是否周到		
促销后	过期的海报、宣传单是否撤走		
	商品是否恢复原价		
	商品陈列是否恢复原状		
	卖场的布置是否得到调整		
	营业数据是否达到预期目标		

3. 促销活动效果检验

促销活动结束后的分析与总结有助于日后促销活动绩效的提高，因此负责促销的职能部门应就促销活动的实施效果与促销目标的差异进行分析，总结得失，作为日后促销活动进一步改善的参考。

二、促销活动效果评估

促销效果的评估是连锁超市一项非常重要的工作内容，通过评估本次促销活动的效果，对其成功与不足以及经验与教训方面加以认真总结，引以为鉴，以便把下一次促销活动搞得更好。一般来说，连锁超市促销效果的评估可以采用以下几种方法进行：

1. 比较法

选择促销活动前、促销活动中及促销活动后三个阶段的销售额来测评促销效果，一般会出现以下三种情况，如图 7.3 所示。

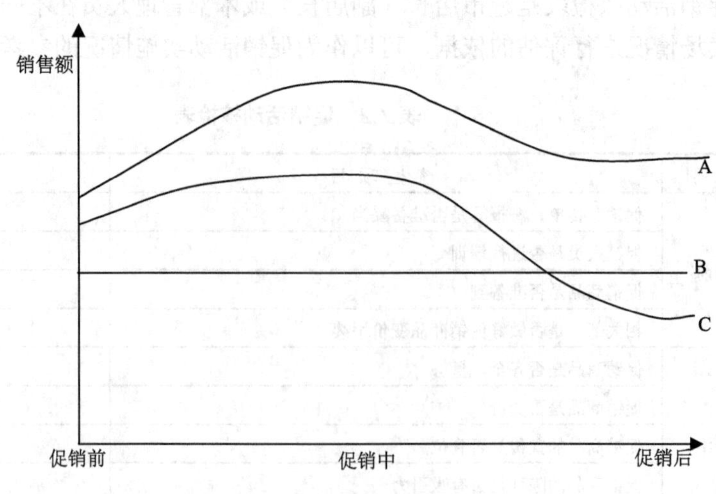

图 7.3　促销效果图

（1）良性促销

图 7.3 中的 A 曲线是连锁超市举办促销活动所期望达到的预期目标。它表明进行促销活动后，很多顾客被吸引前来购物，来客数增加，销售额提升，收到了预期的理想效果。在促销活动结束后，由于促销期间连锁超市的各种宣传，使其知名度与美誉度提高，给顾客留下了良好的印象，再加上实质性的优惠促销活动，无形中提升了企业形象。因此，促销活动结束后，超市的销售额依然有所增长，从而形成了比较乐观的销售前景。

（2）无效促销

图 7.3 中的 B 曲线表明促销活动的开展对于超市的业绩没有任何帮助，超市的经营状况没有得到任何改善，而且所举办的促销活动浪费了一定的人力、物力、财力，促销效果很不理想。

（3）不良促销

图 7.3 中的 C 曲线是连锁超市举办促销活动后的一种不良后果，是连锁超市最忌讳出现的一种情形。本次促销活动虽然在促销期间使销售额有了一定程度的提高，但由于促销活动策划不当或管理不到位等问题，出现了某些意外情况，严重损伤了超市的形象。比如，“人人乐”西安高新开发区分店开业当天，在促销活动中出现的一小孩从电梯上摔下来的恶性事件，从而使促销活动结束后的销售额不升反降，促销效果适得其反。

2. 调查法

连锁超市真正能够长期持续经营依靠的是其良好的信誉及消费者的信赖。因此，对于消费者的反应不可以忽视，在促销活动中或促销活动结束后，可以组织相关人员对特定的消费者群体进行抽样调查，向他们了解促销活动的效果。比如，询问有多少人对本次促销活动反映良好，其中哪些方面反映最好，哪些方面反映最差；顾客是否从中得到实惠；对今后的购物去向是否有影响等，从而掌握超市所举办的促销活动的效果。

3. 观察法

观察法便于操作，且十分直观，连锁超市主管人员很容易了解促销活动的效果。它主要通过促销活动中，对来店购物的顾客反映，来了解促销效果。比如，顾客在折价销售中的踊跃程度；顾客在收到优惠券的回收率；参加抽奖与竞赛的人数以及赠品的偿付与否等；来了解超市所进行的促销活动的效果。

总之，促销活动结束后的总结与评估，有助于提高超市的绩效。通常情况，如果促销活动的实施绩效为预期的 95%～100%，则是正常情况；如果在预期的 105%以上，则是高标准表现；如果在预期目标的 95%以下，则需要在今后工作中有待改进和提高。

复习思考题

一、选择题

1. 促销的一般目的是通过（　　）传播信息，以促进销售、提高业绩。

A. 供应商和超市　　B. 超市和便利店

C. 超市和市场　　D. 市场和消费者

2. 周年店庆促销活动其促销业绩可达到平日的（　　）。

A. 1～1.5 倍　　B. 1.5～2 倍　　C. 2～2.5 倍　　D. 2.5～3 倍

3. 公共关系促销的基本原则是（　　）。

A. 互利互惠　　B. 价值导向　　C. 真实性　　D. 新奇性

4. 通常情况下，消费者进入超市，冲动性购买在其总购买量中可以达到（　　）。

A. 40%～50%　　B. 50%～60%　　C. 60%～70%　　D. 70%～80%

5. 短期促销活动通常为（　　）。

A. 2～5 天　　B. 3～6 天　　C. 3～7 天　　D. 4～8 天

6. 具体的商品促销有 POP 广告可增加（　　）的营业额。

A. 20%　　B. 21%　　C. 22%　　D. 23%

7. 通常情况下，如果促销活动的实施绩效为预期的（　　），则是正常情况。

A. 95%以下　　B. 95%～100%　　C. 100%～105%　　D. 105%以上

8. 会员制促销是成员向所在俱乐部交纳一定数额的（　　）以后，可以在该超市享受折扣购买商品或享受一定级别的服务。

A. 购物收据　　B. 商品反馈信息

C. 会费　　D. 售后服务信息

9. 大量试验证明“商店＋（　　）＝名店”，它是提高商品知名度、塑造超市形象、向社会传播企业经营信息的有力工具。

A. 标志　　B. 广告　　C. 资金　　D. 服务

10. 超市里店员与顾客在交易过程中所提供出各种服务称为（　　）。

A. 售前服务　　B. 售中服务　　C. 售后服务　　D. 额外服务

二、填空题

1. 依据促销的主题来划分，促销活动大致可分能为______、周年店庆促销活动、______和______。

2. 选择促销媒介应根据促销活动的方式、______、______、媒体本身的

适用情况及______来定夺。

3．连锁超市促销预算包括两项内容：一是______；二是______。

4．企业识别系统（CIS）包括______、______和______。

5．广告促销的主要类型包括______、______及______。

6．公共关系策划的基本原则有______、______及______。

7．连锁超市促销效果的评估通常可采用______、______和______等方法来进行。

8．一般来说，促销商品有______、敏感性商品、______以及特殊性商品四种。

9．有奖销售是一种非常灵活的促销方式，它可以通过______与______等方式来进行。

10．促销主题的选择应包括两个方面，一方面提出的主题要突出______；另一方面促销主题要突出______。

三、名词解释

1．促销　　2．营业推广
3．公关促销　　4．附加赠送
5．POP 策略　　6．企业形象促销
7．会员制促销策略　　8．广告促销
9．服务促销　　10．良性促销

四、简答题

1．从营业推广角度简述常用的商品促销方式。

2．连锁超市会员制的类型有哪些？

3．简述超市 POP 广告的设计原则。

4．编制促销预算的方法有哪些？

5．可供超市经营者选用的公关促销方式有哪几种？

6．连锁超市服务促销的目标有哪些？

五、绘制图表题

1．用图表说明连锁超市促销策划的步骤。

2．列表说明连锁超市服务促销常用的主要方式。

3．以图表形式给出连锁超市促销活动作业流程。

4．用图形说明连锁超市的促销效果。

案例分析

家乐福“雀巢咖啡节”促销活动

2008年11月24日至12月5日，咖啡市场的领导品牌雀巢在中国零售业的领先者家乐福全国72家大卖场中举行了一次全国范围内的大型主题促销活动，从市场上的反馈来看，这次主题促销活动的效果的确不错。家乐福南方店地处一小型购物中心二、三楼，咖啡等食品饮料集中陈列在三楼，二楼主要是服饰电器日化等，大多数顾客从卖场二楼入口进入，然后上到三楼，最后从三楼出口离开，雀巢选择的促销场地选择在人流量非常大的二楼入口处，场地布置非常醒目，视觉冲击力极强。

首先，刚一进卖场就碰见身穿红色服装的促销小姐送上的免费品尝咖啡，同时旁边促销小姐不厌其烦地进行促销降价活动的告知，后面堆头上还有促销人员向走近的顾客推介，整个促销动作有条不紊，拦截效果较强，以至于很少有人幸免，再看促销柜台的旁边，大气、高档的礼品装井然有序，70元买200克雀巢咖啡和200克雀巢咖啡伴侣，就可获赠送纪念咖啡杯盘各一和一个特制咖啡金匙，这显然是针对送礼人群以及为后面的圣诞元旦乃至春节礼品市场。

首先，人流量非常大的二楼入口处实在是促销的宝地，尤其对于咖啡这样成熟的产品和雀巢这样的领导品牌，选择这个位置，可以有效避开竞争对手的干扰，给消费者进入卖场的第一个刺激，估计只要是想购买咖啡甚至只是想购买礼品的消费者都会被俘获；其次，这次促销活动的主题是“一天好开始”，这完全体现了雀巢咖啡的品牌定位，把促销活动和品牌传播完美的结合在一起，使得促销降价等不但提高了销量还有效的提升了品牌形象，巧妙的避开了传统促销促进销量但却伤害品牌的老路；再次，促销的时间选在11月24日至12月5日也是别有用意，在其他厂家的圣诞节宣传攻势还没有正式开始之际抢先一步占领消费者的咖啡储备空间，而且还避开这个时候众多厂家扎堆促销所带来的场地媒体等费用高涨，而一等到这个活动结束，这个宝贵的位置就给圣诞节完全占据；最后，促销内容的设计上也是别出心裁，免费赠饮打头阵，招揽人气，特价促销为主体，29.8元现特价25.8元，真正实现销量，紧跟着就是70元的高档礼品装既为后面的节日市场造市也能有效平衡这次促销的投入。

（资料来源：ttp://www.bokee.net/newcirclemodule/article_viewEntry.do?id=504587&circleId=110940）

1．家乐福举办的促销活动效果如何？

2．家乐福在进行促销活动中运用了哪些促销策略？

3．家乐福“雀巢咖啡节”促销活动对零售企业有哪些启示？

第八章

连锁超市服务与管理

【学习目的与要求】

本章主要阐述了连锁超市服务营销策划与实施、收银管理与商品鲜度管理、安全与顾客投诉管理以及连锁超市其他管理。通过本章学习，了解超市服务与管理的基本内容，理解并掌握服务营销策划与实施；收银管理、各种商品鲜度管理、防损管理及安全与顾客投诉管理的原因及管理的主要措施。

导入案例

易初莲花的服务与管理

易初莲花连锁超市是由泰国正大集团投资的特大型连锁企业。随着竞争的加剧，易初莲花为了达到商品流通周转最快、资金占用量最小、销售利润率最大的目的，2005年年末，易初莲花连锁超市选择了北电CS1000融合通信解决方案为其整个中国区构建语音网络系统。该项目的实施有效地拓展了易初莲花在中国的业务通信覆盖能力，组成了一个包括各连锁店的跨地区专用通信网。对于易初莲花来说，随着上海总部的搬迁、新门店的扩张、分中心之间的频繁通信、客户服务要求的日益提高，易初莲花连锁超市不断寻求新的通信解决方案时，需要降低门店与分中心之间、分中心与分中心之间的长途话费，提高客户满意度和忠诚度，同时需要解决员工对新型通信手段的需求，采用这套高效简单的通信系统，不仅可以实现电话通信的最基本功能，将语音信箱、语音邮件、传真、电子邮件等服务集成进来，提供综合的信息服务和增值服务，而且实现了系统完善、操作简便的管理模式，提供了丰富精彩服务项目的应用，同时还具有软件电话功能，为用户提供了极大的便利。这套方案的实施保证了易初莲花要求的降低成本、高效管理的目的，大大提高了易初莲花内部沟通及运转效率，在提高客户满意度和忠诚度的同时，大幅降低其整体通信成本，再次体现了融合通信支持企业业务发展的优势。

（资料来源：http://www.qjy168.com/forum/d_24376.html?page=1）

第一节 服务营销策划与实施

一、服务定位与项目设计

1. 服务定位

服务策略最核心的问题就是服务的定位。一个竞争型的企业要通过服务方面的定位创造出与竞争对手的差异，要进行一个完整的或者说一个系统的服务定位，主要应考虑三个要素：一是顾客的服务需求，二是自身的服务能力，三是竞争对手的服务定位。企业应在对三个要素进行综合分析的基础上，来找到自身的服务定位，找到与竞争对手的差异点。服务定位本身包含以下几个要素：

（1）服务的理念

理念实际上就是一种价值取向，这种理念更多的是要规范两个方面：第一，要规范企业与客户、市场之间的关系；第二，要规范企业的基本服务观念。山东青岛某公司在服务定位时，提出了“良心营销”的服务理念，一方面解决与客户的关系，对客户要服务好、讲良心；另一方面也规范了员工自身的行为。所以要进行一个真正的服务策划，首先要在观念上解决问题。单从技术层面实施服务营销是不可取的，一定要上升到企业文化层面。

（2）基本服务主张

企业应通过服务主张体现差异化的特色，而服务主张有时候也可以成为一种品牌。服务主张往往要提炼成一句话或几句话，那就是：企业的服务是什么？这一句话很显然和竞争对手是不一样的。理念可能是策略背后的东西，那么这个基本的服务主张就是服务策略、服务定位最核心的内容。比如：海信电视提出要实施一个知识服务工程，这就是一个服务主张。它的背景是彩电越来越成为一个信息商品，跟网络、未来信息社会连在一起，所以电视里包含的知识量将会增加，以前的售后服务就显示出了不足，因此海信提出了知识营销、知识服务，做到了售前宣传、集中解释、售后培训。企业应当将自己的服务内容表达出来，说明自己的服务与竞争对手有什么差异，这是非常重要的。有了这个主张之后，企业就可以找到相应的一系列做法。

（3）基本服务项目

基本服务项目即确定一套完整的服务策略中，有哪几项是企业最基本的服务项目。要从理念出发，将一些最基本的服务项目和服务承诺具体化。只有这样，消费者才会感兴趣，企业才能打开市场销路。

总之，进行服务定位时，首先要有一个服务的理念；第二要有一个基本的服务主张，这个基本的服务主张也可以是一个服务的品牌，比如 TCL 电脑星光使者服务工程的“星光使者”既是一个服务的品牌，也是一个服务的主张；最后，在此基础上再形成一个具体的服务项目和服务承诺。

2. 项目设计

服务产品的设计就是服务项目的设计。

（1）超市项目设计的基本思路

按照顾客和企业接触的流程来设计服务项目。由于这些企业与顾客有各种各样的接触点和接触的界面，因此可以把整个接触的流程统统设计出来并进行控制。例如，彩电企业应按照顾客购买彩电的流程，考虑售前阶段怎么为顾客提供服务、售中怎么为顾客提供服务、售后怎么为顾客提供维修服 务等。

（2）超市项目设计的基本要求

第一，设计要有一定的宽度。即在设计服务项目的时候，要先把大的服务种类定下来，然后在不同的时期根据消费者服务需求的不同进一步明确。服务的内容可以有所侧重，服务的种类也有某种递进关系，即可以先做好某一类服务，再扩展到另一类服务。第二，设计要有一定的深度。某一项目服务在层次上越做越好，服务水平就越来越高。因此，在开始设计服务项目时就要考虑到将来能够递进到什么程度。例如，保修承诺一开始是 1 年，后来是 3 年、5 年，甚至 10 年；维修工上门维修服务一开始是 72 小时内到达，后来是 24 小时、12 小时内到达。

总之，在设计服务产品的时候，如果把设计的宽度和设计的深度结合起来，就可以形成一个矩阵。横向是宽度的分类，纵向是深度的分类。比如，在服务产品的宽度方面，企业能做到上门维修；在服务产品的深度方面，企业能做到 12 小时内到达。通过横向和纵向的结合比较，这样管理者就可以找到能够做到的一个点，形成一个分类（宽度）、分层（深度）的思维体系，并最终形成一个由宽广度、深度组成的矩阵。

所以，服务设计本身并不困难，其实质是确定服务的类别，然后确定每一项服务的深度。按照这样一个矩阵展开分析讨论，整个的设计框架就非常清晰了。

二、服务文化、服务规范、服务开发与服务目标

1. 服务管理是文化管理

服务表现为人的行为，人的行为从根本上说，是由其动机和意识控制的。所以要想从根本上来解决服务问题，实际上最重要的是要解决员工的服务意识。因此，服务不是一个基础性的问题。而是一个人文的精神层次的问题。“心到、眼到、手到”对于服务管理是非常重要的，对于一支服务队伍来说，如果每一个成员的心里想的不是服务，那么他就不会发现服务需求，他的行动也就不会到位。从这个意义上来说，进行服务管理从根本上来说，是要进行企业文化的运作；也就是说，服务管理是一种文化的管理。

服务行业和其他行业不一样，有时候并不需要巨额的资本，也并不需要很高的技术。但是，一个企业能否成为一个庞大的服务帝国，往往取决于领导人是否善于运作企业文化。企业中往往有三类员工：第一类员工天生有服务意识，人品比较好；第二类员工具备有条件的服务意识；第三类员工是假清高不干活。所以对于一个企业来说，应当重用第一类员工，教育第二类员工、弃用第三类员工，而这就需要企业文化的运作。具体做法是：

（1）理念牵引

要管理服务队伍、进行服务营销，客观上要求企业领导人是一个“文化传教士”。没有激情、没有很强的价值观念的人管技术可以，管服务却不行。服务管理者必须不断进行理念的牵引，年年讲、月月讲、天天讲，使所强调的理

念逐渐成为员工心中的“圣经”。但是，企业的理念牵引不是单向的，而应在一个组织内达成一种共识，让企业上上下下都觉得这个服务是非常重要的、是对的、是应该这样做的，这时才能解决思想的问题。

（2）形成组织氛围

有时候，单靠理念来管理服务人员也不现实，毕竟不可能每一个人都能做雷锋。所以我们要在强调理念牵引的同时，通过制度在组织内形成一种服务的氛围，让大家形成一种服务的习惯，习惯成自然。

（3）领导人以身作则

这也是文化运作中最重要的一点。从根本上来说，一种风气的形成需要领导人以身作则。企业领导如果期望下属为客户提供好的服务，自己就要把客户放在心上。

小资料

某饲料公司的老总多次在培训课上强调服务营销，但分公司经理执行得并不好。大家上课讨论的时候都表态，“我们不为农民服务就没有根基，所以一定要为农民服务”，可一下课，车一开、手机一揣、西装一穿、根本没心思去为农民服务？老总非常着急，经过自身反省，认为这实际上反映了上层管理的问题。领导人以身作则不够，自己穿着16万元买来的西装去农民家，怎么服务？于是这位老总买了3套胶皮工作服，定期去3户农民家打扫猪圈。很快，公司的副总、分公司经理从上到下纷纷找到5户、8户甚至更多农户家作为定期服务对象，企业的服务营销也随之顺利地开展起来了。

2. 服务管理是规范管理

企业在进行服务项目设计的时候，一定要制定每一个服务行为的操作规范，这非常重要。服务行为本身包括人的服务，要对人的行为进行管理，要教会普通的人怎么做，就必须针对每一项服务制定操作规范，而且越细致越好。

比如说接听电话，国外曾经有一个著名的企业提出来有20秒钟之内解决问题，也就是训练员工在20秒钟之内让投诉的顾客满意地放下电话。按照这个要求，该企业制定了一系列地操作规范，比如拿起来电话说“您好，欢迎致电××公司”，“你的意见已经转入电脑，在××时间内我一定会答复”等。一定要对客户来电的过程进行分析，将可以规范的要素提炼出来，然后形成操作规范。这样一来，即使一个水平不太高的人，只要遵照这个操作规范就能保持一个基本的服务水准。对于服务的管理要采取工业化的办法，要像管理工厂的流水线一样来很规范地管

理人的行为。只有这样，才能使服务水平提高。

操作规范应该是可以复制的，是从好的做法中提炼出来。按照这样的操作规范，任何人都可以遵照执行，这时候整个服务队伍很快就形成了。此外，操作规范还应该具有可检查性、可考核性，能够对员工的工作情况进行考核。

在操作规范里面，尤其要注意两个名词。第一个叫“关键时刻”。实际上，关键时刻是指在服务的一系列细节中，能够引发消费者的好感、使其受到感动，进而能够使得消费者完全满意的时刻。第二个叫“完全满意”。顾客完全满意不是一个绝对的概念，顾客所得到的服务大于他的期望时，就会完全满意。

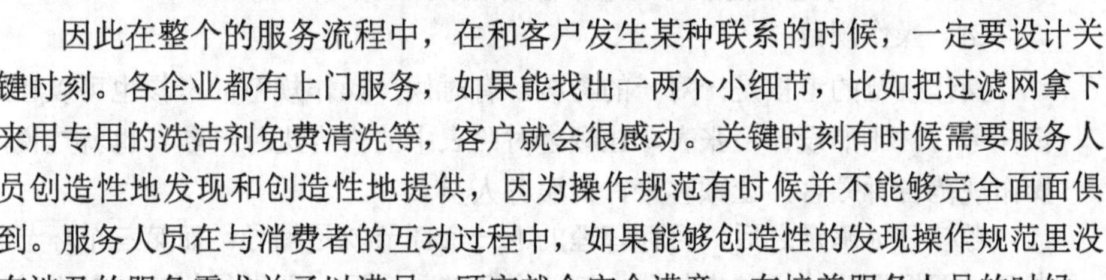

因此在整个的服务流程中，在和客户发生某种联系的时候，一定要设计关键时刻。各企业都有上门服务，如果能找出一两个小细节，比如把过滤网拿下来用专用的洗洁剂免费清洗等，客户就会很感动。关键时刻有时候需要服务人员创造性地发现和创造性地提供，因为操作规范有时候并不能够完全面面俱到。服务人员在与消费者的互动过程中，如果能够创造性的发现操作规范里没有涉及的服务需求并予以满足，顾客就会完全满意。在培养服务人员的时候，应该要求他们时刻动脑子观察，发现新的服务需求之后马上提供相应的服务。

3. 服务管理是开发性管理

服务管理的核心是要开发一种团队技能。团队技能有两个含义，一是每个个体的技能，二是整体的技能，整个一个团队要协同作战。

所谓个人的技能开发，实际上主要是进行服务素质和服务技能的培训。现在很多企业在培训方面总是纯技术的，对服务方面的培训没有引起足够的重视。其实，服务培训也应该落到实处，要做得非常细才行，甚至具体到迎宾员怎样鞠躬、怎样微笑，收银员怎样问候顾客、怎样装袋等。

提高团队整体技能的关键是知识共享。现在企业竞争其实就是看谁更善于学习，看整个企业的群体谁更善于学习。因此团队技能的提高就是从彼此身上学到东西，然后大家一起来讨论，一起来形成一个方案。而这时，团队的竞争力就能提高。

4. 服务管理是目标性管理

目标管理也叫绩效管理，是一种目标责任的管理。整个管理过程分为4个环节，即确定考核目标、进行辅导、考评、激励。

服务管理的考核目标分为以下几种：

（1）直接业绩目标

直接业绩目标又叫成果目标，纯粹的服务行业的业绩目标是整个公司的经营目标，而制造企业直接的产品目标是顾客满意度。由于顾客满意度是由顾客主观评价的，往往带有很大的随意性，因此要求评价者的样本要足够大。

（2）行为指标

比如说每个月拜访顾客 3 次，或者说每个人要拜访 50 位顾客等，都属于行为指标。对于一个服务人员来说，关键是要为其制定行为指标。

（3）间接业绩指标

可以理解为管理指标。比如，某员工对顾客投诉的处理情况可以分为好、中、差三个等级，由其主管来进行评价。此外，服务文化的灌输情况也是可以考评的。比如，考核超市的售后服务经理时，可以把维修工全部召集起来，出 10 个题目，考考超市的服务理念、服务主张。

（4）操作规范

操作规范的考核是一对一的考核。有时候，操作规范的考核也可以让顾客担任考官。比如设计一张表，让顾客对照表中的内容进行判断；也就是说，把操作规范告诉顾客，让顾客来评价服务人员。

考核目标确定之后，目标管理的下一个环节就是辅导。而第三个环节就是考评，即根据评价标准来打分。第四个环节是激励，即做得好应该怎么奖励、做得不好应怎么惩罚。这样就形成了一个目标责任制的管理，而其核心就在于确定评价的指标及其计算方法。

三、服务促销及服务营销趋势

1. 服务促销管理

（1）超市的服务

服务是连锁超市巩固老顾客、开发新顾客最重要的方法之一。连锁超市之间的竞争，某种意义上就是服务的竞争。日本卡斯美集团公司的总裁最爱讲、同时也是他唯一会讲的一句中国话就是“为人民服务”。

当然，不讲利润的连锁超市是不被人们欣赏的，也是无法生存的，但超市经营的基本原则本来就应该是“为顾客提供价廉物美的商品和亲切的服务，保证让顾客在购物时感到满足”。有些超市中店员怀疑的眼光就像一台台监视器，让顾客感到不快和不被尊重。这样的超市绝对不是成功的典范，因为它没有为消费者提供令人满意的服务，没有令消费者感到愉悦，他不懂得服务促销。

“顾客是上帝”，这句话为超市的服务促销指明了方向——超市应该使每位顾客都感受到信任和尊重，应该为消费者提供善解人意的服务，保护顾客的利益，尊重顾客的权益，让他们在购物甚至闲逛时能够自由自在、自得其乐。

（2）超市服务的性质

服务是劳务活动，同时服务活动产生的功效或利益能够满足人们对物质产品的需要和精神上的需要。当然，服务是有偿的，是和某种产品密切联系在一起的服务，或是纯服务，与产品毫无联系。

(3) 超市服务的特点

超市服务是与商品紧密联系在一起，超市所提供的一切服务都紧紧围绕着销售商品这个核心；超市服务多样而广泛，其在于不仅把服务停留在直接对商品的销售方面，同时也反映在吸引顾客、留住顾客、创造顾客方面；超市服务的价值包含在商品之中。

(4) 超市服务的功能

超市服务在市场经济条件下，显示出强大的功能。首先，超市服务对商品销售起到强有力的推动作用。超市服务能够推动、扩大、实现销售，可以把潜在的需求转化为现实的需求。其次，超市服务成为现阶段的竞争利器，有人把服务称成为“第二次竞争”。最后，超市提高服务质量也会对消费者产生极大的吸引力。在各家超市的商品趋于雷同的今天，消费者在选择超市时，比较的标准自然地落在了服务上。

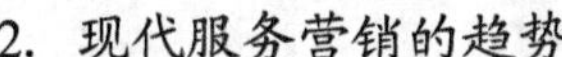

2. 现代服务营销的趋势

(1) 从基础服务转向知识服务

这是一个值得关注的趋势。现在，服务的内容不断深化，服务本身在延伸，这是非常明显的一个特色。有的超市为顾客提供生活资讯、消费情报、商品知识等，就属于知识服务。知识服务未来将是各个行业形成服务特色的一个重点，所以各超市要注意考虑如何在知识方面提供更好的服务。

(2) 从单项服务转向互动服务

美国有专家提出，现在营销的最主要趋势是消费者主权营销。即消费者要参与，有一定的权利，企业必须让消费者在参与的过程中解决服务需求。对超市来说，设立意见箱、成立商圈顾问团，甚至开设网站与消费者沟通等做法，就是互动服务。

(3) 从粗放服务转向精细服务

服务水平的高低和服务的竞争有时候并不取决于服务产品的设计、服务的承诺，而是取决于服务的细节，所以未来的服务运作一定要非常精细化。有的超市在进行电话调查的时候发现顾客经常很不耐烦地摔电话，其实电话调查本身的方向是对的，但是精细化程度不够。解决的办法是在顾客填写个人资料时，设计一个选项：“您是否愿意配合超市进行调查？如果愿意的话，您希望采取的方式是信函、电话还是发电子邮件？”让顾客自己选择。

(4) 从一般性服务转向个性化服务

要从对所有顾客一视同仁的服务方式转向个性化服务，这样才能充分挖掘服务的内涵，才能使服务项目得到延伸，也使得超市的关系更加密切。

有人认为未来的营销是数据库的营销加差异化的营销，即先建立一部分档案（即数据库），然后差异化，这样就把营销工作逐步做得更细致。同时，个性化服务也是超市开展营销工作或是进行服务策略定位时需要充分考虑的。个性化服务包含了亲情、随和等成分，也就说，将来的服务要越来越情感化。未来这种服务的情感附加值会越来越高。

第二节　收银管理与商品鲜度的管理

一、收银管理

许多超市经营者认为收银员不像售货员可以直接影响消费者的购买决定，所以不予重视。其实不然，收银员同样能直接面对消费者，他们的形象也会影响到超市的形象，因此必须规范收银员的收银行为，加强收银管理。

1. 收银排班安排

收银排班应根据超市自身的情况来安排，除了应考虑超市的营业时间，假期、节令及促销活动，正式人员与兼职人员的相互搭配等因素外，还要根据超市经营方针来安排。排班工作除了安排基本班次外，还要根据营业情况确定每一班次的收银员人数，具体收银人员的上班及休息日期等具体内容。收银小组的班组长应按月或按周编排收银人员的排班表。在上个月末或上个周末通知每一位收银员他们的班次，使他们明确上班时间。如有不妥之处，经收银员提出，班组长可酌情进行调整，并及时通知调整了的人员，以确保交接班顺利进行。

2. 装袋服务

装袋服务并不仅仅指收银员帮助顾客把商品放进袋子，他有一定的规范要求。消费者购买量不同，选择的购物袋不同，而且不同性质的商品必须分开入袋。一个袋子中商品数量不要过多，以与袋中持平为限，商品如果高过袋口不利于消费者提拿。要把重、大、底部平衡的商品先放置袋低，正方形或长方形的商品放入袋子的两侧，瓶装及罐装的商品放在中间。容易出水或味道较强烈的商品，应先用其他购物袋包装好，再放入大的购物袋内。商品入袋前要确认，以免拿错。消费者走时，提醒顾客带走所有包装好的购物袋以免遗忘在收银台。

3. 离柜要求

当收银员因特殊原因必须离开收银柜台时，要注意事先提醒后面排队的消费者，做好疏引工作，将“暂停结账”牌摆放在顾客容易看到的地方，用并链条将收银通道围住。将所有的现金或信用卡放置妥当，同时将收银机上的钥匙转至锁定的位置，钥匙必须随身带走，或交由相关人员保管。

4. 购物折扣

收银员要明确购物折扣的使用，如使用会员卡的购物折扣所包含的商品，会员卡是否可以与其他购物优惠同时使用，购物折扣的有效日期等。在每一笔折扣作业结束之后，收银员要做好折扣证的编号、购物总金额、折扣百分比、折扣金额等的记录，与其他业务要有一定的区分，每台收银机的“折扣记录单”应分开登录，以便查核。

5. 退换商品的处理

在顾客提出退还商品要求时，应立刻向负责人报告，由指定人员依据公司的退换政策作合理的判断，并指定地点，最好是在服务台进行，以免影响正常的结账服务。对于退货的货款处理，收银员要认真确认，退货后如有差额应请有关人员填写收据，方便以后盘点。

6. 员工购物

员工不可在上班时间购物，收银员要严格遵守这一点。员工购物时间应有统一的规定。在规定时间内员工所购买的商品，收银员应在购物发票上签署，并由超市主管加签，如遇到员工退换商品必须按正常手续进行，不可私下自行调换。

认真做好收银工作是每位收银员的职责。收银员要严格按规则办事，提高办事的效率，才能为顾客提供高质量的服务，增加营业额。

二、商品鲜度的管理

1. 果菜鲜度的管理

果菜欲保鲜，做好温度管理及湿度管理是关键。

一般果菜的保鲜温度在5～8℃，但香蕉、木瓜、甘薯的室温则要超过10℃大体而言果菜保鲜处理方法有冰冷水处理法、冷盐水处理法、复活处理法、散热处理法、直接冷藏法、常温保管法等六种。

（1）冰冷水处理法

呼吸量较大的玉米、毛豆、莴苣等产品可用此方法，通常此类产品在产地就须先预冷，然后装入纸箱，再运至卖场。经过预冷的果菜送到卖场时其温度会升到15℃，不经预冷的，温度回升到40℃，而使果菜鲜度迅速下降。

冰冷水处理法是先将水槽盛满水（200升），放入冰块，使温度降为0℃，再将果菜浸泡其中，使果菜温度降 7～8℃，冰冷水处理后，再用毛巾吸去水分或放进冷藏库。

（2）冷盐水处理法

叶菜类可用此法处理。其处理步骤如下：

1）放在预冷槽处理。水量 200 升，水温 8℃，将果菜预冷及洗净，时间为 5 分钟。

2）放入冷盐水槽，水温 0℃，盐浓度 1%，时间 5 分钟。

3）放入冷水槽中，水温 0℃，洗去所吸收之盐分。

4）放入空间较大的干容器中并送进苏生库。

果菜放入冷盐水槽中的处理时间不要过长，以防止盐分所引起的伤害。

（3）复活处理法

葱、大白菜及叶菜类等用此法处理，能使菜及时补充水分，重新复活起来。此法是将果菜放入一般水温 200 升水量的水槽中，洗净污泥，并吸收水分。然后放入空间较大的容器中，使其复活。芥菜、水芹等果菜的菜茎前端撒置于水中，使根部充分吸收水分，复活效果更佳。

（4）直接冷藏法

一般的水果、小菜、加工菜类等可用此法处理，此类商品大都已由厂商处理过，在销售前，只需包装或贴标签即可送到卖场销售。此类商品可直接放进冷藏库中。

（5）散热处理法

木瓜、芒果、香蕉、凤梨、哈密瓜等水果可用此法处理。此类商品在密闭纸箱中，经过长时间的运输，温度会急速上升，此时要尽速以降温处理,即打开纸箱，充分给予散热，再以常温保管。

（6）常温保管法

南瓜、马铃薯、牛蒡等类商品可用此法处理。此类商品不需冷藏，只要放在常温、通风良好的地方即可。

其他鲜度管理应注意事项有：购进果菜要尽早降温；避免急剧的温度变化；叶菜类要直立保藏；有切口的蔬菜，切口应朝下；避免冷风直吹果菜，否则果菜容易失去水分而枯萎。

2. 肉品鲜度的管理

肉品的品质变化与细菌的增殖及酵素的分解有很大的关系。了解肉品的特性，对鲜度的管理有很大的助益，连锁超市肉品的经营能做好鲜度的管理，也才能获得消费者的肯定，促进其销售，提高超市的业绩。否则，只会徒增损耗，更严重的会损及超市的营运，可见鲜度管理相当重要。

鲜度管理方法如下：

（1）慎重选择原料厂商

超市所销售的肉品如要保有良好的鲜度，首先必须要有鲜度良好的原料。而为确保原料供应的品质，其原料供应商的素质就需予以考虑。

（2）以冷冻、冷藏车运输原料

为做好原料的温度管理，以免原料在运送期间，温度发生变化，冷冻肉品原料应以冷冻车来运输，其温度要控制在-18℃以下。冷藏肉品则须以冷藏车运输，温度应维持在 0℃以下。此外，为不使肉品受到污染，运输的车辆、容器均需保持清洁。家畜肉容易发酵，其冷藏原料，为降低品温，需要再敷冰块。

（3）以冷冻、冷藏方式储存原料、半成品及成品

低温可以拟制细菌的繁殖及酵素的分解，所以为了维护供应肉品的品质，无论是原料、半成品或成品都必须以低温储存，冷冻肉品则应以-18℃冷冻库储存，冷藏肉则以 0℃的冷藏库储存为佳。冷藏禽肉于储存前要先予敷冰。库内之商品存放不要堆积过高，也不要紧贴墙面，必须有5厘米的距离，以维持冷风的正常循环，否则会影响品质。

（4）处理宜迅速，尽量减少暴露室温的时间

肉品的中心温度一旦回升就容易变质，因此处理时要掌握时间以避免中心温度回升，如因作业安排，有延迟情况，必须先送回冷藏库做降温处理。

（5）以适当的材料覆盖肉品原料及成品

肉品的表面如长时间受冷风吹袭，表面水分便很容易流失，致产生褐色肉，会影响口感，因此分装原料肉时需以保鲜纸包装后再予以储存。而如为保护及固定成品，可以用保鲜膜包装后再予以储存或销售。

（6）控制展示柜的温度

冷冻形态的成品须以冷冻展示柜陈列展售，柜内温度则应控制在-18℃以下，而冷藏形态之成品则须以冷藏展示柜陈列，其柜温须控制在-2～0℃，以维护成品之鲜度。

（7）适当的陈列高度

单品之陈列高度以二层为限，如超过二层，底层易因冷风供应不良，而致回温，故陈列物千万不能阻塞住出风口。

（8）包装成品内可适当充填其他气体或抽成真空状态以延长商品寿命

1）充气包装：这就是为一般所说的变更大气环境的包装方式（简称 MA 包装形式）。方法是先以真空泵抽出包装袋内的气体，再以 80%的氧气、20%的二氧化碳及惰性气体（如 N_2），填充入包装袋内，可促进肉品色成鲜红。

2）真空包装：抽取包装内之空气，并配以氧气通透率极低的包装材料，可减低肉品的氧化、酸败的速率并确保肉品品质。

3. 水产品鲜度的管理

因在水产品的处理上，做好温度与卫生管理，就等于做好鲜度管理，其管理方法如下。

（1）温度管理

要做好水产品温度管理，首先要采购鲜度良好的原料；其次，要做好运输、贮存、作业场的温度控制。例如，运输原料或成品的车辆，必须有冷冻或冷藏库；待处理的原料或半成品应储存在冷库中；作业场或处理室的室温应控制在15℃以下；已包装的成品应立即送入冷藏库或展示柜等。

（2）卫生管理

卫生管理应从以下几个方面做好：作业人员应身着浅色的清洁衣、帽、鞋等以防止头发、头皮屑、灰尘、细菌等污染；进场作业前要彻底清洁手部及鞋部；不要用手直接接触水产品，必须戴手套作业；禁止患有传染病或手部有伤口、脓疮者从事作业；工作中禁止从业人员饮食、吃槟榔或口香糖、并须戴口罩；禁止从业人员佩戴饰物、蓄留指甲；工作场的排水系统及地面、墙壁、天花板、门窗等，应依卫生规定施设并处理；从业人员应定期做健康检查，以防止患有传染病者从事加工作业；原料、成品、半成品等禁止与地面直接接触；储藏库要清洁卫生，储存时应予以适当的间隔以维持通风良好，并须有完善的排水设施；作业前、后，应清洁作业场或设备；以符合饮用水水质标准的用水处理水产品。

4. 日配品鲜度管理

顾客对商品的需求为随时可以买到既新鲜，品质又好的商品，因此以提供新鲜商品为任务的部门，更要讲求方法以确保鲜度。

（1）鲜度管理的基本原则

1）卖场的基本管理原则：先进先出；搬出商品时，不要忘了检查日期；定期清理商品、棚板及冷藏柜。

2）验收的基本原则：不要忘了检查制造日期；检查破损、压坏。

3）作业场的基本原则：先进先出；彻底执行温度管理；打扫、整理冷藏库。

4）有些常温存放的日配品，须遵守下列三点：①不要让阳光直接照射商品；②重的商品放在下面，轻的放在上面；③驱除虫类、老鼠等。

（2）出售允许期限的设定

日配品虽保存于冷藏库、冷藏柜中，也会因存放时间过久而改变味道及颜色，所以制作一份让顾客可安心购买的出售允许期限一览表，且严守此规定来做商品检查，有一定的必要性。

5. 杂货商品鲜度管理

有效期间的管理对杂货商品鲜度的影响最大，所谓有效期间的管理，就是要让消费者在商品使用期限到期前，将商品消费掉。换言之，就是不要让消费者，买到或使用到过期的商品。这点非常重要，若一个超市因有效期管理不良，而让消费者买到过期商品不但对商品的信誉打击很大，同时也会损害消费者的健康，甚至触犯法律，管理者一定要谨慎。

这里还有一个很重要的概念，必须再加以强调，就是有效期限前置的观念。所谓有效期限前置，即指商品在有效期限前预先将商品撤除，以保商品新鲜的做法。如某商品的有效期限为一年，就应将陈列销售的期限设在 10 个月，超过 10 个月，就将商品从货架中撤除，不再出售。

第三节　安全与顾客投诉管理

一、连锁超市安全管理

连锁超市的安全工作也是一项非常重要的工作，因为连锁超市目标市场的覆盖面广泛，前来购物的顾客人数众多，营业时间长，安全问题非常重要。

1. 连锁超市安全管理的具体项目

（1）公共安全管理

公共安全管理包括消防安全管理、陈设安全管理及员工作业安全管理。

1）消防安全管理的范围包括火灾预防及抢救；各项消防安全设备的定期检查和管理；消防水源的定期检查和管理；消防安全的教育及宣传。

2）陈设安全管理是指连锁超市要给顾客及员工提供一个安全的卖场陈设，使其在购物区域活动时，不发生意外事故。因此需特别注意下列事项：①货品陈列安全。货品陈列过高，或是摆放不整齐时，容易因地震或人为碰撞而使商品倒塌或掉落，造成顾客或员工的意外伤害。②卖场装潢安全。超市业者为了吸引消费者，往往在装潢上作了相当大的投资。但在美观之余，还必须注意其安全性。例如，部分超市卖场喜欢利用玻璃作为装饰，但由于玻璃制品易碎，除了容易引起严重的伤害之外，还因为其不容易清理干净，使其他的顾客再次受伤。③货架摆设安全。货架摆设的位置不当、不稳固，或是有凸角产生，都可能使顾客在购物时发生事故。④地面安全。地面湿滑或有水渍出现时，若未能立即处理，也会造成顾客在行进时滑跤。

3）员工作业安全管理是指员工作业方式不当，也可能造成顾客或员工本身的伤害，因此应加强管理。例如，补货作业不当、大型推车使用不当、卸货作业不当，都有可能造成商品掉落，因而砸伤或压伤顾客和员工。

（2）内部安全管理

1）开、关店的安全管理：大部分超市在非作业时间内，并未安排人员留守。但是为了防止窃贼夜间闯入、窃取财物，通常会与保险公司合作，安装安全系统，设置保安。因此有必要对开、关门的作业加以防范，以确保卖场的夜间安全保障。例如，开、关店必须由特定人员在规定的时间，开、关保全设定，并以照正常的规定作业进行开、关门。负责人员除了必须在记录簿上加以记录并签名外，还必须附有至少两位人员的附属签名，以为证明。另外，开店后值班主管应检查正门入口、后门、金库门及所有门窗有无异常，要确保一切正常，没有被破坏的迹象。关店前应清点现金，检查收银机、金库、店长室，并且上锁；除必需的电力外，其他不必要的电源应关掉，所有的插头应拔起；检查店内每一个角落，并做好员工的安全检查。

2）钥匙管理：首先，店长室和金库的钥匙应有备份，并分别交由正负店长或业务相关人员妥善保管，未经许可，不得任意打造；其次，金库的保险锁密码只有必要的工作人员知道。当超市店长或副店长换人时，应随时更换保险箱密码，以防止意外事件的发生。最后，所有钥匙均应编号，以利管理，便于发生不法事情时追查责任。

3）金库管理：金库管理时当新旧任店长交接后，必须立刻将金库密码重新设定，并且只有店长、副店长两人知道。同时，金库门应随时关上并上锁，店长每天上班后、下班前，第一要务就是检查金库门有无上锁和异状发生，如有任何问题，应立即向上反映。另外，金库室为机密地方，除必要人员，其他不相关人员不可随意进入。

4）偷窃管理：偷窃问题是超市在安全管理上相当重要的一部分。防范的对象除了一般的顾客以外，也不可忽视超市本身的工作人员。在此列举一些超市的防盗技巧：在开放式的卖场中，把最易失窃的商品陈列在售货员最易到达的地方，这样，会给小偷增加作案的困难，有利于商品的防盗。但是，最易失窃的商品最好不要放置在入口处，出入口的人员流动大，售货员不易发现和区分偷窃者，容易造成商品失窃；另外，还可以采取集中的方式，在超市当中把一些易丢失、高价值的商品集中到相对较小的区域，形成类似“精品廊”的购物空间，也是一种好的“安全”的商品陈列方式，非常有利于商品的防窃。当然这样的防盗措施还不够，要把损失降到最小，除了安全的陈列方式之外，还可以安装先进的电子防盗系统，以确保最佳的防盗效果。

5）抢劫的防范：由于超市的现金流量相当庞大，收银柜台又邻近于出入口的位置，在现金一进一出的同时，难免引起歹徒的注意而发生抢劫。抢劫的对象，除了超市本身之外，也曾发生歹徒抢劫其他顾客的事件。因此，在超市营业时间逐渐延长的趋势下，有必要对抢劫的情形加以防范。

6）停电应变处理：由于国内的电力管理仍未完善，而电力又是超市必备的营业条件，一旦停电，除了加速低温商品的损坏以外，还可能造成顾客或员工乘机窃取公司的财物。因此管理者必须针对停电，拟定一套应变作业程序，

以减少公司损失。

2. 连锁超市安全应变处理原则

尽管事变的发生大部分都属于临时的状况，但是如果能够针对各项安全管理项目，在平时做好事前防范的工作，而在意外事故发生的同时，所编制的“应变处理小组”也能依据正确的作业程序来处理，则可将事故造成的伤害降至最低程度。等到事故发生之后，也必须按照顺序处理好善后的工作，以加速重建和复原的工作。有效预防卖场的各项安全管理是超市从业人员不可推卸的责任。除了必须维护消费者的购物安全以及员工的工作安全之外，还可以减少公司财物上的损失。

为了确实掌握卖场各项安全管理，经营者必须归纳出相关的安全管理项目，从而编制“应变处理小组”，和制定各项安全管理规划，对事前、事中、事后的应变作业程序做成书面指示，以为员工遵循的依据。

此外，除了各项安全设施应依照政府的规定予以日后设置，并定期检查之外，员工的安全教育训练、演习和灾害意识及警觉性的培养，也是不可忽视的一环。有了良好的事前防范，才能减少事故发生的机会，或是当事故发生时，才可以迅速有效地处理，以减少人员及财务上的损失。而每次意外事故发生之后，也必须追查事故发生的原因及责任，做好善后工作及各项补救措施，作为经验和教训。

3. 连锁超市安全管理的改善

（1）超市安全事故发生的原因

1）设备陈旧：许多超市所购买的设备往往一摆好多年，既不淘汰更换，也不做定期检查，例如：各项消防设施、逃生设备、工作器械（补货梯、推车、电器用品等）等，一旦要使用时，不是老旧磨损，就是已经过期而不能继续使用，不仅危害到公众的权益，也使得内部员工的工作安全无法得到有效保障。

2）基本常识不足：超市人员对于安全的常识往往不够充分，甚至在观念上也有所偏差。例如：在用电方面，用电量超过负荷或者电源使用不当；在工作方面，不良的工作习惯和卖场设计；在意外伤害方面，不当的医护处理和时效上的延误；以及在消防设施方面不知如何操作消防设备和不重视消防设施的维护等，都是造成意外伤害的主要原因。

3）缺乏警觉性：许多意外事故在演变成重大伤害之前，经常是因为员工缺乏高度的警觉性，从而导致成一发不可收拾的局面。例如：对于小火苗的发生掉以轻心，从而演变成大火灾；对于顾客特殊异常的行为或要求不予理会，而导致顾客受伤或使店内遭受财务损失等。

（2）超市安全管理的依据

1）事前：妥善规划，即依据各项安全管理项目，做好事故预防、处理及善后作业的详细步骤、程序与注意事项。除了做成明确的书面说明之外，还可列出安全管理项目检查表为超市人员作业的依据；定期举办员工安全管理课程，以增加员工的安全意识、正确地处理作业和良好的道德观念，加强灾害意识，和纠正错误的观念；为使员工能充分理解并应用日常安全教育中所得到的知识，应定期举办各项演习，用来测验员工的安全管理能力和临场的应变经验。演习的方式可采取预先知会或临时通知的方式；定期检查超市内的各项安全设施的使用器械，对于老旧、损坏或过期者，应做立即的修复或更换；养成员工发现问题，马上反映的习惯。良好的保安警觉是减少意外事件发生的有力保证。

2）事中：不管发生任何状况，必须保持沉着冷静的态度，凡事不可轻举妄动，保证自身安全为首要条件；根据事前所做的各项安全作业指示，分别各就各位，执行自己的任务。

3）事后：除了找出意外事件的导火索，对于导火线背后的真正原因也须一并追查；清查相关人员的责任，不仅可以对尽职的员工奖励，也可对失职人员有所警告；亡羊补牢虽然不能挽回事故所造成的损失，但是针对事故的原因，迅速建立各项补救措施，仍可避免日后发生类似的事件。

二、连锁超市顾客投诉管理

1. 顾客投诉管理的类型

（1）对商品本身的抱怨投诉

主要包括对商品价格、商品质量、商品完好度、商品的有效期、商品标识不符、价格、缺货等的抱怨。

（2）对服务质量的抱怨投诉

主要包括对工作人员服务态度不佳：例如，不理会顾客的询问要求，回答顾客的语气有不耐烦、敷衍，或是出言不逊等现象；食品工作人员的不遵守卫生规章操作，操作速度太慢或称重计价发生错误；促销人员的过激促销行为或误导顾客购买的言语；退换货不能满足顾客的要求；收银作业不当，收银人员不熟练，速度太慢，商品登录错误造成多收货款，少找钱给顾客，不找零钱给顾客，遗漏消磁，遗漏扫描顾客的商品，或者排队过长等候结账的时间过久等；服务项目不足，顾客要求提供送货服务，提货服务，换钱服务，或其他形式的额外服务，却得不到满足；服务作业不当等的抱怨。

（3）对购物环境的抱怨投诉

主要包括对安全方面的抱怨：顾客购物时意外伤害事件的发生、财物被盗窃；地面积水多易滑倒；儿童发生意外；商品运输时影响行人的交通；货物规

程有安全隐患等而引起顾客的抱怨；清洁卫生的抱怨：超市对废弃物及垃圾物处理不当，造成卫生环境恶劣；货架货柜或商品上的污渍，灰尘过多；生鲜销售区域污水横流，有严重腥臭味；地板有纸箱废纸杂物等；购物车/篮太脏；洗手间太脏等；其他环境的抱怨：如超市的音响太大，播音员吐字不标准，人工现场促销声音太大等。

2. 顾客投诉处理原则

（1）倾听原则

不打断顾客地陈述，耐心、平静地聆听顾客的不满和要求。

（2）满意原则

这是处理投诉的首要原则。处理顾客投诉的最终目的不是解决问题或维护好超市的利益，它的结局关系到顾客在经历这一问题的解决后是否愿意再度光临本超市，这一原则和概念应该贯穿整个顾客投诉处理的全部过程。

（3）迅速原则

迅速的解决问题，如果超出自己处理的范围之内需要请示上级管理层的，也要迅速地将解决的方案通知顾客，不能让顾客等待的时间太久。

（4）公平原则

处理棘手的顾客投诉时，应公平谨慎处理，有理有据说服顾客，并尽可能参照以往或同类超市处理此类问题的做法进行处理。

（5）感谢原则

处理结束后，一定要当面或电话感谢顾客提出的问题和给予的原谅。

三、连锁超市防损管理

1. 连锁超市损耗产生的原因

（1）变价损耗

变价损耗是指超市进行竞价促销时，为吸引顾客而将商品降低售价所产生的降价损耗。主要包括：固定促销价格；临时促销变价；快过期商品的促销变价；为减少库存而变价等。

（2）废弃损耗

废弃损耗是指因商品订货过多或保存不当等因素，导致商品鲜度不良、不能食用而丢弃所产生的损耗。主要包括：节庆商品（如粽子、月饼等）逾期未售完；国外进口商品（如进口葡萄、加州李、美国进口牛肉等）因无法退货，容易产生废弃损耗；自有品牌。有的超市为了建立企业形象，开发自有品牌，但因无法退货而产生废弃损耗；订货不当；偷窃、偷吃等。

（3）不明损耗

除了以上两种损耗，其他无法归类的均列为不明损耗。商店的管理水平越高，其不明损耗越低，反之亦然。主要包括如下方面。

1）验收不正确。比如，商品数量不足；厂商套号，以低价商品冒充高价商品；厂商代替超市为商品标价，却将高价品标上了低价格，使超市遭受损失；促销赠品没有随货进入超市。

2）厂商人员进出管理不当。比如，厂商人员将超市的商品夹藏在空箱内带出超市；退货时未仔细检查，致使厂商人员夹带其他商品出去；厂商人员利用超市管理的漏洞，伪造签收单。

3）调货作业流程不当。比如，店铺之间的调货手续不完全；部门之间调货，账务处理不当；使用自用商品时，未如实填报或未列入费用明细等。

2. 连锁超市防止损耗管理的办法

（1）连锁超市后场管理

后场管理主要做好进货管理；厂商人员出入管理；商品调货管理；员工出入管理。

（2）连锁超市店部管理

店部管理主要做好夜勤工作管理；专柜人员管理；员工购物管理；防止顾客偷窃；兑换券管理；鲜度管理；外送外卖管理。

（3）连锁超市收银部门管理

加强收银员及收银机管理也是防止损耗的关键之处，所以对于收银部门应制定严格的规章制度，以防止损耗的产生。

四、连锁超市服务中心管理

1. 电话接听

服务中心接听电话时应态度亲切礼貌，标准的语言是“某某超市，您好！早上好/下午好/晚上好！”或者“您好！早上好/下午好/晚上好！服务台”，经常用“请”、“谢谢”、“对不起”、“请稍等”、“让您久等了”等文明用语。同时，电话铃响三声内，必须接听电话。接听电话时，必须带笔与纸张在旁边，以便将接听的重要内容做记录。另外，当属于顾客投诉电话时，必须做顾客投诉记录和记下顾客的联系方式，便于追踪。找人的电话应每隔一分钟予以确认是否已经接通，并请对方明了你正在仔细聆听。通话完毕后，应将听筒轻声放下。

2. 存取物品

存包处的工作人员在顾客存取包时应保持面带微笑、热情积极、礼貌用语、动作迅速。接待顾客时，要问候“您好！”送走顾客时，要说“请慢走！”“欢迎下次再来！”等，不能沉默不语，不打招呼。同时，应确保每一张存包牌都

与存包柜的号码保持一致，营业开始和营业结束时对存包牌进行核对，及时补充丢失、破损的牌子。保持区域内整洁，营业开始和营业结束时做清洁卫生工作。

3．退货与换货

退换货是服务中心的主要工作之一，退换货时必须按照一定的程序处理。

（1）受理顾客的商品、凭证

接待顾客并审核顾客是否有本超市的收银小票或发票，购买时间，所购商品是否属于家电商品或不可退换商品。

（2）听取顾客的陈述

细心平静地听顾客的陈述有关的抱怨和要求，判断是否属于商品的质量问题。

（3）判断是否属于符合退换货标准

结合超市的政策、国家的法律以及顾客服务的准则，灵活处理，说服顾客达成一致的看法，如不能满足顾客的要求而顾客予以坚持的话，应请示上一级管理层处理。

（4）决定退换货

双方同意退货或同意调换同种商品或同类商品甚至不同的商品。

（5）填《退货单》或《换货单》，复印票证

填写《退货单》或《换货单》，复印顾客的收银小票或发票。

（6）办理退换货

退货时，在收银机现场做退现金程序，并将交易号码填写在《退货单》上，其中一联与收银小票或发票的复印件钉在一起备查。换货时，让顾客凭《换货单》的一联，到超市选购要更换的商品，然后在收银机现场做换货程序，《换货单》中的一联与收银小票或发票的复印件钉在一起，实行多退少补现金法，并将换货交易号码填写在《换货单》的商品联上。

（7）退换货商品的处理

将退换货的商品放在退换货商品区，并将《退货单》、《换货单》的一联贴在商品上。

4．开具发票

服务中心在开具发票时必须在顾客购物付款后凭小票才能开具，期限通常为一个月以内，开具时只能开具普通销售发票，增值税发票以及其他专用发票由财务部门开具。同时，开具发票时，必须由开票人签名，用蓝色或黑色的圆珠笔填写，且必须符合发票书写的规范，按从小到大的号码连续开，不能跳跃开发票，不能虚开发票，不开空白发票。发票由专人负责领取、开具、归还，

每日营业结束前必须归还发票到现金室。发票一旦遗失，迅速上报管理层及财务部，以便及时到税务部门办理遗失手续和遗失声明。

5. 赠品发放

服务中心的赠品是销售者或供应商为促进某种商品的销售，对购买该商品一定数量的顾客给予奖励性质的搭赠物品。

6. 店内广播

店内广播的主要内容有店内的背景音乐、促销活动、紧急内容（如火警、儿童丢失等）、安全提示、找人等方面的内容。播音要求必须用标准的普通话，音质柔美，语句流畅，开始和结束必须用文明礼貌用语。

第四节　连锁超市其他管理

一、卫生管理

1. 个人卫生管理

超市的生鲜食品无论搬运、处理、装盒、标价等步骤的实施，均需人的双手完成，而从业人员良好的个人卫生习惯，就显得格外重要。对从业人员的卫生要求有：首先，必须要有健康的身体才能从事本工作。患有皮肤病、及手部有创伤、脓肿的病患者，其身上或手部的病菌容易再次污染经处理、包装的生鲜食品，从而影响其卫生安全，这类人员不能从事本工作，如要参加工作，必须监督其戴手套作业。其次，作业前要严格清洁个人卫生，特别是手部的清洁。最后，作业时要有严格的穿戴要求。比如，穿戴整齐干净的工作服、工作帽；洗刷工作鞋；洗刷手部并在消毒池消毒鞋面；以纸巾或消毒的毛巾擦干手部；以手肘或脚部推门进入作业场等。

2. 食品加工区域卫生管理

食品加工区域卫生管理主要包括：操作区环境卫生管理、设备卫生管理、加工流程卫生管理、果蔬加工间卫生管理、肉类加工间卫生管理及鱼池卫生管理。其卫生管理的总要求是：严格执行相应的卫生标准及消毒措施，做到无油污、无垃圾、无积水、无油渍、无杂物，干净、卫生，保证整个食品加工区域卫生的清洁要求。

3. 卖场内环境卫生管理

要做好卖场内环境卫生的管理，必须做到以下几点：①必须维护卖场的空

气清新，避免浑浊的空气有害人体的健康。②做好卖场内有害动物的防治，减少超市商品的破坏及环境的污染。③做好洗手间的环境卫生工作。④加强专柜柜台的卫生管理。超市专柜人员有义务保持超市环境卫生整洁，遵守超市的卫生管理规定，服从超市管理人员的监督管理，配合超市清洁人员共同搞好超市的卫生。最后，加强办公场所卫生管理。办公场所应该空气清新流通、设施整洁、地面干净、光线充分，这样才能有一个舒适的工作环境，从而做好超市的管理工作。

4. 卖场外环境管理

卖场外环境要求：拉布灯箱保持清洁、明亮、无裂缝、无破损；幕墙内外玻璃每月清洗一次，保持光洁、明亮、无污渍、水迹；旗杆、旗台应每天清洁，保持光洁无尘；场外升挂的国旗、司旗每半个月清洗一次，每三个月更换一次，整洁、完好无损；场外挂旗、横幅、灯笼、促销车、阳伞等促销气氛展示物品应保持整洁、完好无损；雨后应及时擦干休息椅的椅面。

二、专柜管理

1. 专柜管理的重要性

（1）为超市提供更为丰富的品种

目前，许多超市受制于立地条件和环境因素，规模并不大，卖场面积多为300～1000平方米，平均供应品种约为6000种，很难满足家庭日常生活所需。为了向顾客提供多样化的商品，满足其一次购足的需求，这些超市就必须设立专柜。

（2）满足消费者休闲的需求

超市是生活产业，只有迎合商圈内顾客的生活步调和需求，才能创下较高的业绩。一般而言，到超市购物的消费者多为女性，且以单身为主，购物时间大多在30分钟以内。可是每逢周末、法定节日，消费者会全家出动，到超市并不只是为了购物，休闲也是其目的之一，而这时超市的营业额、来客数也会比平时增加2～3倍。为了满足这一类顾客的需求，超市必须兼具休闲功能，让顾客结完账步出收银区后，能有一个休息落脚的地方。而这也是目前超市的专柜区越来越大，甚至还结合美食街一起营运的原因。

（3）延长顾客的动线

顾客在超市内停留的时间越久，所购买的商品品种越多，消费者的消费金额也越高。而设立专柜区可以延长顾客的购买动线，延长消费者在卖场内的停留时间，从而刺激消费者，提升业绩。

（4）活用卖场空间，提高营业效率

为了充分利用卖场空间，超市常会在不易规划的地方设立专柜，让原本不具有经营价值的卖场空间也能创造营业收入，从而提升整个卖场的单位面积营业效率。

2. 专柜管理对策

（1）人员管理

将专柜人员纳入培训对象，使其了解超市的各种作业规定和作业流程，建立与超市员工相同的认知，编造专柜人员名册，要求上下班打卡，以便随时抽查、考核。同时，超市现场主管除在开店、关店时检查专柜的情况外，还应不定时的到专柜现场了解专柜人员的服务态度和营业情况，遇到异常现象应及时纠正。

（2）商品管理

商品管理要求专柜厂商在开业前将销售品种、价格造册并送交超市查核，了解是否有不应销售的商品、与卖场重叠的商品，防止品种不足或价格不合理的现象。同时，不定期抽查专柜商品的鲜度、品质、品种、价格及标示，了解专柜商品品种是否符合合约的规定、是否经常缺货、是否销售品质不良的商品、是否有价格不合理的现象。

（3）金钱管理

首先，要不定期抽查专柜的收银柜内的现金是否与读账金额相符；其次，不定期巡视、检查是否有违反规定的售价交易、作废发票过多等情况；最后，要每天检查专柜在结账后收银柜里是否有现金。

（4）促销活动

要求将超市每个月的促销活动的时间安排和具体做法事先告知专柜厂商，要求其配合媒体制作进度，提出促销品种并分担广告费用；促销期间，每天检查专柜的商品品种、价格、数量、是否与促销媒体所登载的相符，供应量是否充足。

（5）加强与专柜业主沟通

超市应每月定期召集专柜业主开会，讨论营业状况，加强其管理。

三、理货管理

理货员主要负责整理商品和补货工作，一般不与顾客进行面对面的商品交易，是超市最基层的工作人员，在一定意义上，他们也代表着超市的形象，是影响超市商品销售额的重要因素。因此，理货员应做好理货工作，其主要表现在以下几个方面：

1. 熟悉商品，按规定领货

理货员首先应掌握所属商品部门中商品的名称、属性、规格、价格水平以及保质期，同时，遵照超市仓库管理和商品发货的有关程序，有秩序地进行领货工作。

2. 打贴标签，及时补货

在超市中，经常会看到有顾客或收银员翻动商品寻找价格标签的情景，既影响购买欲望、收银速度，也会危及到商品的安全，所以打贴标签就显得非常重要。通常情况下，超市中的商品价格标签的位置都应该是一样的。同时，理货员还应掌握商品打贴标签的具体要求，比如，同一品牌的商品规格、款式、型号较多，顾客难以识别，必须为每个商品打上标价签；服装除盒装衬衣打在包装盒及包装袋上，其余均打在服装的吊牌上等。

理货员除了正确打贴标签外，还应及时补货上架。补货时首先检查商品上的售价标签是否与陈列架上价格卡的具体内容相一致。其次，将该当商品取下，擦拭货架，然后按照“先进先出”的原则将原来剩下的商品摆放在前面，新补充的商品摆放在后面，确保在商品保质期内将商品销售出去。最后，对于生鲜食品和冷冻商品的补货要注意对不同时段的投放量进行控制。在早晨开门前，应将所有种类的生鲜食品和冷冻食品补充到既定的货架上，但数量不宜超过全天销售总量的40%，中午再补充30%，下午营业高峰前再补充30%。这样既确保了食品的鲜度，也分散了理货员一次补货的大工作量。

3. 整理商品，清洁卫生

如果商品陈列架上的商品不需要补充，理货员就要进行整理商品的工作，比如，将货架上的商品前移，填补空缺之处，以体现超市商品的丰富感。同时随时做好检查商品质量和清洁商品的工作，以提高超市的形象及将超市的损失降到最小。

四、还原管理

为了确保商品和设备及时还原，保持良好的营业秩序，由还原人员负责对营业中流动的购物车、篮及商品等放回指定位置。还原人员由店长或值班经理根据客流情况事先排班或临时指定超市专职（或兼职）人员，完成还原工作。还原工作主要有：

1. 营业前

还原人员应整理购物车、篮，必须保证每个指定地点购物车（篮）的数量合理、摆放整齐；整理收银台前的商品并做好其卫生清理工作；做好购物车、篮停放处的卫生清理工作。

2. 营业中

还原人员必须经常到各收银台和柜组巡查，及时将顾客留在收银台或其他

地方的商品还原到相应位置；接到收银员商品还原的通知时，还原人员必须立即到位，及时将商品还原到相应位置；还原商品时必须坚持“先冷冻商品、生鲜熟食、后普通商品”的原则；遇到价格错误、无条码或质量有问题不能销售的商品时，还原人员必须将这些商品交到相应柜组的领班手中，并将有关情况向其反映，不得直接将商品放入柜组；还原人员在还原购物车（篮）时动作应小心轻缓，推车速度不得快于正常行走速度等。

3. 营业后

通知柜组人员将收银台前存货不足的商品补足；擦拭购物车（篮），保持其清洁、卫生，定期（一般情况为一个月）为购物车轮加润滑油；购物车（篮）在指定地点摆放整齐。

五、消费者活动管理

在激烈竞争性市场中，“只要开店，顾客就会上门”的观念需要改变，只有主动出击、从顾客的立场去设计促销活动才能获得经营的成功，收集、整理和利用消费者资料并展开消费者活动已显得越来越重要。

消费者活动管理，首先，要搞清楚消费者活动的主要对象。是单身家庭还是以女性为主等。其次，要做好消费者资料的收集与整理、维护工作。最后，要采取多种多样的活动做好消费者管理。比如，进行消费者意见访问；提供生活信息；恭贺问候；举办公益活动等。

复习思考题

一、选择题

1. 扩大商品销售额的最主要方法是（　　）。

A. 增加顾客人数　　B. 提高商品毛利

C. 促销　　D. 激发购买动机

2. 下列商品那个是易盗的商品（　　）。

A. 鱼　　B. 饮料　　C. 衣服　　D. 化妆品

3. 生鲜食品早上陈列数量为当日预定销售量的（　　）。

A. 30%　　B. 40%　　C. 50%　　D. 60%

4. 商品陈列一般原则是（　　）。

A. 先进先出　　B. 后进先出　　C. 随意陈列　　D. 加权平均

5. 木瓜、芒果、香蕉等水果一般采取（　　）保鲜。

A. 冷盐水处理法　　B. 直接冷藏法
C. 复活处理法　　D. 散热处理法

6. 超市人员每个月拜访顾客3次，属于考核的（　　）。

A. 行为指标　　B. 直接业绩目标
C. 间接业绩目标　　D. 操作规范

7. 超市服务已经从单项服务转向（　　）。

A. 知识服务　B. 互动服务　C. 精细服务　D. 个性化服务

8. 一般果菜的保鲜温度在（　　）。

A. 5～8℃　B. 10～12℃　C. 4～6℃　D. 12～15℃

9. 因商品订货过多或保存不当等因素，导致商品鲜度不良、不能食用而丢弃所产生的损耗属于（　　）。

A. 变价损耗　B. 不明损耗　C. 废弃损耗　D. 随意损耗

10. 打贴标签，及时补货属于（　　）。

A. 还原管理　B. 专柜管理　C. 补货管理　D. 安全管理

二、填空题

1. 服务策略最核心的问题就是______。
2. 服务定位本身包含______、______、______三个要素。
3. 超市项目设计的基本要求，一是______，二是______。
4. 服务是______，同时服务活动产生的功效或利益能够满足人们对______和______。
5. 果菜欲保鲜，做好______及______是关键。
6. 在水产品的处理上，做好______与______管理，就等于做好鲜度管理。
7. 商品验收的基本原则：______；______。
8. 连锁超市安全管理的具体项目包括______和______。
9. 顾客投诉处理原则包括：倾听原则、______、______、______、满意原则。
10. 理货员主要负责______和______。

三、名词解释

1. 服务营销　　2. 目标管理
3. 复活处理法　　4. 陈设安全管理
5. 变价损耗　　6. 废弃损耗
7. 专柜管理　　8. 还原管理

四、简答题

1. 如何做好超市服务的文化管理？
2. 简述现代服务营销的趋势。
3. 如何做好水产品的鲜度管理？
4. 简述超市顾客投诉的类型及处理原则。
5. 简述超市如何做好卫生管理。

案例分析

迪克连锁超市客户关系管理

在威斯康星州乡村地区拥有八家分店的迪克连锁超市，采用数据优势软件（datavantage）——一种由康涅狄格州的关系营销集团（relationship marketing group，RMG）所开发的软件产品，对扫描设备里的数据加以梳理，即可预测出其顾客什么时候会再次购买某些特定产品。该系统则会“恰如其时地”推出特惠价格。

在迪克连锁超市每周消费 25 美元以上的顾客每隔一周就会收到一份订制的购物清单。这张清单是由顾客以往的采购记录及厂家所提供的商品现价、交易政策或折扣共同派生出来的。顾客购物时可随身携带此清单也可以将其放在家中。当顾客到收银台结账时，收银员就会扫描一下印有条形码的购物清单或者顾客常用的优惠俱乐部会员卡。无论哪种方式，购物单上的任何特价商品都会被自动予以兑现，而且这位顾客在该店的购物记录会被刷新，生成下一份购物清单。顾客认为这太棒了，因为购物清单准确地反映了他们要购买的商品。如果顾客养有狗或猫，该超市就会给他提供狗粮或猫粮优惠；如果顾客有小孩，顾客就可以得到孩童产品优惠，比如尿布及婴幼儿食品；常买很多蔬菜的顾客会得到许多蔬菜类产品的优惠。

迪克连锁超市依靠顾客特定信息，跨越一系列商品种类把订制的促销品瞄准各类最有价值的顾客。比如，非阿司匹林产品（如泰诺）的服用者可以被分成三组：全国性品牌，商店品牌和摇摆不定者。这些组中的每组顾客又可以根据低、中、高用量被分成三个次组。用量就代表着在某类商品中顾客对迪克连锁超市所提供的长期价值（仅在这一个产品种类中，就有六个“模件”，产生出总共 9 种不同类型的顾客——这足以发动一次批量订制营销运动了）。

迪克连锁超市给予大用量顾客的初始折扣优惠远高于给予低用量和中等用量的顾客。该超市负责人说：“如果顾客所购商品中的大部分源于我们的商店，他们通常可以得到相当的价值回报。我们比较忠诚的顾客常会随同

购物清单一起得到价值为 30～40 美元的折价券。我们的目标就是回报那些把他们大部分的日常消费都花在我们这儿的顾客”。迪克连锁超市提供优质服务的良好声誉，是其对付低价位竞争对手及类别杀手的主要防御手段。

（资料来源：http://www.jiady.com/gements/2009/0407163330318.html）

思考与讨论

1．迪克连锁超市的服务主张是什么？

2．迪克连锁超市在客户管理方面采取了哪些措施，体现了什么服务理念？

3．迪克连锁超市的客户关系管理令顾客满意吗？请说明理由。

第九章

连锁超市人力资源管理

【学习目的与要求】

本章主要阐述了连锁超市组织系统设计、人力资源的能力及素质要求，人力资源的开发与培训以及连锁超市员工的考核与奖励。通过本章的学习，了解连锁超市组织系统的概念和人力资源培训的方法，在理解连锁超市组织系统设计的方法和人力资源开发的基础上，掌握人力资源能力与素质要求和人力资源考核与奖励的方式。

麦德龙将培训进行到底

以仓储式卖场和会员制经营为特色的德国麦德龙（Metro）一直十分推崇现购自运品牌的国际化运营，为了配合运营的国际化，麦德龙始终如一地坚持培训国际化。多年来，麦德龙一直通过设立地区性的培训机构，组织专门的培训主管和讲师，负责各地区的员工培训事务，使麦德龙的成功经验得以在全球分支机构中被广泛应用。麦德龙在中国培训学院的课程分基础技能、专业强化和深造发展三个大类，主要为采购经理、商场经理、楼层经理、部门主管及顾客咨询等人员提供丰富的理论与实践相结合的培训模块。今后，随着麦德龙在亚太地区全的全面扩张，麦德龙中国培训学院的培训覆盖范围将逐步延伸至日本、印度、越南等其他亚太国家。麦德龙中国培训学院设立了麦德龙全球第一家“培训厨房”，它将发挥其桥梁纽带的作用，并将通过丰富多彩的培训形式把专业顾客、麦德龙员工及供应商紧密地结合在一起。“麦德龙培训厨房”，听起来似乎有点不可思议。为什么要成立这样一个培训厨房？在麦德龙看来，培训厨房对内的作用是通过对员工专业知识培训来提升对专业顾客的服务质量；对外则可建立一个与外界餐饮专业人士互相交流，互相学习的平台，可以提高麦德龙的知名度及影响力。麦德龙在培训方面为无数中国零售企业树立了一个个很好的标杆，在感受培训带给它们员工活力与智慧的同时，众多的中国连锁卖场，看来，在这方面，应该有所作为。

（资料来源：http://finance.sina.com.cn/leadership/sxypx/20070121/23493267168.shtml）

第一节 连锁超市组织系统设计

一、连锁超市组织设计的含义

人们为达到个人的和共同的目标，就必须进行合作，于是形成群体组织。组织设计是企业管理的一项职能，是在企业目标已经明确的情况下，将实现企业目标所必须进行的各项业务活动加以分类组合，划分出不同的管理层次和部门，并将各项活动所必须的权力授予各层次、各部门的主管人员，以及规定这些层次各部门之间的相互配合关系。

组织设计有两个特点：首先，组织设计是一个过程。它是以企业目标和目标分解作为依据，对所要进行的各项业务活动加以分类，以业务分类来设置管理部门和层次，并授予执行各类业务活动的有关部门和人员以职权和职责；同时通过职权关系和信息系统，把各层次、各部门联结成为一个有机的整体。这个整体在各项管理职能的共同作用下有效地运转，形成企业的各项活动。其次，组织设计是动态的，即企业内部条件和外部环境的变化会引起企业目标的变化，从而需要对企业组织结构作相应的调整和变革。

二、连锁超市的组织结构与职能设计

1. 组织结构

连锁超市的组织结构是全体员工为实现企业目标而进行的分工协作，在职务范围、责任、权力方面所形成的结构体系。设计组织结构的目的是为了实现企业目标。组织结构的内涵是人们在责、权方面的结构体系，又简称为权责结构。这个结构体系的内容包括以下 4 个方面：

1）职能结构，即完成企业目标所必需的各项业务工作及比例关系。

2）层次结构，即各管理层次的构成，又称组织的纵向结构。

3）部门结构，即各管理部门的构成，又称组织的横向结构。

4）职权结构，即各层次、各部门在权力和责任方面的分工及相互关系。

2. 连锁超市的职能分析

职能也叫组织职能。对职能这个概念，有两种定义：一种是从企业与外部环境的关系这个角度考察，是指企业管理系统在特定环境中保持正常运转，保证企业生存和发展所必须具备的功能；另一种是从企业的具体工作内容和工作过程的角度去考察，是指对企业管理具体业务活动所做的分析和理论概括。

3. 职能分析的方法

职能分析的基本方法是系统分析方法。第一，要调查了解企业基本情况，掌握有关资料（主要包括企业的经营领域和市场、生产经营过程和特点、外部环境和发展趋势、企业经营战略等），要分析和研究企业的经营战略，对战略总目标、分目标、经营方针和策略等取得一致的认识。这样才能把握对企业职能结构的客观要求，避免主观随意性，为寻找实现企业任务和目标的最佳结构创造条件。第二，进行职能分析要有科学的程序。首先从总体上考察企业职能系统的性质、特点和基本职能，然后深入进行个别的细致分析，从总体到局部、由粗到细，使职能设计真正有利于企业管理组织的科学化、合理化，提高企业的整体效益。

（1）基本职能分析

连锁超市从事经营活动必须对自身所必须的人、财、物等经营资源和供、产、销等经营环节构成的动态循环过程进行系统的、有效的管理，因而一般都应具备经营计划、劳动人事、财务、物资供应、生产、技术、销售等基本职能。主要包括以下几个方面：

1）行业特点与基本职能的相关分析。每个行业的基本特征各不相同，涉及到企业人、财、物等资源投入和供、产、销等各个环节的运作，对企业管理有很大影响。

2）企业技术特点与基本职能的相关分析。不同的物质技术基础要求采用不同的管理方式，而且影响企业的基本职能。

3）企业外部环境与基本职能的相关分析。

4）其他影响因素与基本职能的相关分析。

（2）关键职能分析

哪一项基本职能应该成为企业的关键职能呢？这是由企业经营战略决定的。确定企业关键职能的方法，实际上就是企业战略与关键职能的相关分析法。因此应根据企业战略，认真思考以下三个问题：

1）为了达到企业的战略目标，什么职能必须得到出色的履行？

2）什么职能履行得不好，会使企业遭受严重损失，甚至危及企业的生存？

3）企业的经营宗旨是什么？对于体现这一宗旨具有重要价值的活动是什么？

以上问题提醒我们，某项职能是否应列为关键职能，决定性的依据是它在实现企业战略任务和目标中的关键作用。

4. 职能分解

职能分解是在职能分析的基础上，将连锁超市的各项职能细化成独立的、可操作的具体业务活动。

1）业务活动的独立性。所谓“独立性”，是指由某一职能分解出来的各项业务活动都应该是性质单一的活动。反过来也就是不能把性质不同的业务活动混合为一项活动。

2）业务活动的可操作性。由某一职能分解出来的各项业务活动，都应该是可操作的具体活动。不然，职能就无法落实，达不到职能分解的目的。

进行职能分解，必须熟悉特定企业经营管理的实际情况，有较丰富的经验；必须运用组织理论的基本知识，采取逐级分解的方法，完成职能分解的任务。

三、连锁超市部门设计

组织设计中的部门是指承担一定管理职能的组织单位，是具有紧密联系的管理业务和人员所构成的集合。它分布在独立的管理组织的各个层次上，因而部门也是企业各级组织机构的通称。企业设置的各个部门，以及它们之间在纵向与横向上的相互联系，即为部门结构。部门和部门结构就是企业管理组织形式。

从部门和部门结构的概念可以看出，部门设计包括两项基本内容：一是按照一定的模式确定企业应该设置哪些部门；二是规定这些部门之间的相互关系，将它们联结成为一个整体。部门是管理职能及其分解而组成的管理业务的承担者，因而进行部门设计，实际上就是进行管理业务的组合，即将实现企业目标所要开展的各种各样的管理业务加以组合，合理地归类，分别设置相应的部门来承担，并明确规定部门之间的纵向报告关系、指导关系和横向联系的基本要求。经过部门设计，前述职能分析中所提出的各项职能和业务活动就找到了组织上的落脚点，使职能结构落实到部门结构上来。

部门划分就是将业务工作和人员组编成管理单位。部门划分的目的是按照业务活动专业化而设计管理单位，联合组成企业组织的纵向结构。纵向的部门结构与横向的层次结构交错而组成企业组织的总体结构。

1. 按职能划分部门

按职能划分部门的指导思想是职能管理专业化。其优点是：遵循了职业专业化的原则，简化了职业训练工作；有利于掌握工作的规划性，提高效率。缺点是：部门的相对独立性迫使上级领导加强协调工作。

2. 按产品划分部门

在多品种经营的大企业，广泛采用按产品划分部门的原则。按产品划分部门有三种方式：

1）各产品部门负责产品制造和销售的全部业务。

2）产品制造部门不按产品划分，而产品销售部门按产品划分。

3）产品销售部门不按产品划分，而产品制造部门按产品划分。

按产品划分部门的优点是：能将注意力和精力放在产品上，有利于提高产品的适应能力和竞争能力；可以按产品形成以利润为中心的目标责任制，简化了企业高层管理。缺点是：要求各部门经理具有较全面的管理能力和经验，以保证产品的有效经营；各分部相对独立，权力较大，增加了企业总部协调控制的工作量。

3. 按过程划分部门

按过程划分部门就是按产品形成的过程划分成若干个经营单位。它同按职能划分部门有相似性。两者的不同点是按职能划分部门将形成几大职能部门，而按过程划分部门形成的是不同的专业化经营部门。

4. 按位置划分部门

这种方法特别适宜于规模大的公司或者业务工作在地理位置上分散的公司。这种划分部门的方法与按产品划分部门的方法相比，其优缺点也有一定的相似性。如经营责任下放到基层、部门经理要具有较全面的管理知识和能力、增加了公司总部控制的工作量等。

四、连锁超市的岗位职责

根据上述所划分的部门，设置不同的岗位，不同的岗位有其不同的职责。为使员工对自己的岗位职责有充分的认识，现将连锁超市的主要岗位职责简要说明如下：

1. 连锁超市经理的岗位职责

1）了解本连锁超市的经营方针和经营目标。

2）依据企业的经营方针和经营目标来制订计划。需制订分店的长期发展规划、年度计划以及各部门的管理目标，组织完成总部下达的经营指标和各项任务。

3）建立健全分店管理体系和管理制度，决定机构设置、员工编制、管理人员（主管以上）任免，并对管理人员进行考核、奖惩和晋升。

4）检查执行成果，若未完成计划，则必须进行分析检讨或再培训。

2. 连锁超市营运部门的岗位职责

营运部门分为生鲜区、食品杂货区和非食品区。各区域经理的主要岗位职责：

1）业务方面：对经理负责，对本区所有员工、设备、店内仓库进行管理；组织指导本区域完成公司下达的各项经营指标和任务；组织实施本区域的盘点工作。

2）督促检查本区域各项工作的进度和协调本区域内各职能部门之间的关系。

3）完成经理交办的其他事宜。

3. 连锁超市财务部的岗位职责

财务部经理的主要岗位职责：

1）依据财务制度，按程序要求和时间要求组织记账、结账工作，按规定的时间组织编报财务计划和财务分析。合理调配经营资金，把好商品购进结算关；合理控制各部门的资金使用，提高资金的周转速度。

2）安排组织好工资的发放，审核、控制各项费用开支，组织制定盘点计划并负责盘点工作的实施。研究公司的财务管理措施和执行情况，及时就公司的经营和管理状况提出意见和建议。

3）考核本部门其他人员的工作业绩。协调与银行、税务、审计等有关部门的关系。

4. 连锁超市人力资源部的岗位职能

人力资源部经理的主要岗位职能：

1）对总经理负责，主持人力资源部的日常管理工作，协调各部门的关系和对外关系。负责执行劳动纪律，实施奖惩措施。

2）在业务上，组织制定各项人事行政管理制度并监督实行；组织实施职工的招聘、录用、辞退以及在职管理和培训；组织建立职工人事档案，办理各种有效证件、保险等。

5. 连锁超市收银部的岗位职责

收银部经理的岗位职责：

1）对店长负责，对收银组、服务中心、存包处人员及设施进行管理。

2）在业务上，协助与各职能部门的关系；检查监督本部门的各项工作；合理调配本区域的员工和售后服务车辆。

6. 连锁超市电脑部的岗位职责

电脑主管的主要岗位职责：

1）对经理负责，确保商场 POS 收银系统、电子秤等正常运行。

2）在业务上，保证单证及时、准确、正常地录入、流转，并提供准确的报表资料；对主机系统和数据进行维护，并对收银系统提供技术指导；监督、考核录单员的工作。

7. 连锁超市维修部的岗位职责

主管的主要岗位职责：

1）对经理负责，确保商场设备、设施正常运行。

2）在业务上，负责商场有关工程技术标准、规格的审核，对商场工程现

场进行监管，并对工程质量进行验收负责排除突发性设备故障，并调查事故原因，制定预防措施；负责对设备保修单位的保养工作进行协调、监督和质量评定。

3）根据设备的特点，制定各类设备的年度、季度、月、周的预防性检修、保养计划，并监督落实。

第二节　人力资源的能力与素质

连锁超市员工素质的高低，是决定其生存与发展的重要条件。因此，许多连锁超市对此都高度重视，有的甚至制定了从业人员手册。

一、对总部员工素质的要求

连锁总部是集采购核算、广告促销、人事、配送、研究发展等多种职能于一体的，综合性的管理部门，总部员工素质的高低，在很大程度上决定了整个连锁企业能否顺利发展，能否在激烈的市场竞争中立于不败之地。因此，连锁企业对总部的员工素质有着较高的要求。

1. 职业素质

（1）要有强烈的事业心和责任感

俗话说“干一行，爱一行”，作为连锁企业的员工应首先热爱自己的本职工作，刻苦钻研业务知识，摸索经营规律，只有乐业、敬业，才能有动力勤业、兴业。日本大荣公司是世界较有影响的百货业连锁企业，它特别重视培养员工的奉献精神，全心全意不断以低价格提供好商品，爱人、爱公司、每天不断努力作贡献。

（2）树立全心全意为消费者服务的思想

在现今商战中，谁赢得了消费者，谁就将占据主动权。因此树立全心全意为消费者服务的思想，是连锁企业员工必须具备的，只有这样才能处理好企业、员工与消费者三者利益之间的关系，才能最终以高质量的商品和高水准的服务来吸引消费者，树立良好的企业形象。

（3）要有良好的商业职业道德

商业职业道德是每个员工必须遵守的，也是每个员工必须具备的品质。具体内容包括两个方面：一是，注重经商文明，要做到以良好的服务态度、文明礼貌的语言、端庄大方的仪表、清洁卫生的店容来接待顾客。只有讲文明、重礼貌，才能顾客盈门、买卖兴隆；二是，注重经商信誉，要做到“货真价实，童叟无欺”。即不能以假冒伪劣商品来欺骗顾客，又不能用缺斤少

两来蒙骗顾客，更不能肆意抬价，而应该维护消费者利益，树立良好的职业道德。

2. 文化素质

为了提高经营管理的水平，连锁企业总部的员工必须具备较高的文化素质。

（1）文化基础知识

对于普通员工来说，需要掌握一定的文化基础知识，对于企业的管理者来说，则应十分重视提高语文、数学和计算机水平。一个管理者，如果语言表达能力不强，文字水平不高，计算机应用能力不强，是很难胜任管理工作的。因此，不断提高基础文化水平，仍是当前提高管理者文化素质的重要任务之一。

（2）经济理论知识

连锁企业管理属于微观管理。然而微观管理离不开宏观管理的制约和影响。掌握一定的宏观经济理论知识，对于搞好微观管理是有益的。因此，总部的管理者要善于将马克思主义的经典理论与本企业的商业实践结合起来，用理论指导实践。

（3）企业经营管理知识

有不少学者认为，管理属于"软科学"。这些学科内容庞大，应用性强，对连锁总部的管理者来说，是否能够掌握和精通这些经营管理理论，是能否胜任和称职的重要标准。因此，管理者必须针对连锁企业经营管理的实际情况，系统掌握连锁企业经营管理的知识，熟悉企业的经营过程，掌握连锁企业管理的基本原理、原则、制度和方法，制定出连锁企业的发展战略。

（4）政策和法律知识

政策和法律是连锁企业开展经营活动，处理各种经济关系的依据。连锁企业的员工必须认真学习，掌握有关的政策和法律，自觉地遵守和执行，并接受政策和法律的保护。

（5）社会学和心理学的知识

管理的根本任务是调动员工的积极性：一是外在因素，即员工所处的环境或企业内部的社会关系；二是内在因素，即员工本身的心理机制。

有效地协调企业内部的社会关系离不开社会学的方法，有效地激励下员工的心理机制离不开心理学的方法。连锁企业的管理者应很好地学习并掌握这两方面的知识，以提高管理工作的有效性。

3. 心理素质

员工的心理素质，是指连锁企业员工在经营管理活动中应具有的意志品

质。具体来说，是指以下四个内容：

（1）达标精神

目标作为导向贯穿于连锁企业管理的全过程。对于企业树立的目标，员工要有不惜一切去实现的精神和毅力，并努力使个人目标与企业目标相协调。作为管理者，应该善于确定目标，紧紧围绕目标开展工作，要具有比他人更为强烈的达标精神。

（2）自信心

当企业员工明确了自己的职责，确定了奋斗目标后，必须有自信心，相信自己的能力能够出色地完成本职工作，当然，这种自信心不是盲目的，要以充分了解所要完成的工作、充分了解自己的能力为基础。

（3）创造精神

企业经营之道，是讲求灵活变通和独创新意的。特别是在目前日新月异的环境中，许多过去从未遇到过的情况和问题等待人们去处理。在这种情况下，墨守成规，守业是没有出路的。连锁企业员工和管理者应不断更新观念，从实际出发探索解决经营管理问题的新方法。

（4）弹性意识

这是针对管理者而言的，作为现代企业的管理者，头脑要灵活，方法要多变，不能无视变化的情况而拘泥于固有的观念、方法去处理。要善于对企业外部、内部环境的变化作出及时的反映，从管理观念到管理方法均保持一定的弹性。

4. 能力素质

能力素质，是指管理者在从事连锁企业经营管理活动中的组织和从事管理活动的本领。作为连锁总部的管理者，能力素质是极为重要的。

（1）综合分析能力

综合分析是指管理者对大量原始资料、数据进行全面分析判断的过程，分析能力的高低直接影响企业经营决策的准确性。正确地分析第一手资料，是进行正确决策，从而进行科学领导的基础。

（2）预见决断能力

“运筹于帷幄之中，决胜于千里之外。”这是古人对运筹谋划、判断决策的形象化描述。对未来事物作出精确的估计，对客观现象作出科学的判断，是成功引导连锁企业不断发展的重要条件，如果不具备这种能力，企业就很可能在市场竞争中被淘汰。

（3）选人用人的能力

管理者在作出决策之后，有一系列的组织实施工作要做，选人用人就是实现决策目标的决定性环节，也是连锁企业管理者的基本职能。管理者要知人善任，认真考察、识别、选择好人，用好人，树立“尊重知识、尊重人才”的观念，做到任人唯贤、人尽其才。

（4）组织协调能力

对于连锁企业来说，组织结构复杂，人员数量多，如何协调好总部与分店之间，分店与分店之间的各种关系，是摆在每一位管理者面前的课题。管理者对一些重要岗位、特殊岗位要重点设计，出现问题遇到困难要充分协商、合理调解，使各分店之间相互配合，形成一种向心力，把各种形式的“负效应”降低到最低程度。

（5）交际沟通能力

作为一个现代管理者，与各界人士打交道，与各方面搞好关系是必不可少的。在与客商接触中，不可避免地要涉及到信誉、形象等问题，而这些问题又直接与企业的兴衰存亡联系在一起。所以，管理者在经营中，务必要不断提高自己的沟通能力，处理好一切直接或间接涉及到企业形象的事宜，以别具特色的风格树立起企业的良好形象。

5. 身体素质

古人云：“体为知识之载而为道德之寓也。”这就是说人的思想、道德、知识、能力等寄于身体之中，如果没有身体，那么思想、道德、知识、能力也不会存在。身体素质同样是连锁企业管理者胜任管理工作的物质基础。

连锁企业的管理者，无论是调查研究、市场预测，还是科学决策、运筹帷幄，都是艰苦而又繁重的脑力劳动，需要有健康的体魄、充沛的精力才得以胜任。因此，良好的身体素质，是管理者负荷繁重工作的关键。

二、对分店员工素质的要求

作为连锁超市分店，由于采购、核算、配送、促销等职能完全集中在总部，分店只需执行销售的职能，对分店员工的素质要求不高。但同样要求员工具有基本素质。

第三节　人力资源的开发与培训

人是企业最重要的资产，连锁超市的各项工作都需要人来执行。但是，人也是连锁超市最大的成本，连锁超市的人员费用占整个营业额的6%～12%，占总费用的30%～50%。因此，只有对人力资源进行合理配置和开发，才能有效运用连锁超市的人力资源，充分发挥每个员工的能力，以提高连锁超市整体的人员效益，提高连锁超市的竞争能力。

一、连锁超市人力资源的发掘

1. 要有明确的人才标准

首先要有明确衡量人才的基本要素。现代企业对人员的考核可概括为“德、智、体、能、绩”五个方面。“德”即思想品质，“智”即智力水平，“体”即身体素质，“能”即工作能力，“绩”即工作成绩。其次要注意人才标准的层次性和岗位区别，因为不同层次和不同岗位需要不同类型的人才。再次，要注意人才标准的动态性，环境的变迁对企业的每一个岗位都会提出新的要求，人才标准也就不能一成不变。

2. 要掌握有效的人才识别方法

识别人才是件困难的事，对战略威胁最大的莫过于对人才识别上的失误。人们在长期的探索中形成了多种识别人才的途径和办法，主要有以下八种：

1）面相法，即通过人的脸部形象和表情来识别人才。

2）遗传法，即通过考察人的家庭出身来识别人才。

3）考试法，即通过考试的办法来识别人才。

4）观察法，即通过长期的观察或委以一定的工作任务，看其工作状况如何来对人才进行判别。

5）暴露法，即通过外部的刺激来观察人的情感作何反应，从中可以看出人的本性。

6）资历法，即凭年龄、经历、学历来评判人才。

7）调查法，即通过调查人才的经历和社会背景来进行识别。

8）试验法，即通过模拟试验来识别人才。

3. 要有合适的人才选择方法

我国很早就有“不拘一格选人才”的提法，即广开才源、广招人才。目前常用的方法有以下四种：

1）推荐选才。即用推荐的方式发掘人才。

2）广告选才。即通过传媒体将企业的人才需求信息广而告之，从应聘者中选择合适的人才。

3）业绩选才。即以绩效为依据择优选择人才。

4）分等选才。即建立不同系列（如行政和技术）的等级标准，并明确规定各种等级所适合的工作岗位。在此基础上，对全体员工进行定期或不定期的考核，从而确定每一位员工的级别。当连锁超市的某些岗位出现缺额时，就在相应级别的内部员工中选择合适人才。

二、连锁超市人力资源的培养

1. 明确人才培养目标

人才培养的目标是提高人的素质，具体包括五个方面：发挥个人潜力；为本单位的各个岗位提供合适的人选；促进连锁超市内部各类人员之间相互关系的协调；提高全体员工的自我发展意识；为连锁超市经营的发展提供人才储备。

2. 确定人才培养内容

人才培养的内容因不同职能（如生产、采购、销售、技术、管理等）和不同级别（如上层、中层、基层等）而有很大的差别，但一般来说，人才培养的内容包括以下 3 个方面：

1）掌握工作技能，包括业务知识、企业规范、工作技巧等方面。

2）理解企业精神，使全体员工树立统一的价值观念，加强人与人之间的配合，从而为连锁超市的持久发展奠定坚实的基础。

3）纠正不良习气，使员工形成符合优秀企业文化要求的思想、行为方式，为实现企业目标塑造合格的员工队伍。

3. 确定人才培养方式

人才培养的方式可以按不同标准来划分。

（1）按时间来划分

1）职前培训，即员工在任职前的训练。

2）在职培训，即对在职员工的训练。

3）兼职培训，即受训人员以全天的时间参加训练。

4）定期培训，即在一定的时期内进行的培训。

5）兼时培训，即每天接受数小时的培训，其余时间返回工作岗位继续工作。

（2）按地区来划分

1）公司内培训，即公司举办培训班，由公司内部人员或外聘教师授课。

2）公司外培训，即委托专业的培训机构对员工进行培训。

3）工作岗位的培训，即不离开工作岗位，以现任工作为主体接受训练，如接受主管或同事的指导、出席有关会议、见习或代理、工作轮调等。

（3）按方法来划分

1）言教法，即以语言启示、演讲、讨论、会谈、讲评等形式进行培训。

2）身教法，即以示范、体验、协作等方式进行培训。

3）境教法，即以情境的力量来影响人，如观察、参观、调查、团体活动等。

4）工作任务法，即委以重任或新的工作任务，以丰富员工的工作经验，提高员工的工作能力。

三、连锁超市人员培训的内容

1. 培训的层次

根据不同层次人员在组织中扮演的不同角色，及担负的不同功能职责，其训练需求、训练目的、训练内容呈现巨大差异。培训应该具有训练、教育、发展三个层次以满足不同的需求。

1）训练，是现在学现在用，出发点以工作为主，而且多偏技术性的工作，对象大多数为基层人员，如收银机操作。

2）教育，是现在学未来用，以个人及公司均衡发展为出发点，属于知识及观念的吸收，对象以中高阶层人员较多，如策略规划、行销管理、流通管理等。

3）发展，是现在学未来可能用，是以个人发展为出发点，带有提升企业形象的意味，属于个人全方位的培育以及潜能的涵养与开发，对象通常限定在高层主管及特定关键人员，如艺术欣赏等。

2. 培训的内容

连锁超市的培训根据教育培训的对象来确定内容，具体内容如表 9.1 所示。

表 9.1　培训目的、内容一览

培训对象	培训目的	培训内容
新进人员	（1）认识环境：让新进人员熟悉工作场所，工具设备所在位置，以消除初到陌生环境的焦虑 （2）规章介绍：了解公司规章经营理念，工作守则及应有的权利义务，以培养符合公司规范的工作习惯及态度 （3）认识同事：增强工作场所人际关系支持网络，从而消除疏离感 （4）学习新技能：发挥能动性，避免职业伤害，以消除工作挫折感	（1）环境内容 （2）公司规章制度 （3）人际关系技能 • 认识伙伴 • 学习组织中人际关系的建立、维系与增进 （4）作业技能 • 收银机、标价机等设备的操作、维护、简易故障排除及清洁 • 清洁工作 • 商品陈列与补货技巧 • 基本报表填写 • 顾客服务技巧 • 安全防范与紧急事件处理

续表

培训对象	培训目的	培训内容
助理店长与副店长	（1）成为店内副主管、店长的当然职务代理人 （2）能够协助店长教导新进人员，做好人员管理、订货、库存管理、机器设备维护及简易故障排除、报表制作、顾客服务等工作	（1）基本工作职责 （2）管理才能 • 如何协助新进人员，工作教导 • 倾听与沟通技巧 • 基本管理概念 （3）专业技能 • 如何维护商品形象 • 商品管理 • 机器设备维护保养及简易故障排除 • 营业管理、报表制作
店长或店经理	（1）成为一店的经营者，能通过有效的人员管理、行销管理、预算控制、经营分析与顾客服务等，来创造利润极大化 （2）具有计划、指挥、组织、应变及问题解决等能力的单店领导者	（1）基本工作职责 （2）管理才能 • 领导、激励、沟通 • 会议及简报技巧 • 危机处理 （3）专业技能 • 生意圈情报收集与分析 • 经营分析 • 行销管理 • 预算编制与控制 • 人力资源管理
中层督导	（1）成为各店与总部间称职的沟通协调者 （2）具有专业知识、沟通协调能力、问题感应及解决能力的专业顾问	（1）基本工作职责 （2）管理才能 • 领导 • 团队建立 • 咨商辅导 • 组织沟通与人际关系 • 问题分析与决策 • 时间管理 （3）专业技能 • 生意圈调查与商情分析 • 经营分析指标的建立与运用 • 竞争性行销策略分析与应用 • 盘损分析与行动计划 • 谈判技巧 • 情报运用与商品管理 • 门市辅导实务见习 • 各职能单位、部门实习
总部幕僚、企划人员及专业人员	（1）了解产业特性及公司经营形态有关的专业知识 （2）具有系统性思考能力、企划能力、分析能力、组织能力、沟通协调能力	（1）专业知识：与所负责的功能职责有关的专业知识，此类训练宜由该部门自行规划、执行，但可由培训单位协助发展各功能的专业训练 （2）共同性训练 • 企划实务 • 创意性思考

续表

培训对象	培训目的	培训内容
总部幕僚、企划人员及专业人员		· 系统性思考 · 沟通训练 · 情报收集与分析 · 专案管理
高层主管	高层主管需具备宏观的观察、分析、理性决策能力，及微观的、人性的、感性的直觉能力	（1）国内外产业环境分析 （2）国际局势与商情分析 （3）策划规划 （4）领导谈判与决策 （5）个人品质 （6）个人修养

第四节　连锁超市员工的考核与奖励

一、员工的考核种类

1．人员考核按不同角度，可分为不同的类型

（1）按考核主体可分为主管考核、自我考核和相互考核

1）主管考核，即上级对下属的考核。这是最常见的一种考核方式。这种方式，考核的主体是主管领导，所以被考核者心理上没有压力。但是，考核结果往往受领导主观因素的影响，会产生考核偏差。

2）自我考核，即被考核者本人对自己的工作表现进行反省和评估。这种方式，考核的主体是被考核者本人，这就等于公开了考核所注重的范围，增加了透明度。这种方式在企业中能对员工产生较强的激励作用，国外也普遍采用。但在我国由于种种原因，收效不大。

3）相互考核，即同事之间互相考核。这种方式曾在二战中为美国军队广泛采用，也称公平法。这种考核法体现了考核中的群众性和民主作风。但是，由于考核主体是被考核者周围的员工，就可能被善于心计者利用，造成考核失实。因此，这种方式宜慎重实施。

（2）按考核的时间分，可分为平时考核、定期考核和专案考核

1）平时考核，即考核者对考核对象进行的日常考核。包括有形考核和无形考核两种方式。有形考核如根据缺勤记录考核出勤情况，根据工作日表现考核工作表现等；无形考核主要是通过观察而得到一种印象，如对责任心、办事能力、积极性、工作态度等的考核。

2）定期考核，是指按照一定的固定周期所进行的考核。如月考核、季

考核、年终考核等。麦当劳公司采用的就是定期考核的方式，每个月，组长和所有管理员工都会进行一次沟通。其目的在于上下达成共识，建立共同的价值观。组长不会因为员工的辩解而修改考核成绩。这种按日考核和事后个别谈话，激发了员工的劳动意愿，对下次的考核会更认真、努力。

3）专案考核，是指对平时考核中发现的偶发性重大事件进行的特别考核，如对平时表现特别突出，做出重大贡献的个人进行的特别考核等。

2. 员工考核的内容及方法

（1）考核的内容

对连锁超市企业员工考核，主要是从“德、能、勤、绩”四个方面进行。“德”具体包括政治思想、个人品德、职业道德和工作作风。“能”主要指人的能力，既包括知识能力和学识水平，又包括实际工作能力、组织能力和身体耐力。“勤”反映出的是员工的工作态度，包括工作的积极性、主动性、创造性及纪律性等各个侧面。“绩”主要指工作的实绩。工作实绩是德、能、勤、绩的综合反映。对连锁企业员工的考核和评价，“绩”是非常重要而又容易考核的内容。

一般来说，对员工及连锁企业经营业绩的考核可以从以下几个方面进行：①总利润增加；②服务和销售网点增加；③营业额增加；④仓储管理费的降低；⑤采购成本的降低；⑥市场占有率的增长；⑦商品周转的加快；⑧知名度提高；⑨广告效果显著；⑩管理成本降低。

总体来说，对连锁超市企业员工的考核包括以上 10 项内容。不过由于企业各类人员的工作性质不同，对其考核的重点也不完全相同，对高层管理者来说，并不要求他们掌握过多的实际操作本领，却要具有较强的管理、经营方面的能力，考核时这方面是重点。而对一般员工来说，一些实际操作技能是他们必备的，所以考核时要特别注重这方面。

（2）考核的方法

连锁超市对员工进行考核时，可采用的方法很多：

1）个人判断法。凭领导者个人的判断来评定下属员工的一种考核方法。该方法虽然简便易行，但考核缺乏客观性，很难达到公平合理。

2）因素评价法。在考核前将需考核的内容分解为若干因素，形成评价体系，对被考核的人逐项评定，最后决定优劣。

3）考试评议法。将考试和评议结合在一起进行人事考核的方法。考试主要用于检查人员的文化、专业理论和技术知识水平。评议就是采用多种形式征求有关人员对被考核者的看法，经有关领导的分析、讨论，最后作出公正的评价。

4）自我鉴定法。又为考核人对工作进行自我总结，对自己的水平，思想

品质及工作实际做出评估。

5）人员素质测评。它作为一种专门技术，具有相对的独立性，有其特定的含义，其中所涉及的最基本的概念有“人员”、“素质”和“测评”。

二、员工的奖励

1. 主要的奖励措施

在任何一个组织中，每一个成员都希望得到社会和集体的公正评价，得到合理的荣誉和物质利益。而组织本身也希望有一个严明的纪律，以维护各项工作的顺利开展，奖励制度正是满足了各方面的要求。奖励制度是连锁超市人事制度的一个重要组成部分，是激励员工及集体充分发挥工作积极性的重要手段。连锁超市奖励的方式可分为两类：一是经济上的奖励。主要指直接的金钱给付或间接的福利制度，如加薪，改进工作条件或个人生活环境等。二是非经济上的奖励。包括成就、受人重视、升迁和个人的发展的可能性等。

这两种奖励措施一般都需要结合使用，过分的强调前者，会导致员工一致“向钱看”，不利于企业进一步发展；而过分强调后者，也同样会使员工产生不满，失去工作的积极性。此外，由于连锁超市的组织结构较单间店铺复杂，在实行奖励制度时既要考虑到员工个人的需要，也要考虑到整个销售组、分店的团体需要，只要二者兼顾，才能达到预期的效果。

2. 晋升制度

晋升是指干部的行政职务、专业技术职务和员工的技术等级，由低层次向高层次的变动。它包括晋级调资和升职两个方面的内容。从广义上说，晋升也是一种奖励。它兼有精神奖励和物质奖励两方面的内容。

（1）晋升的种类

1）晋升从不同的角度看有着不同的种类。晋升的幅度表现如下。①常规晋升。就是按一定标准和条件，以及晋升路线，定期进行晋升。例如，会计师晋升为高级会计师，商品部主任晋升为业务经理等。②破格晋升。就是用人单位对于具有特殊才能和贡献的人员，不受年资、学历、经历等条件的限制，越级晋升。例如，某售货员虽然工龄不长，学历不高，但非常有经商眼光，为连锁超市的经营管理作出了较大的贡献，就可以让他担任分店经理。

2）从晋升者的职务与工资等级之间的关系来看，晋升又表现如下三个方面：职务与工资等级同时晋升、职务晋升而工资等级不变、职务不变而工资等级晋升。

3）从影响晋升的主要因素来看，晋升又表现如下：①年资晋升制，亦称自然晋升制。它是把工作年限的长短和资格的深浅作为晋升的主要依据。这种制度简单易行，标准明确，但容易造成职工不求有功但求无过的消极心理，阻碍人才合理流动和开发利用。②功绩晋升制。它把职工实际工作成绩的大小作为晋升的主要依据。这种制度的优点是便于选拔人员，鼓励员工奋发上进。缺点是工作能力水平一般的人虽勤勤恳恳地工作也难有晋升的机会。③综合晋升制。这种晋升制度是兼顾年资、功绩和能力的多方面因素，把它们都作为晋升的依据。它集中了上述几种晋升制度的优点，是一种比较合理的晋升制度。

4）从晋升者的来源看，晋升又表现如下：①内部晋升制，即连锁超市的职位空缺由本企业在职人员升任。②外部升补制，即连锁超市的职位空缺由外单位的人员补任。一般来说，内部晋升有利于促进本企业员工努力工作，奋发向上，但容易近亲繁殖。而外部升补制更有利于因事求才，收集人才。两者各有利弊，应灵活运用。

（2）晋升的依据

连锁超市的员工晋升要以规范化考核的结果作为依据。同时，又因晋升类型不同，这些依据也有所区别。

1）干部职务晋升的依据。在连锁超市中从事党、政、工、团工作的员工，应该并入这一系列。他们的晋升，因根据德才兼备的原则，通过对其领导能力及政绩的考核来确定。这里特别需要强调的是政绩。

2）专业人员晋升的依据。专业人员主要指连锁超市中专门从事经营管理活动的人员。他们的晋升，应从业务能力、工作业绩、资历、学历和报酬等几方面综合考核评定。日本的大荣公司详细的规定不同级别员工的条件和要求值得我们借鉴。

3）员工工资等级晋升的依据。员工工资等级的晋升，应贯彻按劳分配的原则。当然，也要以上述的晋升为依据，就是说当职务、职称和技术等级各项升迁之后，工资也应相应的提高，使“职、级、资”相符。

（3）晋升的方法和程序

由于晋升的类型不同，连锁超市员工晋升的方法和程序也不相同。例如，干部职务晋升，通常是在经过群众推荐，组织人事部门考核，领导集团讨论，报上级组织审查批准之后，由上级领导部门或本企业组织部门委任的。专业人员职称晋升的方法，主要是个人先填写职称申报表，并提供工作报告或学术论文，而后经相应的职称评定组织进行评定，确认后由主管机关授予职称。员工工资等级晋升的方法，目前多是通过贯彻国家统一下达的工资政策规定来进行的。随着企业经营自主权的完善，许多连锁超市都可制定本企业员工工资晋升条例，对有特殊贡献或一贯表现突出的员工可以嘉奖晋升。

复习思考题

一、选择题

1．管理的根本任务是调动（　　）的积极性。

A. 领导　　B. 中间商　　C. 顾客　　D. 下级人员

2．经营管理的核心就是（　　）。

A. 对策　　B. 决策　　C. 策略　　D. 战略

3．竞争最终是（　　）的竞争。

A. 资本　　B. 物资　　C. 人才　　D. 资金

4．对分店和部门经理重点培养其（　　）。

A. 战术技能　　B. 战略能力

C. 操作技能　　D. 策略技能

5．连锁事业能否获得成功，归根结底取决于有没有过硬的（　　）。

A. 信息　　B. 设备　　C. 人才　　D. 资金

6．零售业的店铺规模通常指（　　）。

A. 营业面积　　B. 员工数

C. 资金额　　D. 资产量

7．对高层管理者来说，并不要求他们掌握过多的实际操作本领，却要具有较强的（　　）方面的能力。

A. 实践　　B. 动手　　C. 理论　　D. 管理、经营

8．设计组织结构的目的是为了实现（　　）目标。

A. 员工　　B. 企业　　C. 集体　　D. 个人

9．人是企业最重要的资产。但人也是连锁超市最大的成本，连锁超市的人员费用占总费用的（　　）。

A. 6%～12%　　B. 10%～20%

C. 30%～50%　　D. 60%以上

10．按考核主体可分为主管考核、自我考核和（　　）考核。

A. 上级　　B. 同事　　C. 自由　　D. 相互

二、填空题

1．部门划分的模式有______、______、______、按位置划分部门。

2．人才选择的方法有______、______、______、分等选才。

3．连锁超市奖励的方式分为______、______。

4. 组织结构体系的内容包括职能结构、______、______、______。

5. 人才培养的内容包括______、______、______。

6. 文化素质内容为文化基础知识、经济理论知识______、______、______。

7. 心理素质内容为达标精神、______、______、______。

8. 能力素质内容为______、______、______、组织协调能力、交际沟通能力。

9. 人才培养方式按方法来划分，可分为______、______、______、工作任务法。

10. 人员素质测评作为一种专门技术，具有相对的独立性，有其特定的含义，其中所涉及的最基本的概念有“人员”、“______”和“______”。

三、名词解释

1. 职能　　2. 心理素质
3. 能力素质　　4. 部门
5. 晋升　　6. 组织结构
7. 人力资源　　8. 互利
9. 合作　　10. 信任

四、简答题

1. 连锁超市组织设计的含义是什么？
2. 简述连锁超市对总部的员工职业素质的要求。
3. 连锁超市对员工进行考核时采取的方法有哪些？
4. 简述职能分析的方法。
5. 简述晋升的方法和程序。

案 例 分 析

家乐福培训造就人才

在打进中国市场的大型零售连锁企业中，家乐福虽然在全球排名上仅次于沃尔玛，但在中国市场上的销售额却远远超过了沃尔玛，也更为国内消费者认同和熟悉。以等级森严和严格管理著称的家乐福，在培训方面也是极力打造“家乐福造”人才。

1．注重对员工经营理念的培训

家乐福一贯主张“一次性购足、超低售价、货品新鲜、自动选购、免费停车”的经营理念。该理念显然都是为顾客的利益而制定的。为了使经营理念更好地融入日常经营当中，家乐福每开一家新店，对招聘的新员工都要进行专门的经营理念培训，为了强化理念的执行力，公司还经常通过考核来验证员工对经营理念的理解、运用程度。

2. 家乐福更加重视在职培训

家乐福的员工培训通常是采用小范围的方式，每次培训都是一个到两个人，最多也就是8～10个人。在采用授课形式培训完后，一般会马上到现场进行现场操作演示。例如，验货，现场讲解商品分类，各类商品的品质标准，怎样验货，验货程序如何；商品陈列则讲解不同的商品摆放的排面，如何陈列才能充分体现出商品的优点及品质，突出商品的量感及视觉效果等。所有的培训项目都是逐个地进行。员工在岗管理培训的内容包括管理理论、管理能力、管理技巧、新知识、新技能等。专项培训则由本部门或人力资源部提出专项申请，报店长或区经理批准执行。

3．培训主管岗位

在培训人员设置上，家乐福一般会在某个地区依据职位层级和岗位，专门设立各层级个岗位的培训主管，全面负责该地区的培训工作。待岗培训的内容主要为员工手册、规章制度、法律法规、业务技能等。待岗培训人员在培训完毕后，需要经过统一考核，凡考核合格者，原则上安排回原部门，若原部门无法接收，公司将另行安排岗位，员工工资按新岗位重新确定。如果待岗培训员工重新上岗后，再次被列为待岗对象，公司才会劝其辞职或作辞退处理。待岗培训不仅为待岗人员提供了再次上岗的机会，而且通过集中培训还可以激发待岗人员的工作潜力与信心，起到“变废为宝”的作用。

4．在管理人员培训上独具特色

家乐福结合自身全球40多年的管理经验与培训经验，制定了ETP项目。在ETP项目过程中，被培训员工需要手脑并用，一半时间学习，一半时间实际操作。一旦通过18周“基本零售业知识”、“专业化培训”、“店长培训”3个阶段的严格培训和测验，他们就可以直接走向中高层管理岗位，其收入水平也可以进入金领阶层。ETP项目的好处在于家乐福可以借此培养适合公司自身发展需要的对口型人才，而不用担心遭遇竞争对手“挖墙脚”致使“鸡飞蛋打”。

“家乐福的过人之处，是将自己培养的人才打上了‘家乐福造’”。在人才培养方面，家乐福称自己更喜欢在白纸上描绘东西。这样培养出来的人才,自始

至终能适合家乐福的需要。

（资料来源：http://finance.sina.com.cn/leadership/jygl/20060526/19502601609.shtml）

1. 家乐福人才培养的过人之处体现在何处？
2. 家乐福在人才培训方面采取了哪些措施？
3. 家乐福在造就人才方面给我们哪些启示？

第十章

连锁超市管理信息系统

【学习目的与要求】

本章主要阐述了连锁超市管理信息系统的组织结构、连锁超市总部管理信息系统、配送中心管理信息系统以及POS系统与连锁分店管理信息系统。通过本章的学习，了解连锁超市管理信息系统的概念和运作流程，在理解连锁超市管理信息系统组成和连锁超市管理信息系统流程基础上，掌握配送中心信息系统的功能和运作流以及POS系统组成及运作。

导入案例

沃尔玛的信息管理

世界零售业500强首位的沃尔玛，凭借其全球卫星定位系统（GSM）来快速处理各种纷繁复杂的数据并迅速做出决策，使得它能随时掌握其遍布全球的每一个连锁店的经营状况，这不能不说是沃尔玛领先其他零售企业的秘密武器之一。20世纪80年代初，沃尔玛就开始使用商品条码和电子扫描器，实现了存货自动控制。采用商品条码代替大量手工劳动，不仅缩短了顾客结账时间，更便于利用计算机跟踪商品从进货到库存、配货、退货、上架、售出的全过程，及时掌握商品销售和运行信息，加快商品流转速度。20世纪80年代末，沃尔玛开始利用电子数据交换系统（EDI）与供应商建立自动订货系统。该系统通过计算机联网，向供应商提供商业文件，发出采购指令，获取收据和装运清单等，也使供应商及时准确地把握其产品的销售情况。同时，沃尔玛利用先进的计算机信息技术，把全球6000多个供应商、2000多个店铺的数据直接通过卫星传回到企业总部，这些数据使沃尔玛可以在全球范围内快捷地管理自己的供应商，发现新的销售机会。正是依靠先进的电子通信于段，沃尔玛才做到了商店的销售与配送中心保持同步，配送中心与供应商保持同步。信息共享是实现供应链管理的基础。供应链的协调运行建立在节点主体间高质量的信息传递与共事的基础上。因此，有效的供应链管理离不开信息技术的可靠支持。在沃尔玛，除了配送中心外，投资最多的便是电子信息通信系统。沃尔玛是第一个发射和使用自有通信卫星的零售企业。它在本顿威尔总部的信息中心的12万平方米的空间内装满了电脑，仅服务器就有200多个。

（资料来源：http://www.docin.com/p-6112597.html）

第一节　连锁超市管理信息系统概述

连锁超市企业自身的特点，决定了连锁超市的管理系统与单体商场的管理信息系统的不同。在企业机构设置上，连锁超市企业一般由总部、配送中心、各连锁分店三部分组成。连锁超市的管理信息系统必须将这些分布在不同地域的各机构通过网络连结起来，因此与单体商场相比，连锁超市的管理信息系统往往是由连锁总部管理信息系统、各连锁分店管理信息子系统和配送中心管理信息子系统组合而成的一个有机体。

一、连锁超市计算机管理系统的整体结构

连锁超市的计算机系统是由总部系统、配送中心系统、各分店系统组成的，系统整体结构应具有开发性、先进性、实用性、可扩展性、可靠性、完全保密性以及通用性。

超市连锁经营企业由于连锁分店数目较多，存在着大量的数据。一般的超市所经营的商品在5000～10 000种，假如有20个分店，每个分店经营5000种商品，按每天有30%的商品动销率来计算，每天汇总后传报到超市总部的商品单品销售数据就在3万条左右；加上商品配送、商品售价调整、库存商品数量损益、日配商品进货、配送中心进退货等信息，超市连锁店计算机系统每天要发送、接收、处理的商品数据是非常庞大的，不亚于一个大规模的百货店。

二、连锁超市总部计算机管理系统的结构

对于连锁超市总部来说，需要有一台主服务器、若干台微机作为工作站。由于连锁超市总部所要处理的数据很大，主服务器要承担企业主要数据的存储和计算、处理配送中心和各连锁分店等下级核算机构的汇总数据、统计计算、数据交换等任务，因此一般选用性能好的小型机或专用服务器，有条件的尽量采用磁盘陈列或集中式的双机备份方式。根据连锁企业的规模特点，一般采用集中分布式或集中式的网络结构较好。

计算机操作系统的选择应具有强大的多任务、多用户处理功能，具有开放性体系结构的国际上成熟的操作系统（如UNIX、Windows NT、Linux）。数据库采用国际上成熟的大型数据库（如Oracle、Sybase、SQL Server等）及开发工具（如Delphi、Power Builder等）

三、配送中心计算机管理系统的结构

配送中心的管理信息系统结构依据配送中心规模的大小可采取以下结构：

1. 采用大型数据库系统结构

系统设备采用小型机或高档微机服务器，作为管理系统服务器，工作站点使用通用微机，使用专用热转印式条码打印机；网络系统为局域网和广域网，并采用 TCP/IP 协议，实现系统的数据共享和通信；软件平台的服务器的操作系统使用UNIX或Windows 2000 Server（服务器版），微机使用Windows操作系统；数据库使用大型关系式数据库Oracle、Sybase或SQL server；开发工具为 Delphi 或 C 语言等。

2. *采用小型数据库系统结构*

可采用微机服务器或高档微机作服务器，采用通用微机作为工作站，使用专用热转印式条码打印机；网络系统可使用 Windows NT 或 Novell；软件平台为 Windows 操作系统或 DOS 操作系统、小型关系数据库（如 FoxPro）等应用管理软件。

四、分店计算机管理系统的结构

小型超市的收款机一般有 2～5 台，中型超市的收款机则有 10～20 台，可采用高档微机作服务器，通用微机作为工作站；收款机最好选择三类 PC-base 收款机或带有销售流水线功能、能接受条码设备的高档二类收款机；条码扫描设备采用微机平台式或手持激光枪、CCD 等；网络系统可使用 Windows NT 或 Novell；软件平台为 Windows 操作系统、C 语言；前台收款机和小型关系数据库（如 FoxPro）等应用管理软件。

五、远程联网系统

远程联网系统是沟通总部、配送中心、各连锁分店之间信息的桥梁，它使整个企业成为一个有机整体。通过总部、配送中心和各连锁分店三部分计算机管理信息系统的联网，总部能及时获得配送中心和各连锁分店的有关业务资料，并能及时将有关信息反馈给配送中心和连锁分店，加速信息的流转。同时，还可与供应商、银行、咨询公司、社会相关部门等进行远程联网，开展订货、结算、收集信息、联络商务、电子商务和网络营销等项商务活动。（此内容已超出本书范围，不在此详述）

第二节　连锁超市总部管理信息系统

连锁超市计算机管理信息系统应由连锁总部计算机管理信息系统、配送中心计算机管理信息系统、各连锁分店计算机管理信息系统及远程联网系统等四部分组成。连锁总部计算机管理信息系统不仅要对其各职能部门实行管理，更要指导、协调各部门间的业务，采集配送中心、各连锁分店的信息，以便正确决策、统一指挥。连锁总部管理信息系统结构如 10.1 图所示。

一、电子订货系统

电子订货系统（electronic ordering system，EOS）是指连锁超市总部与批发商、制造商之间的商品订购、运输、调配等信息控制。在这个系统中由于涉及到管理环境以外的社会供货机构，所以要求所交换的数据在商业整体结构下按统一的标准，实现电子数据交换即EDI的商业化。EOS除了适用订货管理之外，还可兼顾盘点管理。

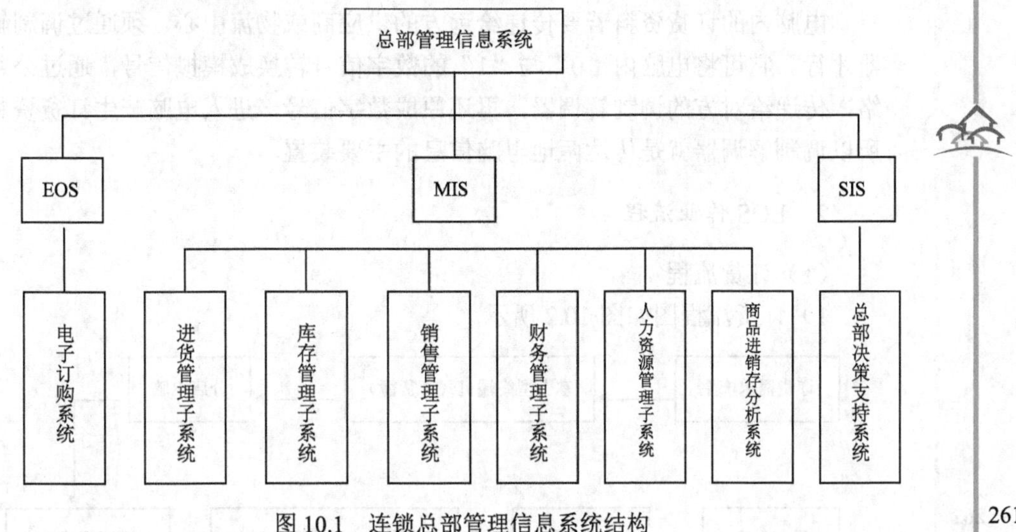

图10.1 连锁总部管理信息系统结构

1. EOS系统运作的基本部件

EOS 系统运作的基本部件包括价格卡或订货簿（两者均含商品条码）、掌上型终端机（handy terminal）、个人电脑、调制解调器等。

（1）价格卡或订货簿

EOS系统是以扫描的方式，将商品条码输入掌上型终端机，再键入订货数量（或扫描数量条码），来完成一项商品的订货作业。

上述的作业中，商品条码并不一定要贴在商品上，也可以附着在价格卡或订货簿内。由于价格卡及订货簿上的商品条码不易更动，只要测试没问题，就能确保无错误。

采用价格卡（price card）的好处，是订货人员可在卖场中掌握存货状况，并立即输入订货量；而采用订货簿（ordering book）的好处，是订货人员可现将订货量填入订货簿中，再输入掌上型终端机，因此可建立长期的书面订货资料，两者可择一使用。

（2）掌上型终端机

掌上型终端机（handy terminal）的功能，是将所需订货的商品条码及数量以扫描或键入的方式，暂时储存在其记忆体（Memory）；待订货作业完毕，再将掌上型终端机与后台电脑连接，将其记忆体中的订货资料，存入电脑主机。

掌上型终端机与POS系统中的手握式扫描器在外形上有些类似，功能却差

异极大，不可混淆。主要差别在于掌上型终端机具备电脑基本功能，它具有中央处理机，可进行存取处理及运算等操作；而手握式扫描器却仅有解密阅读的功能。

（3）调制解调器

电脑内的订货资料若要传递给远方的供应商或物流中心，须通过调制解调器才行。它可将电脑内“0”与“1”的数字信号转换成模拟信号，通过公共网络，传递给对方的调制解调器，再还原成数字信号，进入电脑产生订货资料。所以调制解调器就是传达两地电脑信息的主要装置。

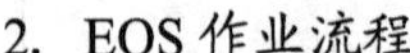

2. EOS 作业流程

（1）订货流程

1）订货流程图如图 10.2 所示。

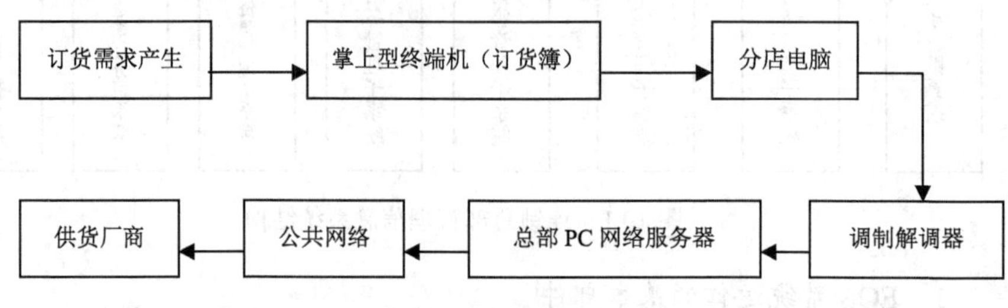

图 10.2　订货流程图

2）订货流程说明。①采购人员要进行订货作业时，必须先赴卖场查看商品的销售状况，并确认是否仍有库存未上架。②若确认后仍有订货需求，则可以在下列两种方式中择一进行：在订货簿上记入订货量，再持掌上型终端机登录储存订货信息；手持掌上型终端机，直接赴卖场扫描价格卡，以登录商品条码及数量。③将储存了订货信息的掌上型终端机接入电脑，再由电脑通过调制解调器，把订货信息传至总部的电脑。④总部的电脑汇总各分店的订单后，可以下列 3 种方式向供货商（或物流中心）订货：经调制解调器将汇总订货信息传至供应商的电脑。此种方式较适合大型供货厂商，能充分发挥网络的优势；将总部的订货信息直接传给供货商的传真机；将总部电脑汇总的订货资料打印出来，交给供货商的业务人员带回去。

（2）盘点流程

1）盘点流程图如图 10.3 所示。

2）盘点流程说明。①进行盘点作业时，盘点人员手持掌上型终端机赴仓库及卖场，依照盘点作业程序，一一扫描货架标签卡或商品上的条码，再输入清点的数量。②把所有商品的存货数量清点输入完毕之后，再将掌上型终端机连接到店内个人电脑上，以便传输盘点信息。③通过调制解调器把盘点信息传

至总部电脑，运算之后产生盘点统计表、盘盈（亏）表及其他管理报表。

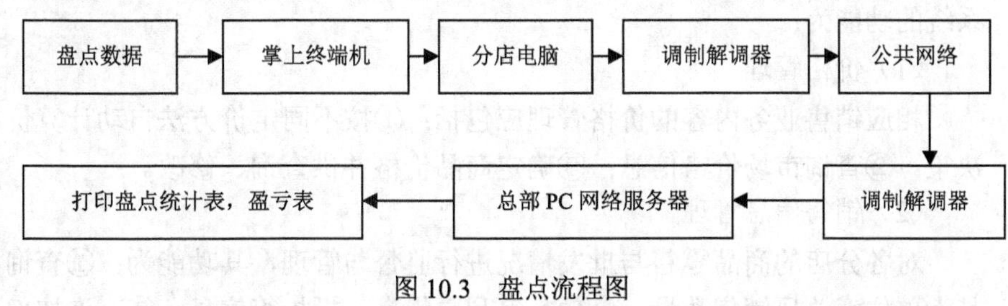

图 10.3　盘点流程图

EOS 系统从以往单纯的订货作业发展到盘点作业，甚至其他管理信息的传递，可谓应用层面甚广。

二、总部商品管理信息系统

连锁总部管理信息系统（management information system，MIS）按功能划分为进货管理子系统、库存管理子系统、销售管理子系统、商品进销存分析子系统、财务会计管理子系统、劳动人事管理子系统。

1. 进货管理子系统

连锁超市由连锁总部负责统一的商品购进，以实现规模效益。进货管理业务包括汇集各连锁分店的订货计划，结合配送中心库存情况和市场供应情况，制定采购计划，统一向供应商采购商品、到货接收、验货和退换货等。货物账款由总部与供应商结算，而货物接受由配送中心管理，这样可以做到货款分流，亦即是资金流和物流的分流。因此进货管理子系统应包括订货管理、市场价格信息管理、供应商信息管理、供货合同管理、到货管理、退货管理、应付款管理等。

2. 库存管理子系统

库存管理是对仓库商品实物进行管理。连锁总部统一采购的商品集中统一储存，形成规模，再根据分店的需要，通过配送中心把商品发送到各分店。还要对采购的商品进行严格的验收和核对，保证库存在品种、规格、品牌、品质、数量、包装方面符合要求，因此库存管理子系统的功能包括：到货登录、查询修改；商品实物及存放地点管理；商品移库、提货、盘存、串号、损溢管理；库存机构、保本保利保质等管理；调配管理，登录向分店调配商品的品种、数量等。

3. 销售管理子系统

连锁总部要对同种商品实行统一的销售价格，所以连锁总部要对采购的商品统一定价，并对各分店销售信息进行分析，以便合理确定价格。销售管理子系统的功能为：

（1）价格管理

相应销售业务内容的价格管理应包括：①按不同定价方法自动计算价格供决策；②查询市场价格信息；③确定商品价格并供查询、修改。

（2）销售信息管理

对各分店的商品零售与批发情况进行监督与管理，其功能为：①查询以单品为单位汇总日销售数量、金额、毛利、优惠、折扣等信息；②查询按部门或商品类别汇总的销售信息；③查询按各种不同促销手段产生的效果汇总销售信息；④查询按商品的规格和花色统计销售情况的信息。

4. 财务会计管理子系统

财务会计管理子系统包括商品核算、会计核算和财务管理三部分。其功能包括以下内容：

（1）商品核算

主要是商品进价成本核算和库存商品的实际成本及其变动的核算。可实时准确地对单品进行核算。

（2）会计核算

主要包括财务处理中的应收、应付账项核算和内部往来账项核算、基金提取等。

（3）财务管理

包括利润的计算与分配；资金分析；财务报表以及各项财务指标的计算与评价等。

5. 人力资源管理子系统

连锁总部的人力资源管理包括对整个企业人员的录用、培训、考核、奖惩、工资福利待遇进行计划、组织、监督、协调等一系列功能。因此人力资源管理子系统应包括如下内容：①人事制度管理，如人员结构及编制管理；用工制度、奖惩制度、晋升制度、培训制度等的管理；②职工档案管理，包括录入存储、查询等；③职工业绩考核管理；④职工奖惩管理；⑤培训管理；⑥工资管理等。

6. 商品进销存统计与分析子系统

商品进销存统计与分析子系统，一是从不同的角度、采用不同的方法，对商品进销存等各流转环节的各项指标进行分析与对比，以便连锁总部的管理人员及时发现问题，找出差距及原因；二是对销售趋势做出预测，进行事前控制，这有助于加强经营管理。统计分析的内容主要有以下各项：①商品购进、销售、

库存等计划完成情况分析；②商品进货和进货合同执行情况分析；③商品进货来源和销售方式分析；④库存分析；⑤销售品种分析；⑥销售构成变化情况分析；⑦进货、仓储管理费用分析；⑧利润计划完成情况、销售利润及利润分析。

三、决策信息系统

由于连锁总部是企业的主要经营决策机构，总部管理信息系统应具备决策支持系统，即决策信息系统（strategic information system，SIS），其主要功能应包括：①数据收集、存储、处理、分析与检索；②决策模型的建立、存取与求解；③提供各种常用的数学分析方法；④对数据、模型和方法能方便地进行管理，包括更新、删除、修改和连接；⑤提供方便的人—机对话接口，是决策者拥有决策过程的主导权，进行目标设定、方案评选。而计算机系统则与之配合，并以一定的响应时间支持决策。

此外，无论是连锁分店、配送中心还是总部的管理信息系统均要有系统维护部门及相应的维护子系统，以便对系统进行维护、数据更新及系统的局部修改和调整，保证其正常运行。

第三节　配送中心管理信息系统

连锁超市配送中心的现代化管理主要包括信息管理电脑化、商品分拣自动化、商品储存立体化和商品配送共同化。

配送中心计算机管理信息系统主要实现商品库存的静态和动态管理，统一调度商品流向、车辆运输等。

一、配送中心管理信息系统的构成

配送中心信息系统是对配送中心内商品的入出库、保管、组配、流通加工及配送等的管理信息系统。

配送中心的物流操作作业是在配送中心的计算机管理下进行的，必须与总部和各分店系统相协调才能完成其功能。以指示书的方式说明作业，配以物流计算机控制的自动仓库以及机械化分拣装置等来完成。

配送中心信息系统主要有以下的子系统组成如图 10.4 所示。

1. 入库系统

其功能是对于入库的货品进行核对、入库，包括货品的补货处理。入库系统要利用网络及时反映预订货品的入库信息，并能迅速地反映入库时的商品库存、商品更新情况。

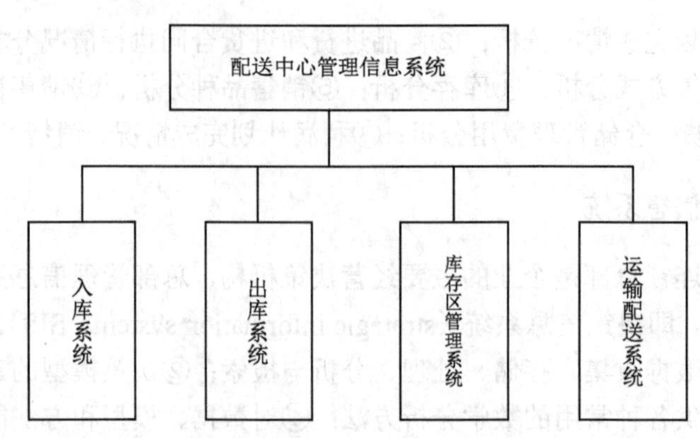

图 10.4　配送中心管理信息系统

2. 出库系统

其功能是以各分店的补货数据为基础，进行库存商品对照、库存寻找范围，并及时输出库存寻找清单，与装货单相核对。要求寻找快速，错误率低。

3. 库存货区管理系统

配送中心最基本的功能是，要掌握商品的种类、式样、规格、存放位置等，并对其进行实时地管理。这些要靠合理的、科学化的货区管理以及装载、配送分析和物流服务成本管理等支持。

库存管理是配送中心系统的核心，它以订货系统提供数据为依据；它进行每种货品的库存管理，与货区管理衔接，在库存清单上用货区号指示库存货品的位置；它也与配送系统相连，指示不同配送货车的装载箱数和明细。

库存管理的目标是：提高库存精度；合理地进行补货；削减损耗和库存余额。

4. 运输配送系统

运输配送系统的任务是完成供货商与配送中心之间、配送中心与各分店之间商品的运输配送业务，应能支持多品种多次小批量配送的要求。

配送的配载在少量多品种多次配送中，应根据分店要求的品种、数量、规格、时间等进行组配，然后进行分送，同时还应有合理的配送规则，即及时、准确、迅速、安全、节约相制约。

连锁超市配送中心信息管理的电脑化不仅需要连锁超市配送中心自身完善信息设施，而且还需要以门店的 POS 系统、EOS 系统以及社会性的公共网络系统和 EDI 系统的建设为基础。只有全公司、全社会的相互配套，才能充分发挥连锁超市配送中心信息管理的效率，最终实现整个配送作业的无纸化运作。

二、配送中心管理信息系统的功能

配送中心管理信息系统主要功能，如图 10.5 所示。

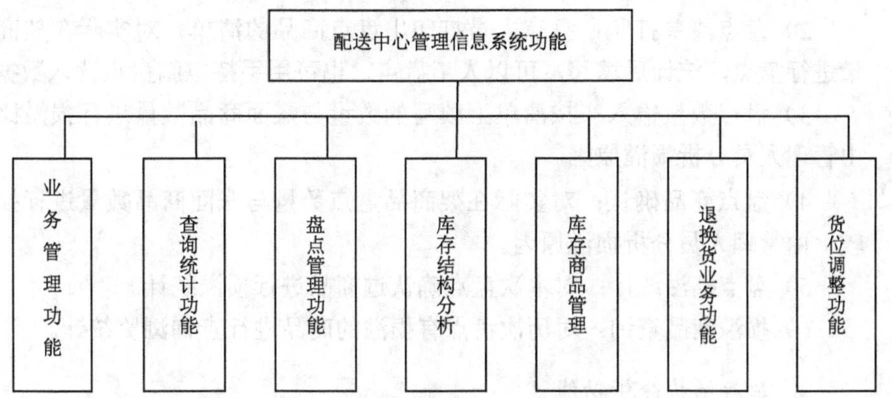

图 10.5　配送中心管理信息系统主要功能

1. 业务管理功能

1）入库管理：输入入库商品数量，打印商品入库单，便于仓库管理人员正确进行入库商品确认。

2）出库管理：输入出库商品数量，打印商品出库单，便于仓库管理人员正确进行出库商品确认。

3）返库管理：输入返库商品数量，打印商品返库单，便于仓库管理人员正确进行返库商品确认。

4）退货管理：输入退货商品数量，打印商品退货单，便于仓管人员正确进行退货商品确认。

5）残损管理：输入残损商品数量，打印商品残损单，便于仓管人员正确进行残损商品确认。

2. 查询统计功能

1）入库信息：可按入库单号、单品、分类、供应商进行入库查询或统计。

2）出库信息：可按出库单号、单品、分类、收货分店进行出库查询或统计。

3）返库信息：可按返库单号、单品、分类、退货分店进行返库查询或统计。

4）退货信息：可按退货单号、单品、分类、供应商进行退货查询或统计。

5）残损信息：可按入库单号、单品、分类、进行残损查询或统计。

6）库存信息：可按单品、分类、进行库存查询或统计。

3. 盘点管理功能

1）盘点清单生成：生成商品盘点信息。

2）盘点清单打印：盘点人员打印出盘点商品的清单，对实际在架商品数量进行盘点，统计后填写。可以人工盘点，也可用手持电脑盘点读入数据。

3）盘点数量输入：按清单上填写的数量与账面商品数量进行损溢比较，由管理人员分析损溢原因。

4）盘点商品确认：对实际在架商品盘点数量与账面商品数量进行损溢比较，由管理人员分析损溢原因。

5）盘点损溢统计：对本次盘点确认过商品进行损溢统计。

6）损溢商品查询：对历次盘点有损溢的商品进行查询浏览统计。

4. 库存结构分析功能

1）库存总账分析：对库存商品的入库、出库、返库、退货、残损进行统计。

2）库存分类分析：库存商品按类别进行统计。

5. 库存商品管理功能

1）库存商品上限报警：对库存商品数量高于库存上限的商品进行信息提示。

2）库存商品下限报警：对库存商品数量低于库存下限的商品进行信息提示。

3）库存商品负数报警：对库存商品数量为负数的商品进行信息提示。

4）库存停滞商品报警：对在某一段时间内有入库但没有出库的商品进行信息提示。

5）商品及时出库报警：对在入库时库存商品数量为零但又未及时出库的商品进行信息提示。

6. 退换货业务功能

1）已逾保质期的商品报警：对库存商品的保质截止期已早于本日的商品进行信息提示。

2）将逾保质期的商品报警：对库存商品的保质截止期在本日后某一时间段内到期的商品进行信息提示。

3）商品保质期查询：对库存商品的保质截止期在某一时间段内在期的商品进行查询。

7. 货位调整功能

1）库存货位维护：对库存商品的货位号进行调整。

2）货位调整查询：对库存商品调整过的货位号按时间段进行查询。

3）库存货位统计：对库存商品按货位进行统计。

三、连锁超市配送中心管理信息系统的现状

目前，许多连锁超市企业将总部信息系统与连锁超市配送中心信息系统合二为一，即以连锁超市配送中心信息系统为中心与各分店信息系统合起来形成连锁超市企业的信息系统。其总体构成及功能如下：

系统的逻辑结构从横向分为客户营销中心、客户联络中心、库存管理中心和配送调度中心四大模块，他们之间既紧密联系，也可相对独立运作，自成一体。从纵向看，每个模块又可分为三个层次，即数据管理层、业务处理层和决策分析层。数据管理层有效保存业务有关的所有原始数据，并对这些数据进行有效的分类管理。业务处理层主要支持日常业务，解决遇到的日常业务问题。其主要功能为数据采集、查询、统计及对数据的适当处理，并对业务过程监控优化。决策分析层主要为业务部门提供决策分析的支持，帮助建立计划机制及控制机制，辅助业务部门进行决策。

1. 功能简介

1）采购管理子系统：包括六个模块，即供应商管理、合同管理、订货管理、退货管理、应付款管理和采购价格管理。

2）销售管理子系统：包括八个模块，即商品价目管理、销售管理（零售）、批发管理、促销管理、销售统计与分析、应收款管理、售后服务管理、客户关系管理（CRM）。

3）库存管理子系统：包括八个模块，即入库管理、出库管理、盘点管理、库区库位管理、库存管理、库存统计和分析、退换货管理、预警控制。

4）配送管理子系统：包括六个模块，即配送优化管理〔地理信息系统维护（GIS）优化模块、GPS优化模块与实时配送调度监控，动态作业管理等〕、货运商管理、配送管理、运费结算、车辆信息维护、代收款管理。

5）财务管理子系统：包括三个模块，即应收账款管理、应付账款管理、门店收付管理。

6）决策支持子系统：包括五个模块，即采购分析决策、销售分析决策、配送分析决策、库存分析决策、成本毛利分析决策。

7）信息系统管理子系统：包括三个模块，即系统配置、数据传输、系统维护。

8）人事和绩效管理子系统：包括2个模块，即人事管理、绩效管理。

9）门店管理子系统：包括五个模块，即门店收付管理、门店销售管理、门店库存管理、门店配送管理、门店采购管理。

2. 系统的特点

1）充分利用CRM现代管理观念，通过对市场、客户关系的管理以及对知识的挖掘，促进企业的销售水平和服务质量，增加企业的收入。

2）优化调度和商业智能，综合考虑运力、路线和时间等因素，对客户订单进行合理优化，使企业充分发挥现有运力资源，并在基于客户历史消费记录的基础上，通过数据挖掘技术，主动得出客户的订货需求，提高客户的满意度。

3）支持现代配送类型的电子商务模式、让客户在订货时能立即确定货到的时间，并能随时查询和更改订货请求。

4）采用GIS/GPS/BI等高科技技术，对客户位置信息进行科学、高效的信息管理。

5）支持分布式应用和复杂组织结构，支持Internet，具有开放性、自动化与智能化等特点。

3. 系统的技术特点

1）智能性。本系统能在运行过程中自我完善，能根据不同用户的业务需要或管理需求自我组建子系统，给予使用者极大的创造空间。

2）安全性。系统除利用操作系统和数据库管理系统本身的安全机制外，在应用程序级还提供多种安全机制来控制不同级别用户的访问。

3）灵活性。系统从数据结构、子系统定义、预警指标设定到数据的查询分析及打印输出都提供了详尽灵活的解决方案。

4）兼容性。系统与其他的系统（如财务软件）兼容。系统运行环境为：服务器，WindowsNT Server，数据库SQL Server 6.5以上，工作站，Windows 9X，Pentium 200以上；内存64M以上；远程通信，DDN专线、ISDN/PSTN。

第四节　POS系统与连锁分店管理信息系统

连锁分店计算机管理信息系统一般包括POS系统（销售时点管理系统）、MIS系统（店内管理系统）等。

商品前台销售是超市经营的重要业务环节，也是信息的主要来源。目前连锁超市企业已经普遍使用收款机和建立了POS系统，对销售信息进行全面、正确的采集。超市使用收款机和POS系统不仅可以使收银迅速正确、结账精确、

支持多种支付方式，而且能为企业提供丰富而正确的信息，为连锁超市信息管理的建立提供了有力的支撑。

一、POS系统

POS机与计算机网络相结合，形成POS系统。借助微电脑技术、网络技术、数据库技术、条形码技术等高科技手段，POS系统具有很强的网上实时处理能力，信息管理功能更趋完善，能够与商业电子数据交换（electronic data interchange，EDI）与电子订货系统（electronic ordering system，EOS）、商业决策信息系统（strategic information system，SIS）相结合，形成一个完整的商业营销计算机管理系统，从而最终实现商业营销自动化与现代化。

POS系统狭义上是指在POS终端基础上开展形成的商业销售终端系统。广义上的系统是指整个营销管理系统。它由POS终端（或多台联网的POS机）、POS系统软件、系统服务器及相应的通讯软件加上网络互联硬件组成。POS系统的基本构成如下：

（1）主机

主机是整个POS系统的核心，它担负全部的后台管理、数据库管理、通讯管理、软件开发等任务。

（2）数据库服务器

数据库服务器专门负责整个商店营销系统的数据管理，多为高档微机服务器。

（3）前台销售终端

前台销售终端是前台销售人员与POS系统的接口。前台销售终端可以是单独的POS机终端，也可以是多台POS机通过串行简单连接的终端网络。它担任整个系统的前台销售和数据采集工作，也具备一些简单的数据综合与分析处理能。

（4）后台管理工作站

后台管理工作站供财务、采购、库管等业务人员进行业务处理，或供部门经理、总经理查询使用，是后台管理人员介入POS系统的界面。

（5）通讯设备

通讯设备包括调制解调器（modem）、交换机或集线器（hub）、网关（gateway）等，是POS系统连接公用计算机的工具。通过公用网，本地POS系统可以和银行或其他远程POS系统（归属于另一家商店的远程门市）进行通信，进行转账业务和其他商业业务往来。

（6）内部网

内部网是POS系统的通信基础，采用计算机局域网。

（7）公用网

公用网可以是一些专业计算机网和公用计算机网络。它是连接POS系统和远程门市部、银行和其他商家的通信媒介。说到公用计算机网，我们自然会想到国际互联网（Internet）。Internet 是当今世界覆盖区域最大、应用最广泛的公用计算机网络，也是一个巨大的包括声音、图像、文字、动画等各种信息的资源库。POS 系统通过 Internet 利用网络上丰富的信息资源，可以和顾客、商业企业、银行等进行通信，还可以在网上发布自己的商品广告，扩张市场等。

二、POS 系统运作的基本部件

POS 机是由早期的电子收款机（electronic cash register，ECR）发展而来的一种智能收银设备。POS 系统则是在收款机终端的基础上，依托计算机网络建立起来的商品销售实时管理系统。POS 机及 POS 系统现已成为超市收银系统和信息管理前台的最为重要的组成部分。

POS 系统运作的基本部件包括：商品条码、条码标签印刷机、POS 收银系统及商品代码。

1. 商品条码

商品条码就是商品的身份证号码，所以每一品种只要其包装、容量、口味、尺寸、颜色、成分等稍有不同，必须赋以不同的商品条码，就如同双胞胎也有不同的身份证号码一样。

为使商品能在国际间流通，各国联合起来在比利时的布鲁塞尔成立了世界条码总部，负责审核各会员国的加入，并赋予各会员国“识别国码”。识别国码就如同商品的护照号码，商品有了护照号码才能通行国外；而每一会员国仅有唯一的单位可被核准成立为该国的商品条码主管机关。

国际商品条码系统有两种，一种是以欧洲诸国为主体发展的条码，采用 13 码方式，称为 EAN（european article numbering）；一种是以北美地区为主体发展的条码，采取 12 码方式，称为 UPC（universal product code）。

一般在超市或其他零售店内常见的商品条码如表 10.1 所示。

2. 条码标签印刷机

商品条码若以印制来区分，可区分为原印码（source marking）及店内码（instore barcode）两类。原印码是由商品制造商申请核准的条码，并在商品制造出厂前直接印制在包装上；至于店内码则是由商店自行印制的条码标签，在商品入架时粘贴在商品包装上。

食品业、日用品（规格化商品）业的原印码普及率未达 100%，而且一般连锁超市由于生鲜食品占全店 45%以上的比例，故超市仍无法避免使用店内码。

表 10.1 商店内常见的商品条码体系范例

项目类别	条码类型	适用区分	条码体系
1	EAN 标准码（13）	一般食品、杂货等	571 国家号码 ｜1｜2｜3｜4｜5 商品号码 $M_1M_2M_3M_4M_5$ 厂商号码 C/D 检核码
2	EAN 缩短码（8）	包装面积小的商品	571 国家号码 ｜1｜2｜3｜4 商品号码 C/D 检核码
3	UPC-A (12)	美国进口的商品	0 前置码 ｜1｜2｜3｜4｜5 商品号码 $M_1M_2M_3M_4M_5$ 厂商号码 C/D 检核码
4	UPC-E (7)	美国进口的商品	0 前置码 ｜1｜2｜3｜4｜5 商品号码 C/D 检核码
5	EAN 标准码(13)	欧洲各国及日本等进口商品	F_1F_2 国家号码 ｜1｜2｜3｜4｜5 商品号码 $M_1M_2M_3M_4M_5$ 厂商号码 C/D 检核码
6	PLU-13 店内条码	食品、杂货、衣料（商品价格均一样）	2x 前置码 ｜1｜2｜3｜4｜5｜6｜7｜8｜9｜10 商品号码 C/D 检核码
7	店内条码 NONPLU-13	食品、生鲜、杂货（商品价格不同）	2x 前置码 ｜1｜2｜3｜4｜5 商品号码 $P_1P_2P_3P_4$ 价格 C/D 检核码
8	店内条码 PLU-8	食品、生鲜、杂货（商品价格都一样）	2 前置码 ｜1｜2｜3｜4｜5 商品号码 C/D 检核码
9	店内条码 NONPLU-8	特卖品作“部门管理的商品”（商品价格不同者）	2 前置码 ｜1｜2 商品号码 $P_1P_2P_3P_4$ 价格 C/D 检核码

印制店内码的条码标签印制机（barcode label printer）有 3 种，第一种是掌上型，第二种是桌上型，这两种都是印制规格化商品（同样商品，价格亦相同）的条码标签；第三种是电子秤＋条码标签印制机印制条码的方式，有所谓的“点阵式”、“定型撞击”、“热感式”、“喷墨式”、“激光式”、“静电式”、“热碳带式”等，但考虑到成本与品质，一般均采用“热感式”或“热碳带式”。

3. POS 收银系统

当顾客拿着商品到收银台结账时，须使用 POS 系统，才能阅读商品条码、寻找商品售价（price look up）或接受该商品售价，并记录商品的销售状况。目前较通用的收银系统有两种：

1）电子收银机（ECR）＋扫描器（scanner）＋主档控制器（master controller）＋电脑（computer）。

2）计算机收银机＋扫描器。

第一种系统较适用于规模较大、收银台较多的卖场。主档控制器可储存商品代码资料，供寻找或接受商品售价之用，再以批次方式（batch）将商品销售资料传至后台电脑，可减轻后台电脑的作业负荷。第二种系统方式较适宜小型卖场采用，电脑收银机兼具收银及存取电脑内商品变动档的功能。扫描器亦称商品条码阅读机，其原理是利用光线反射来读取条码放射回来的光源，再经由转译成可辨识的数字，以确认是否为已建档的商品代码。扫描器分成三种型式，一种叫光笔（light），一种叫手握式扫描器（handy scanner）、一种叫固定式扫描器（slot scanner）。光笔及手握式扫描器的优点为价格便宜，且适用商品较重、不易以码就器、标签位置不易看到或以标签表取代无法帖标的商品，缺点是扫描器感应较差、扫描动作常重复多次才有感应。固定式扫描器则正好相反。

4. 商品代码

POS 系统要能运转，还要靠电脑内建立的商品代码。当扫描器接收商品信息后，就要到电脑内去找商品代码资料，以辨识商品代码是否正确，然后寻找售价或接受该商品售价，并记录该项商品的销售数量。此操作的系统设计及软件程序不在本书讨论范围内，但商品代码的建立及维护程序则是我们所关心的重点。

（1）商品代码的建立

1）第一项商品在第一次进入超市贩卖之前，一定要依据规定的档案格式，先将有关该商品的基本资料输入计算机，才可开始贩卖。

2）商品代码建立的主权在商品采购人员，当电脑人员接到采购人员建档的指示后，才可作业；若系连锁店经营，则宜由总部建档后，以在线作业方式或以磁盘送到各分店电脑建档，以避免人工多次键入的错误。

（2）商品代码的维护

商品在贩卖期间，难免会碰到变价、淘汰、分类调整等变动状况，此时商品代码的维护最应注意的是正确性以及实效性，尤其须与卖场作业时间配合一致，以避免困扰。

三、POS 系统现场作业要领

虽然我们已经介绍了使系统运作的四个基本部件，但实际作业时，必须依靠采购人员、制造商、电脑人员、验收人员、现场贩卖人员以及收银人员等数个单位的协调合作，才能使 POS 的功能充分发挥。以下将根据进销货作业程序，说明各相关单位所应负责的工作。表 10.2 所示是进销货作业与 POS 系统的关联性。

POS 系统的扫描率代表着信息的准确性，而扫描率的高低并不全然受商品国际条码普及率的影响。实际上，各相关单位的运作协调是否一致对扫描率的影响程度反而更大。因此，在实施 POS 系统之前，有关人员的观念灌输、作业训练以及诊错管制点的建立，均有助于提升 POS 系统的使用效率，使其发挥更大效能。

表 10.2　进销货作业与 POS 系统的关联性

作业项目		采购人员	制造商或物流中心	电脑人员	验收人员	现场贩卖员	收银员
一、进货管理	1. 采购新品	②新品发货通知单并规划新品陈列空间（若不是每一项商品有唯一的商品条码，则编列店内码）	①提供新品样品及商品相关信息（含有无商品条码）	③依照新品通知单建档，并制作价格卡		④腾出新品陈列空间	
	2. 订货作业（暂不考虑 EOS 订货）		③领取订单	②印制厂商订货单		①依据制作的订货簿或价格卡，向制造商订货	
	3. 进货验收		①依照预定时间送货至超市	③键入验收数量	②进行验收。若是规格品、有商品条码，打印简单价格标签；无商品条码者，打印店内标签	④试扫产品条码的准确性，若有异状，尽快修正	⑤协助测试扫描
	4. 调拨作业				①拨入单位依进货方式验收	②拨入单位依进货方式检查商品条码的准确性	③协助测试扫描

续表

作业项目		采购人员	制造商或物流中心	电脑人员	验收人员	现场贩卖员	收银员
二、销售管理	1. 标价		①进货验收后协助贴标			②标价前，测试改批店内码标签的正确性 ③依规定位置贴标	④协助测试扫描
	2. 补货上架					①检查商品条码标签与价格卡、店内广告的一致性	
	3. 陈列贩卖					①营业中，要随时检查商品条码标签是否与价格卡一致、是否脱落	②当扫描贩卖的商品，若发现有误，则应记录，并通知现场贩卖员更正
	4. 变价	①发出变价通知		②依照变价通知单，更改商品变动档	③打印变价商品的条码标签	④依规定时间，将变价商品贴价（含卖场及仓库检查）	⑤扫描登录
	5. 自用品						①扫描登录
	6. 赠品			②输入验收数量	①厂商赠品随同进货验收后，登录在验收单内，进价为“0”	④尽快出清存货	③赠品随商品贩卖时，也应经过扫描才能送出，其售价为“0”
	7. 商品淘汰	①发出商品淘汰通知单		②依规时间，在商品变动时停止接受订货	③从规定时间起，停止淘汰品的进货验收	④换下旧的价格卡	

四、连锁分店管理信息系统

连锁分店管理信息系统是整个企业管理信息系统的重要组成部分。分店的

计算机管理系统用于支持分店业务并辅助分店经理发掘本地市场的潜力。它通过运行分店应用程序来支持分店业务，以便在正确的时间和地点以正确的成本向顾客提供正确价格的正确商品。

1. 连锁分店管理信息系统的组成

基于超市的经营情况，小型超市收款机一般有 4～5 台，中型超市的收款机一般有 20～30 台，收款机最好选择三类机，条码扫描设备采用激光平台式。

连锁超市分店计算机系统的结构如图 10.6 所示。

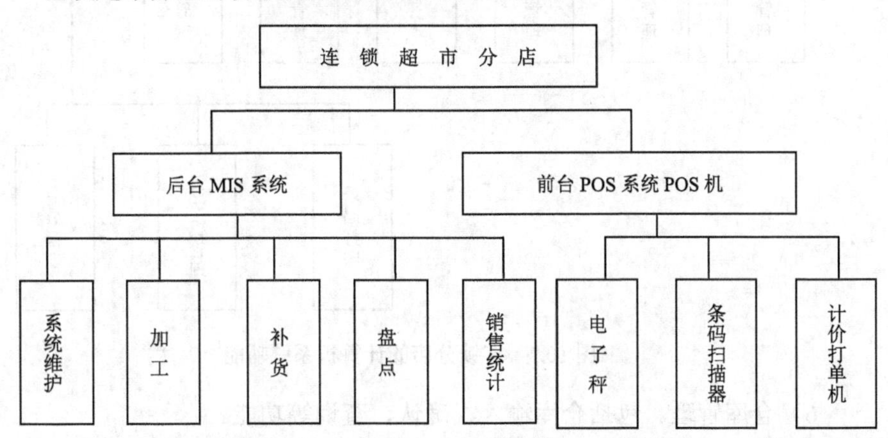

图 10.6 连锁超市分店计算机系统的结构

2. 连锁分店管理信息系统的功能

超市连锁分店计算机管理系统是具有利用收款机进行销售并管理到每一个商品的补货、销售和在架的，以及销售数据的汇总、统计、向总部进行数据传送等全部管理的信息系统。它必须实时地掌握商品信息和顾客信息，为销售活动以具体数据形式进行详细、正确、迅速的分析和决策。

连锁分店的计算机系统对消费者需要多样化、个性化所对应的最新信息的实时管理以及商品流转的综合管理，其功能见图 10.7。

1）收款机管理。可以实时检测收款机状态，以及可以直观图形的方式显示收款情况。

2）补货管理。可以进行人工补货、自动补货、补货确认、补货查询等功能。

3）进货管理。包括进货输入、进货确认、进货查询等功能。

4）在架管理。包括在架单一商品的统计、在架分类商品统计、在架商品下限报警、在架商品负数报警、在架商品调价管理、商品按供应商统计等功能。

5）盘点管理。包括盘点清单生成、盘点清单打印、盘点数量输入、手持电脑读入、盘点商品确认、盘点结束确认、盘点损溢统计、损溢商品查询等功能。

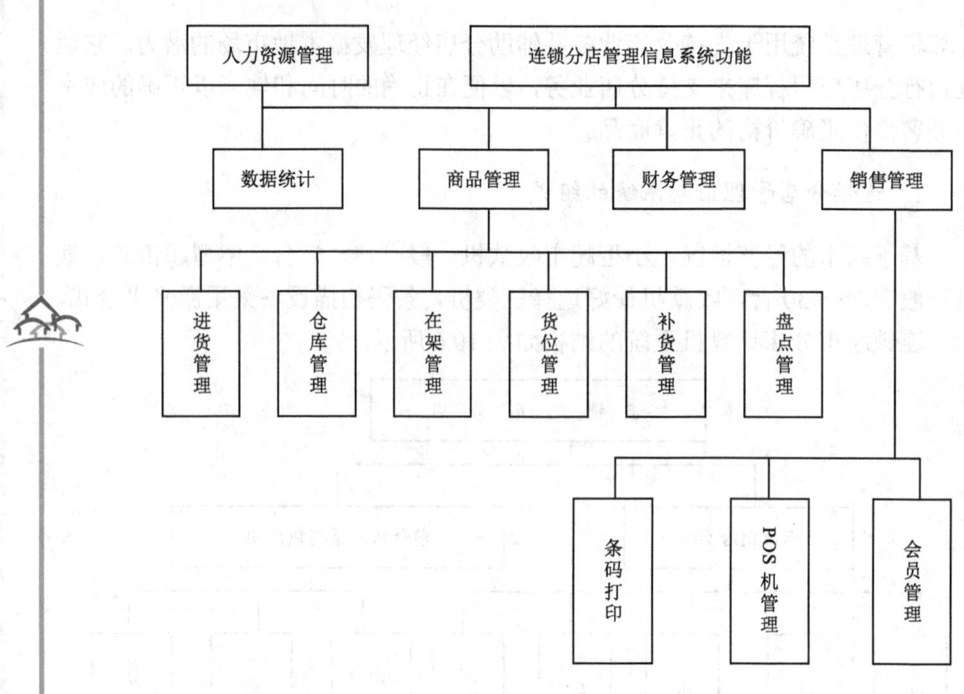

图 10.7　连锁分店的计算机系统功能

6）仓库管理。包括仓库输入、确认、查询等功能。

7）数据统计功能。包括商品到货、返库、销售统计、毛利率统计、销售情况综合统计、单品销售情况统计、供应商的销售情况统计等。

8）会员管理。包括会员卡的销售、修改、查询、挂失、恢复、更换、延长、统计等。

9）系统管理。包括开店前总部信息的接受，闭店后数据处理及上传与系统维护等。

10）货位管理。在架商品货位等分配及统计功能。

11）销售管理。包括任意时段的销售日报、周报、旬报、月报、季报、年报等情况的统计，打印功能。包括明细、分类、实时分析、销售排行、收款机业绩、收款机销售情况等。

12）条码打印。主要是店内码的打印，也可进行商品原有条码的打印。

复习思考题

一、选择题

1．连锁商店销售管理的关键环节是（　　）。

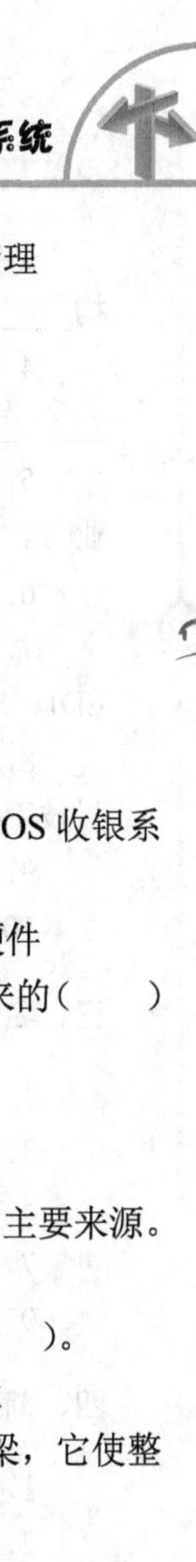

A. 商品管理　B. 促销管理　C. 价格管理　D. 信息管理

2．连锁超市现代收款机常用机型为（　　）。

A. 机械收款机　B. 电子收款机

C. 一、二类机　D. 三类机

3．POS 机是由早期的（　　）发展而来的一种智能收银设备。

A. 机械收款机　B. 电子收款机

C. 掌上型终端机　D. 终端机

4．下列四项内容中哪个属于财务管理（　　）。

A. 应收应付管理　B. 内部往来核算

C. 资金分析　D. 财务处理

5．POS 系统运作的基本部件包括（　　）、条码标签印刷机、POS 收银系统及商品代码。

A. 商品　B. 商品条码　C. 商品商标　D. POS 硬件

6. POS 系统是在收款机终端的基础上，依托计算机网络建立起来的（　　）管理系统。

A. 商品条码　B. 商品商标

C. 商品销售实时　D. POS

7．商品前台销售是超市经营的重要业务环节，也是（　　）的主要来源。

A. 信息　B. 利润　C. 销售　D. 商品

8．现代配送系统的技术特点有智能性、安全性、灵活性和（　　）。

A. 连接性　B. 共同性　C. 兼容性　D. 实效性

9．（　　）是沟通总部、配送中心、各连锁分店之间信息的桥梁，它使整个企业成为一个有机整体。

A. 管理信息系统　B. 配送系统

C. 远程联网系统　D. 连锁系统

10．无论是连锁分店、配送中心还是总部的管理信息系统均要有系统维护部门及相应的（　　），保证系统正常运行。

A. 管理子系统　B. 监控子系统

C. 维护子系统　D. 控制子系统

二、填空题

1．EOS 系统运作的基本部件包括价格卡或订货簿、______、______、______等。

2．连锁总部管理信息系统按功能划分为进货管理子系统、______、______、______财务会计管理子系统、劳动人事管理子系统。

3．配送中心的管理信息系统结构依据配送中心规模的大小可采取以下结构______、______。

4．配送中心信息系统是对配送中心内商品的入出库、保管、______、______及______等的管理信息系统。

5．运输配送系统的任务是完成______之间、______之间商品的运输配送业务。

6．扫描器分成三种型式______、______、______。

7．商业管理信息系统常用信息技术主要是______、______、______、EDI、SIS.

8．POS 系统借助的系统包括______、______、______、微电脑技术等高科技手段。

9．财务会计管理子系统包括______、______、______三部分。

10．销售管理子系统的功能包括______、______。

三、名词解释

1．POS　　2．EOS
3．SIS　　4．MIS
5．EDI　　6．商业管理信息系统
7．VAN　　8．商品代码
9．库存管理　　10．主机

四、简答题

1．简述配送中心管理信息系统主要功能。
2．简述连锁超市配送中心管理信息系统的现状。
3．POS 系统运作的基本部件包括哪些？
4．连锁超市的管理信息系统由哪些部分构成？
5．简述商品进销存统计分析的内容。
6．总部管理信息系统中的决策支持系统的功能包括哪些？
7．目前较通用的收银系统有哪两种？
8．国际商品条码系统有哪两种？
9．简述商品代码的建立方式。
10．简述电子订货系统。

五、绘制图表题

1．试绘制配送中心管理信息系统功能结构框图。
2．试绘制连锁分店计算机系统结构框图。

3．试绘制订货流程图。

4．试绘制盘点流程图。

5．试绘制连锁分店的计算机系统功能图。

案例分析

联华超市计算机管理系统

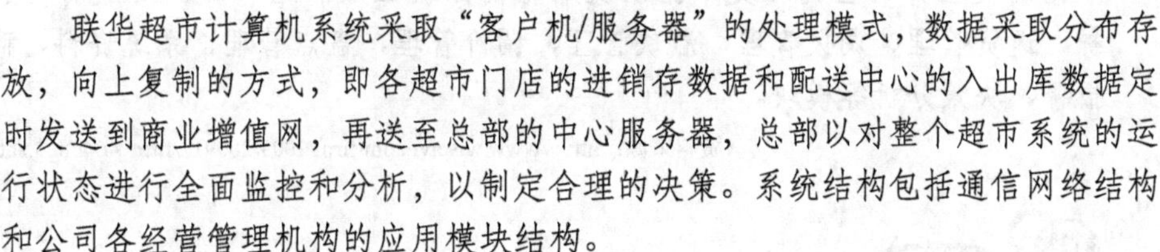

联华超市计算机系统采取“客户机/服务器”的处理模式，数据采取分布存放，向上复制的方式，即各超市门店的进销存数据和配送中心的入出库数据定时发送到商业增值网，再送至总部的中心服务器，总部以对整个超市系统的运行状态进行全面监控和分析，以制定合理的决策。系统结构包括通信网络结构和公司各经营管理机构的应用模块结构。

1．网络通信系统

整个系统采取局域网与广域网相结合的网络通信模式，在公司总部、配送中心及各销售门店的计算机构成一个计算机局域网。

在远程网络中传送的信息有门店销售报表、门店库存清单、进销存日报表、商品目录清单、到货预报单、调价通知单、配送中心库存清单、配送中心收发货明细表、门店要货单等极其重要的数据、报表和单据。

2．总部计算机系统

超市公司总部的服务器是整个联华超市商业管理系统的财务、业务以及经营决策分析与统计中心，其处理能力和安全性都有较高的要求。系统应用软件功能包括基本信息管理、价格管理、采购管理、配货管理、单证管理、财务结算管理、数据传送、数据查询、销售统计、营销分析等总部业务，财务经营功能以及统计分析提供决策的数据处理。

3．配送中心计算机系统

联华超市配送中心的计算机管理系统，从进货管理到库位确定，从门店要货数据采集到生成配货单、验货装车、商品信息、物价管理和商品保质期、最低储存量限位、滞销商品等方面的预警系统以及系统维护和数据通讯都达到目前国内领先水平。查询商品库存时，可以通过三维立体图视，按不同颜色寻找到所需查询的商品大类，再以商品大类的颜色查询到单品库存状况，提高了商品库存管理的可视直观化。

4．超市门店计算机系统

模块门店计算机系统由服务器、工作站与收银机连成局域网，形成前台POS系统和后台MIS系统。

POS系统读取销售信息并及时调整和新增收银机单品主档以及收银机的基本资料的设定。该系统可分为实时查询、结算处理、考核分析和销售排名、系统维护等模块，可产生大类销售报表、单品销售报表、财务报表、收银员营业报表及时段报表等。MIS系统主要用于商品进货，调拨、溢缺、调价、盘点等单据的处理并可查询历史单据以及库存商品明细账和结存库。一般有资料维护、送货管理、调拨管理、溢缺管理、调价管理、盘点管理、系统资料、商品报警、决策分析等模块。

（资料来源：http://www.wiseivr.com/firm/2009/200912/firm_46428_3.shtml）

思考与讨论

1．联华超市是如何构建其管理信息系统的？

2．分析数据传输系统在联华超市总部管理信息子系统中的应用。

3．配送中心条码技术、服务器及电子订货系统在联华超市管理中是如何应用的？

第十一章

连锁超市财务管理

【学习目的与要求】

本章主要阐述了连锁超市财务管理的特点、主要工作；特别提出了资金与资产的管理；同时对连锁超市经营绩效财务评估进行了分析。通过本章的学习，了解连锁超市财务管理的任务，资金管理的原则和特点及经营绩效评估的资料来源，在此基础上，理解和掌握连锁超市管理的特点、目标及资产管理和主要工作，同时会对经营绩效财务评估进行分析。

导入案例

沃尔玛的财务管理

从世界五百强企业沃尔玛的经营战略来看，财务没那么复杂，财务管理目标其实相当简单，就是赚取资金差价。赚取资金差价就等于在为股东创造财富。如果能多、快、好、省地赚取资金差价，就是在为股东多快好省地创造财富，企业价值或者股东财富最大化的财务管理目标就得到了实现。问题是如何又多又快地赚取资金差价呢？ 沃尔玛的经营战略是"天天平价，始终如一"。从开业到现在，到永远将信守这个不变的承诺。所谓天天平价是指比竞争对手的售价要低，并不是低于经营成本的亏损销售。以市价 300 元的茶叶为例，供应商给一般商家的价格为 130 元左右，这些商家还要收取入场费、上架费等不确定的费用。沃尔玛没有这方面费用，得到供应商的报价只是 100 元。与竞争对手相比，沃尔玛采取不收其他费用的策略，赢得了在商品进价方面 30 元的相对优势。如果沃尔玛茶叶流程的运作成本远远低于 30 元的话，其相对价格优势就凸显出来了，这为天天平价经营战略打下了坚实的基础。

按照一般理财的理念，在获得了比较大的相对价格优势后，企业只要采取与竞争对手贴近的价格销售商品，就可以获得比较高的销售利润率了。但沃尔玛没有这么做，而是采用比竞争对手低20%左右的差价销售商品。这样做的目的有两个，一是让消费者感觉物有所值；二是通过提供更高价值的服务，进一步拉开与竞争对手的距离，提升顾客的满意度和忠诚度，引导消费者更多、重复地购买沃尔玛的商品，使沃尔玛更多的商品更好、更快地周转起来，为财务目标的最大化提供动力。所以研究连锁超市的财务管理，并将财务管理与企业经营战略有效的结合，在经营中融入财务，在财务中体现经营，以财务为线索，以经营为手段，就能实现财富最大化的财务管理目标。

（资料来源：http://www.xici.net/main.asp?url=/b496528/d35331013.htm）

第一节　连锁超市财务管理概述

每一个连锁超市都必须建立和健全现代企业财务管理制度，即本着责、权、利相结合的原则，建立明晰账目，规范核算流程，充分利用计算机管理，严格内部考核制度，实行统一核算，进而通过详尽的财务分析，为决策层提供及时、准确、务实的财务信息，使企业达到依法自主理财，约束企业经营行为，妥善管理企业各项经济活动的目的。

一、连锁超市财务管理的特点

连锁超市财务管理的特点是同其经营管理特点分不开的，它具有以下特点：

1. 实行统一管理、统一核算的特点

连锁超市财务管理以货币化的形式，由总部进行统一核算。统一核算是连锁经营众多统一中的核心内容。区域性的连锁企业，由总部实行统一核算；跨区域且规模较大的连锁企业，可建立区域性的总部，负责对本区域内的店铺进行核算，再由总部对分总部进行统一核算。

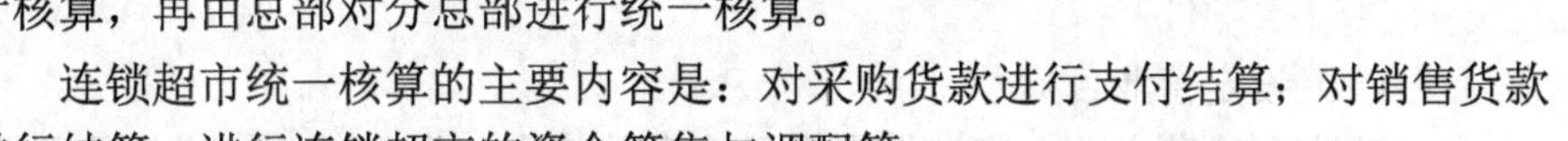

连锁超市统一核算的主要内容是：对采购货款进行支付结算；对销售货款进行结算；进行连锁超市的资金筹集与调配等。

2. 票流、物流分开的特点

由于连锁超市实行总部统一核算，由配送中心统一进货，统一对门店配送，使得连锁企业票流与物流的运行与单店经营中现货同步运行差别很大。但从流程上看，票流和物流是分不开的，因此，连锁超市管理中财务部门必须同进货部门保持联系。财务部门在支付货款前，要对进货部门转来的税票和签字凭证进行核对。同时，在企业制度中要对付款金额相对应的签字权限做出限制，尽量保证票款相符，账实相符。

3. 资产统一运作，资金统一使用，发挥规模效应的特点

1）连锁超市表面上看是多店铺的结合，但由于实行了统一的经营管理，企业的组织化程度大大提高，特别是统一进货、统一配送，使资本的规模优势得到充分的发挥。

2）由总部统一核算，实行资金统一管理，提高企业资金的使用效率和效益，降低成本、减少费用，增加利润。

3）实行资产和资金的统一调配，统一调剂和融通。总部有权在企业内部对各店铺的商品、资金和固定资产等进行调动，以达到盘活资产，加快商品和资金周转，获得最大的经济效益的目的。

4. 及时促进企业提高管理水平的特点

财务管理能迅速反映企业现时的生产经营状况，在连锁企业中，决策是否得当，经营是否合理，技术是否先进，销售是否顺畅，都可以迅速地在企业财务指标中得到反映，如通过资产的周转率、周转天数指标，就能反映企业各项资产的周转利用程度。因此，财务部门应通过自己的工作，向企业领导及时通报有关财务指标的变化情况，以便把各部门的工作都纳入到提高经济效益的轨道，加强管理，努力实现财务管理目标。

二、连锁超市财务管理的目标

超市财务管理的目标是指超市财务管理所要达到的最终目的。财务管理目标是企业管理的一个重要组成部分，财务管理的目标应与企业管理的最终目标一致。企业是以营利为目的的经济组织，因此，超市经营者必须合理有效的使用资本，在经营活动中赚取更大的经济收益。同时，制定适合本企业发展速度、发展规模等具体目标。

1. 制定财务目标的步骤

（1）设定营业目标

超市在经营之前，应该根据自己本身的特点，先确定总体营业目标。

（2）细分商品部门目标

若以部门分类，则全公司营业目标可细分为畜产、水产、日配、一般食品、烟酒、糖果饼干、日用品、衣料、书及其他专柜等。

（3）设定部门分类的销售目标

根据过去分类的销售资料，剔除本年度淘汰的单个商品。

（4）增列新分类商品的销售目标

对新增加的商品应该根据实际情况确定新的销售目标。

（5）设定各部门、分公司、全公司的毛利率

超市本年度的损耗及定价方法、采购政策皆会影响毛利率，其中尤以损耗的控制对毛利率目标的达成影响最重大。

（6）设定劳动生产力目标

可通过改善作业、追求效率的方法，达成企业生产力目标。

（7）设定费用目标

除了限于合约的规定，租金、水电、折旧等固定费用无法立即改变以外，可通过管理降低人力、包装材料、维修等杂项开支。

（8）设定存货目标

适当的库存标准可以给消费者提供多样化的选择，但库存太多，会造成营运资金的积压，使资金周转不开、企业效率低、商品老旧、鲜度不良，因此根据销售设定存货目标、制定适当的存货周转天数是有其必要性的。

（9）设定损益目标

损益目标的达成会影响企业能否快速成长，故损益目标永远是企业的终极目标。

2. 制定财务目标的要点

大型股份制超市在进行财务目标制定时，多会制定利润最大化、投资报酬率最大化、投资财富最大化这种类型的财务目标。这三种目标的设置往往会偏

离经营者最初的愿望，因此经营者在设置这三个目标时，需要进行充分的考虑。

（1）利润最大化目标

利润增加对财务关系中的各个方面都有利。但是，许多超市的管理者往往走入把在比较短的时期内取得最大的利润，作为企业财务管理目标的误区。单纯地追求利润最大化地负面效应表现在：首先，利润最大化作为财务管理目标，往往伴随着较大的风险。在投资项目中，风险较小地投资项目一般给企业带来的利润较少，企业的管理者单纯追求利润最大化，就会选择那些获利较多但是风险较大地投资方案。这种做法往往与投资者的利益相背离。其次，超市管理者为了追求企业利润的最大化，有时会采取诸如不上缴利润或少上缴利润等方法来扩大超市的发展资金。这样在某种程度上会引起投资者对企业的不满。基于以上两点，管理者在设定利润最大化目标时应尽量避免这种类型错误的发生。

（2）投资报酬率最大化目标

投资报酬水平具体表现为股息分配的水平，投资者当然会要求股息率至少不低于银行的相应利率，一旦低于银行的相应利率，投资者就会放弃投资。许多超市投资者都要求超市管理者制定出一个可接受的最低投资报酬率。一旦投资者通过财务预测发现企业的实际投资报酬可能会低于这个标准时，就会拒绝投资（他可能将股票出手）。因此，投资报酬率最大化与企业的利润水平有关。此外，超市把投资报酬率最大化作为企业财务管理的目标时，也会遇到把利润最大化作为财务管理目标时所出现的那些问题。

（3）投资者财富最大化目标

许多大型连锁超市经理人认为，超市的资本来自投资者，所以，超市企业财务管理目标应该是最大限度地增加投资者即股东的财富。超市管理者主要通过增加股息的分配金额，或在二级市场上使超市的股票价格上升的方法来实现投资者财富最大化地目标。此类办法，大大增强了投资者及潜在的投资者对本企业的信心，超市的管理者也为超市的发展筹集到了更充分地资金。在股份制超市企业中，如上海华联，武汉华联等，投资者个人财产与超市相关的部分就是体现投资超市股票的那一部分，因此，投资者财富最大化又称作股东权益最大化，它可以进一步体现为尽可能提高股票市价使其最 大化。

但是，把投资者财富最大化作为财务管理目标也有其不足之处。影响股票价格的因素很多，其中许多并不能为超市所控制。因此，股票价格的升降，既不能够为超市的管理者预示筹资和投资远景，也不能准确地反映管理者的经营实效和管理才能。

三、连锁超市财务管理的任务

1. 合理筹集资本，及时满足需要

资金是企业赖以生存和发展的前提条件。财务管理的首要任务是从各个渠

道合理地筹集资金，满足企业生产经营对资本的需要。企业在筹集资本时，要全面考虑筹资渠道、筹资方式、筹资规模和筹资时间等因素。

2. 统一规划企业的长短期投资，合理配置企业资源

企业筹资的目的是为了投资。确定企业的投资方向和投资规模，制定企业长短期投资计划并据以进行项目投资决策，是财务管理的核心任务之一。他不仅关系到企业有限资源能否合理配置和有效运用，而且直接关系到企业未来的发展方向、发展规模和发展前景，对企业的生存和发展具有决定性 意义。

3. 加强日常资金管理，提高资金使用效率

加强日常资金使用的控制和监督，是提高资金的使用效率、节约开支的重要手段。因此，在超市经营的过程中，要保持资金的收支平衡，及时处理企业临时闲置资金，以获取短期投资收益。

4. 合理分配收益，协调经济利益关系

协调各方面经济利益关系是企业财务管理的一项重要任务。在处理经济利益关系时，首先要处理好企业与所有者的利益关系。但是，保障所有者的利益不能以损害其他方面的利益为代价。相反，要从根本上保障所有者的利益，就必须正确合理地处理好企业与各方面的利益关系。只有在各方面利益关系协调的前提下，企业所有者的利益才能从根本上得到保证。

5. 进行财务监督，维护财经纪律

财务监督是通过财务收支的审批和财务指标的考核对企业的生产经营活动进行审查和控制。同时，通过对各项财务收支进行严格的审查和控制，消除不合理及不合法的收入和支出，维护财经纪律，杜绝贪污和浪费现象，保证资产的安全完整。

第二节 连锁超市财务管理的主要工作

一、连锁超市筹资管理

连锁超市的筹资管理即企业根据经营活动对资金需求数量的要求，通过金融机构和金融市场，采取适当的方式，获取所需资金的一种行为。筹资管理是连锁超市财务管理最基本的职能。

企业筹资的基本目的，是为了自身的维持和发展。而具体的筹资活动通常

受特定的动机驱使，如为了扩大生产经营规模而进行的筹资，为了偿债而进行的筹资，临时性的筹资等。

连锁超市筹资应遵循的原则：规模适当；筹措及时；来源合理；成本最低；资本结构最佳。

连锁超市筹资需要通过一定渠道，采用一定的方式，来合理筹集资金，两者有效配合，详见表 11.1。

表 11.1　筹资方式与筹资渠道配合表

组合（方式/渠道）	吸收直接投资	发行股票	银行借款	商业信用	发行债券	租赁经营
国家财政资金	√	√				
银行信贷资金			√			
非银行金融机构资金	√	√	√		√	√
其他企业资金	√	√		√	√	√
民间资金	√	√			√	
企业自留资金	√	√				
外商企业	√	√				√

二、连锁超市投资决策管理

连锁超市投资决策管理即企业投入财力，以期望在未来获取收益的一种经济行为。在市场经济条件下，企业能否把筹集到的资金投放到收益高、回收快、风险小的项目上去，对企业的生存和发展是十分重要的。连锁超市的投资包括对内投资和对外投资。通过投资，才能促进企业的发展，分散和降低企业的风险，进而实现超市财务管理的目标。

1. 投资决策管理的基本原则

认真进行市场调查，及时捕捉投资机会；建立科学的投资决策程序，认真

进行投资项目的可行性分析；及时、足额地筹集资金，保证投资项目的资金供应；认真分析风险和收益关系，适当控制企业投资风险。

2. 投资决策方法

1）定性分析法。即通过借助有关专业人员的知识技能、实践经验和综合分析能力，在调查研究的基础上，对投资项目所做出的评价。

2）定量分析法。通过一定的财务指标对投资项目进行分析，包括不考虑资金时间价值的投资回收期法，投资收益率法及考虑资金时间价值的净现值法，净现值比率法等方法。

三、连锁超市资金营运管理

连锁超市的资金营运管理即企业在营运过程中对资金及资产管理。这里的资产管理主要是指对流动资产管理。本内容将在本章第三节中详细介绍。

四、连锁超市成本管理

连锁超市的成本管理即企业主要是通过商品的毛利率、费用开支标准及范围、销售费用率三大指标进行控制。由总部统一进行成本核算，统一管理。成本管理的具体内容是：总部要严格控制自身的费用开支，同时规定各分店的费用项目范围及开支标准，原则上不允许随意扩大和超标；总部要建立毛利率预算管理，加强对各分店的计划控制；总部统一计提整个企业的资产折旧，统一支付贷款利息；总部对一些费用要进行分解，尽量划细到各分店或商品的种类，并对各分店的费用通过下达销售费用率进行总体控制，要建立费用率计划管理制度。

五、连锁超市人员薪资及奖惩管理

连锁超市对员工工资、奖金的分配办法应在现行的政策法规下，结合连锁经营的特点和企业的实际情况，本着调动员工积极性的合理分配原则 制定。

六、连锁超市收银现金管理

超级市场的主要特色之一就是“自助式”购物，即顾客可以在卖场内随意比较、选购自己喜欢的商品，然后再自行到出口处做一次总结付账。在这种经营形态之下，收银现金工作便显得格外重要。

1. 收银工作的具体流程

（1）营业前的收银工作

营业前的收银工作，重点在于准备事项。在工作前，收银员应先认领备用金并清点确认，包括各种币值的纸抄和硬币；检查收银机的运转状况，整理、补充发票存根联及检查收银联的装置是否正确，机内的程序设计和各项统计数值是否正确或归零；同时要了解当日的促销活动，特价、变更售价商品的位置及价格；最后收银员检查服饰仪容，佩戴好工号牌，准备开始工作。

（2）营业中的收银工作

营业中的收银工作重点则在于商品与金钱的收、付，尽量做到准、快、好。收银过程中，登打收银机时读出每件商品的金额，让顾客听得清楚，登打结束要报出商品金额总数，收顾客钱款要说明收了多少钱，同样，找零时也说清楚。钱币应在柜台结算完毕，以免事后与顾客产生争执。最后对顾客带出的购物车、购物篮要放妥当。在等待顾客时，收银员可进行营业前各项工作的准备，若在收银时出现大额现金须事先交付或兑零，应做好交付登记工作。

（3）营业结束后的收银工作

超市营业结束后，收银员的主要工作是结算事宜。收银员下班前，必须先核对收银机内的现金和购物券等营业收入总数，再与收银机结出的累计总账款核对，若有在收银过程中事先交付的货款，应将收据或填款单计入总收入，后与值班负责人将款项当面点清楚，确认准确无误后填写每日营业收入结算表，并签名。如果产生错误，应及时查明原因，按制度规定处理。然后，将收银机的所有现金、购物券、单据等放入超市指定的保险箱内、现金室予以登记。关闭收银机电源并盖上防尘套，整理收银台及周围环境卫生，为下一个营业日做准备。

2. 超市现金管理的具体操作

（1）收银台的大钞回收管理

由于现金累积速度快，尤其是在大型超市或旺季时。因此，在管理上，卖场现金作业要定时或定量回收，防止意外发生。其中最关键的就是对大钞的管理。

由于收银台在找钱给消费者时，并不需要用到最大面值的现钞，因此无须将大面值的钞票放在收银机的现金盘里。可以选择放在现金盘的下面，并用现金盘盖住。当抽屉内的大钞累积至一定数额时，应立即请相关主管收回到店内的金库存放。一般情况下，大钞回收是收银员工作中的重点之一，它可避免收银台的现款累积过多，引起歹徒的注意。此外，真有事故发生时，也因大钞已从收银台收走，而使超市的损失降至最低。

收取大钞时，收银员应暂停收银柜台的结账作业，经过点数后，将收取现金的数额、时间登录在该收银柜台的“中间收款记录本”内，由收银员及点收主管签名确认。如有涂改时，也应签名以示负责。大钞送到金库后，也必须在“金库现金收支本”上写清日期、时间、收银机号、金额以及累积数，以便在结算时工作准确、便利。

（2）信用卡付款管理

由于信用卡付款的日渐普遍，一些超市收银员利用信用卡挪用现金，即以

自己的信用卡来替消费者付款，却将现金放入自己的口袋，这是严重的现金挪用舞弊行为。虽然信用卡发卡银行会将款项汇入户头，对销货额没有影响，但超市会损失手续费和现金延后收到的计算利息。若主管人员对此行为没有妥当的处理，就有可能会造成更大的损失。因此，为确定现金收入金额与信用卡收入金额的合计数，除了每日核对会计记录与银行账户资料外，还可以与顾客联络以确定其付款方式及所付款项与发票金额是否相符，一旦发生异常现象，应立即查出原因，同时对责任收银员加以处置。

（3）保险柜管理

现金除了存放在超市卖场的收银机之外，只能固定放置在店长室的金库内。有价证券、支票与现金及备用零用金必须存放在不同保险柜或在保险柜中分开存放。金库应设有“金库现金收支本”，详实记录取出或存入现金的各种活动，任何消费性支出均应附有单据或发票。现金室主管每日上下班，第一任务就是检查保险柜有无上锁及异常情况发生，发现有任何短缺时，应立即请相关主管人员进行调查。保险柜的钥匙只有一套，并且只能在现金室使用，不得带出现金室。

（4）现金存款

超市每天所得的营业收入最终要于固定时间存入或汇入金融机构。存入时，特别要重视现金安全工作，应派专门人员负责，认真研究存放的日期、时间以及路线等，以免运送途中发生意外。为了安全起见，减少风险，也可请保安公司代为存款。收款时必须要有多位超市人员在现场协助清点现金，现金金额确定之后，应填写托运单并核对封条号码、收取日期、金额，保证准确无误后方可签字收条。最后将签收条缴回相关主管单位存查。

现金只有在存入特定机构后，超市的现金安全才能说有了保障。在平时营业时，一定要注意现金安全，并随时做好防范工作。

第三节　资金与资产的管理

一、连锁超市的资金管理

加强资金管理是财务管理的中心环节。大型连锁超市具有货币资金流量大，闲置时间短等特点，因此，财务部门应根据这些特点，科学合理的调度和运用资金，为超市创造效益。

1. 资金管理的原则

（1）总部统一使用与授权使用相结合的原则

连锁企业资金由总部统一筹措、集中管理、统一使用。分店本地采购产品、鲜活商品和其他保管期短的商品，经请示总部同意或在总部授权的范围内可动

用银行存款，否则不能动用银行存款；分店存入银行的销货款，未经总部批准不得自行动用。

（2）总部统一控制费用的原则

连锁企业总部、分店及其他部门的费用由总部统一核定、统一支付。部门、分店的工资等日常费用的支付，由总部统一开支。超市经理有节约费用开支的责任，总部有审查费用使用情况的权力。

（3）统一登记注册、统一缴纳税款的原则

连锁企业应是享有独立法人资格的企业，总部和所属分店在同一区域内的，由总部向税务及工商部门登记注册，统一缴纳增值税、所得税及其他各种税赋，统一办理法人执照及营业执照，分店只办理经营执照，国家对企业在税收上的优惠政策，也由税务部门直接对连锁总部执行。特殊情况下，总部和所属分店不在同一区域内，分店一般处于委托法人的地位，实行本地纳税。

（4）统一银行存款和贷款的原则

分店在总部指定的银行办理户头、账号，只存款不取款，分店每日必须将销售货款全额存入指定银行，不得作支销货款。同时，分店应向总部报送销售日报表，它的核心内容是发挥企业的规模效益，以低于社会的平均成本取得社会的平均利润。

2. 资金管理的办法

1）集中管理，即由总部统一资金使用、调度和管理。

2）提高资金的运营效率和效益，积极采取措施盘活资金存量，加快资金周转，增加企业效益。

3）采用现代化的预算管理制度，成本核算制度和投入产出分析制度，使资金的使用更加合理化、制度化、科学化。

4）完善内部审计监督机制，严格执行各项结算制度，使资金能够有效运作。

二、连锁超市的资产管理

连锁超市资产的管理主要是指流动资产中的现金、存货部分（即由总部配送和分店自采的商品）和固定资产的管理。

1. 资产管理的特点

（1）统一管理，分级负责

由总部统一订货、统一定价、统一结算，但商品进入分店或分店自采的商品，分店实行自行管理，自行负责。

（2）集中管理，合理调配

存货集中调配、设置合理库存，固定资产由总部集中管理。

(3) 分类指导，高度融通

由总部对各分店的资产进行分类指导，并在各分店之间进行调度，协调，达到资产融通互补的作用。

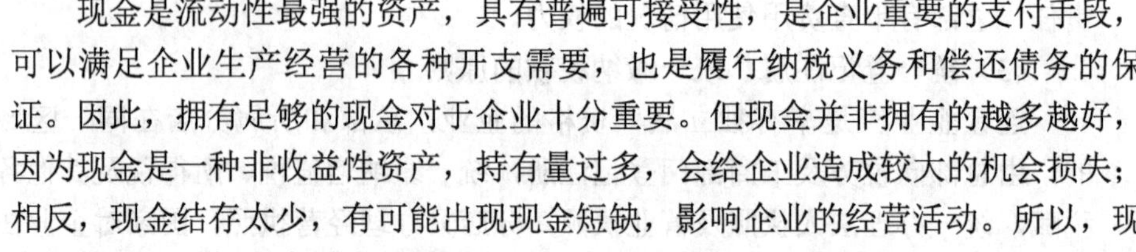

2. 现金的管理

现金是流动性最强的资产，具有普遍可接受性，是企业重要的支付手段，可以满足企业生产经营的各种开支需要，也是履行纳税义务和偿还债务的保证。因此，拥有足够的现金对于企业十分重要。但现金并非拥有的越多越好，因为现金是一种非收益性资产，持有量过多，会给企业造成较大的机会损失；相反，现金结存太少，有可能出现现金短缺，影响企业的经营活动。所以，现金的管理对于超市来说十分重要，超市中现金的管理一般有以下一些 措施。

(1) 现金收入管理

超市结算环节主要是收取顾客支付的现金。在每一个经手现金的环节，都需要制定一种特定的收款程序，以保证超市所得到的全部现金都准确无误地送交财务部门并存入银行。经手现金的人主要是收银员、财务人员等，财务部必须让这些员工明确收款程序。同时，应尽量将经手现金的职能与现金记录的职能明确分离开来。

超市应定期或每天将所有的现金全部存入银行，并谨慎保管银行盖章的存款单，做收入表，标明该超市每日存入银行的钱款数额。这样可以避免经手现金的人挪用现金的风险。

(2) 现金支出管理

对于超市仍然有少量的现金支出。因此，超市必须建立小规模的现金储备，其数量要保证能应付大约 1 个月的业务周转。另外还要设专人负责这项工作，以保证从这里支付的每一笔款项都要有凭证、收据或能解释这笔支出用途的备忘录来证实。在现金储备出现不足时，把这些用于证实的收据、凭证和备忘录交给企业出纳管理部门，以便补足储备现金。应注意的是所有的付款凭证在付款时都要打上“付讫”印章，以避免再次被使用。其他所有支出都必须用支票来支付，并且通过核定的发票来证实。给所有支票按顺序编号。填制支付支票的人如果不是批准使用支票的人，最好要求有两个人在支票上签字。发票在被支付之后为避免出现重复支付现象应予以注销。

良好的内部控制系统中必须有一项控制措施，即对每月一次的银行往来对账表的调整管理。在每个月的月底，超市应该从银行拿到一张银行对账表，对账表上会列出超市定期或每日的存款、每张支票支付的金额以及银行余额的每一笔增加或减少等项目。财务部门应把已用于支付的支票与银行对账表附在一起以便日后核查。为避免出现利用空头支票骗钱的现象，企业应加强支票的控制。另外银行对账表的处理工作不能由记录现金收入与支出的员工担任。

(3) 现金预算管理

管理现金流量的最有效方式是编制现金预算。预算在企业财务成本管理中用途很广泛，如果成本管理中可以编制成本和费用预算；在销售活动管理中可以编制销售预算。通过预算，企业可以大概预测未来一段时间的经营情况，并为各级管理人员提供各种用于决策的数据指标。不管是成本费用预算还是销售预算，都涉及企业最根本的现金收入和支出，因此现金预算被认为是各种预算的基础。

现金预算主要由预计现金收入（即现金流入量），预计现金支出（即现金流出量）、预计现金盈余短缺和期末现金余额四部分构成。现金预算的准确性首先取决于销售预算的准确性和销售收入中预计能收回多少现金的准确性。由于我国超市目前均采用权责发生制的原则进行会计处理，因此通过对应收账款的回收情况合理分析，可以预计应收账款的收款间隔期，从而为编制现金预算提供比较准确的有关现金流入的资料。

(4) 现金保管控制

在实际工作中超市应更加重视的还不是现金流量管理，而是现金实物和银行存款的管理。其具体内容如下：

1）现金的记账和现金的保管要各自独立，保证不相容职务的分离，不能同一个人既管账又管钱。

2）每天要进行现金记账，并与库存现金核对，保证账实相符。

3. 存货的管理

企业的存货占流动资产比重较大，一般为40%～60%，而对于商业企业，这个比例可高达80%。存货利用程度，即连锁超市库存商品的储存及销售情况，对企业财务状况影响极大，因此加强存货的规划与控制，使存货保持在最优水平上，已成为财务管理的一项非常重要的内容。要想保持一定量的存货必定有一定的成本支出，持有存货的有关成本包括以下内容。

(1) 进货成本

进货成本指从供应商那里购买商品而支出的成本。包括订货成本和采购成本。订货成本如订货时通讯费、差旅费等等，采购成本等于采购数量与单位采购成本的乘积。

(2) 储存成本

储存成本指企业为储存存货而发生的各种费用支出，如仓储费、保管费用、保险费、存货占用资金支付的利息费、存货残损和变质损失等。

(3) 短缺成本

短缺成本指由于存货储备不足而给企业造成销售中断，进而带来的经济损失。

存货的经济订购批量，即指在不允许缺货的情况下，使存货的订货成本与储存成本之和最低的采购批量，其计算公式为

平均库存量＝$Q/2$

全年订货次数＝A/Q

全年订货成本＝$A/Q\times F$

全年储存成本＝$Q/2\times C$

存货相关成本 $T=A/Q\times F+Q/2\times C$

经济订购批量 $Q=\sqrt{\dfrac{2\times A\times F}{C}}$

式中：A——全年存货总需求量；

Q——每批订购批量；

F——每次订货的订货成本；

C——单位存货年储存成本；

T——全年存货的订货成本与储存成本之和，即存货相关总成本。

总之，在加强存货管理的过程中，各分店要根据商品销售情况及时调整商品结构，对接近保质期的商品要积极开展促销，对超过保质期的商品要及时进行清理，保持最佳的存货余额。

4. 固定资产管理

固定资产由总部统一核算，折旧由总部统一计提，分店不分摊。分店设置固定资产实物卡，并承担固定资产的修理费用，同时分店对所拥有的固定资产须列明细实物卡，由专人登记，定期盘点，要保证物卡相符。固定资产的采购、添置、调拨、报废均由总部掌管，分店无权处理。

固定资产的折旧采用加速折旧法，即早期多提折旧，后期少提折旧，每期计提的折旧数，随着固定资产使用时间的推移而逐渐减少。这种方法将固定资产价值的大部分在使用的早期收回，可以减少固定资产因其技术被淘汰而提前报废所产生的损失，同时也可承担未来许多不确定因素的影响，如通货膨胀等。

加速折旧法包括年数总和法和双倍余额递减法。

年数总和法计提折旧额的计算为

$$年折旧率=\frac{尚可使用年限}{预计使用年限的年数总和}\times 100\%$$

$$月折旧率=年折旧率\div 12$$

$$月折旧额=（固定资产原价-预计净残值）\times 月折旧率$$

双倍余额递减法计提折旧额的计算为

$$年折旧率=\frac{2}{预计的折旧年限}\times 100\%$$

月折旧率＝年折旧率÷12

月折旧额＝固定资产账面净值×月折旧率

第四节　经营绩效财务评估

经营绩效是指为了实现企业的整体目标或各部门的目标，企业以及各部门所必须达成的经营成果。绩效评估，则是将企业各部门的实际经营成果与目标基准或前期实际绩效相比较，评估其实现度。

企业经营应重视安全、收益、发展及讲求效率。超级市场的经营绩效可从财务结构、获利能力、业绩的增长以及一些经营效率指标等方面来 评估。

一、经营绩效评估的资料来源

1. 内外部收集和获取的资料

资料来源于企业日常从内部及外部相关方面所收集和获取的资料，如从企业日常管理部门获取的信息及银行、税务等相关部门所获的信息资料，进行相应的分析。

2. 资产负债表

超级市场的经营成果及财务状况，则通过损益表及资产负债表来反映，所以利用这些报表上的数据来评估其经营绩效才是最主要的。

（1）资产负债表的含义

资产负债表是反映企业在某一特定时日所拥有的资产及这些资产的来源和其求偿权的财务报表，它提供了企业许多重要的信息资料。资产负债表的基本恒等式为

资产＝负债＋所有者权益

（2）资产负债表的格式

资产负债表其格式如表 11.2 所示。

构成资产负债的主要项目如下：

1）流动资产。流动资产是指现金以及 1 年内可转成现金的资产。流动资产又可分为变现资产及盘点资产。变现资产是指现金、银行存款、应收账款、应收票据等。盘点资产包括存货、包装材料、用品盘存等。盘点资产是以实地盘点决定总量，再加以评价决定盘点资产的金额。

2）固定资产。固定资产是指建筑物、车辆运输器具、生产设备等使用年限超过 1 年，而一定期间能维持其经济价值的资产。固定资产分为有形固定资

产、无形固定资产、投资等三项。

3）递延资产。递延资产是已支出费用中，部分不以费用计算而递延于下期的结果，在本期以资产项目处理，例如，开办费、研究实验费、存入保证金等。

4）流动负债。流动负债包括应付账款、应付票据、未付款、预收款、代收款、短期借款、预收收益等。

表 11.2　资产负债表

________超级市场股份有限公司资产负债表

年　月　日

资产	金额	%	负债及净值	金额	%
流动资产			**流动负债**		
现金及银行存款			应付账款		
预付费用			应付票据		
暂付款			应付费用		
应收账款及票据			应付租赁款		
用品盘存			代收款		
存货			短期负债		
预付所得税			**长期负债**		
固定资产			长期借款		
建筑物			**其他负债**		
生产设备			存入保证金		
冷冻设备			**负债合计**		
水电设备			股本		
装潢设备			资本公积		
空调设备			法定公积		
办公设备			特别公积		
运输设备			未分配盈余		
杂项设备					
租赁设备					
关系企业投资					
投资有价证券					
其他资产					
开办费					
存入保证金					
存入保证票据					
资产总额			**负债及净值合计**		

5）长期负债。长期负债是指支付期限在决算日计算超过 1 年的债务，如长期借款、公司债等。

6）其他负债。如存入保证金等。

7）净值。由资产总额扣除负债总额即是净值。与他人资本相对应，净值又称自有资本或股东权益。净值包括股本、资本公积、法定公积、特别公积及未分配盈余。

（3）损益表

损益表是用以显示某一特定期间的超市营运结果。以收入和费用（成本）来表示，收入和费用之差即为净利或净损。一般来说，显示营运结果的特定期间有月、季、半年以及年度。

通过损益表可以考核企业利润计划的完成情况，分析企业的获利能力及利润增减变化的原因，预测企业发展趋势。其格式如表 11.3 所示。

表 11.3　利润表　　　　年　月

项　目	金　额
销售收入	
销货成本	
销货毛利	
营业费用	
营业利润	
营业外收入	
租金收入	
利息收入	
其他收入	
营业外支出	
本期净利	

二、经营绩效的评估

对于连锁超市经营绩效的评估主要采用的是比率分析法，即利用相关的指标进行分析，在此从安全性、受益性、发展性及效率性几个方面进行评估，见表 11.4 所示。

表 11.4　财务考核指标

考核点	考核指标	说　明
安全性绩效评估	流动比率$=\frac{\text{流动资产}}{\text{流动负债}}\times 100\%$	用来评价企业的短期偿债能力，此比率较高，代表公司偿付短期债务的能力越强。此比率一般参考标准是在100%～200%

续表

考核点	考核指标	说明
安全性绩效评估	速度比率$=\frac{流动资产-存货-预付费用}{流动负债}\times100\%$	是比流动比率更为严格的流动性测验，用于测验企业的紧急偿债能力
	净资产债率$=\frac{负债}{净资产}\times100\%$	用来评估企业长期偿债能力。一般参考值为100%，若大于100%，则债权人风险大于债务人
	权益比率$=\frac{净资产}{资产总额}\times100\%$	此比率越高，表示负债越小，股东权益越高，企业的安全性越高
效益性绩效评估	营业额实现率$=\frac{实际营业额}{计划营业额}\times100\%$	用于反映营业额和既定目标的差距，一般在100%～110%才符合标准
	毛利额$=\frac{实际营业额}{毛利额}\times100\%$	超级市场毛利率要达到18%以上才符合标准，最少也要达到16%，否则不易达到损益平衡
	综合费用率$=\frac{费用总额}{实际营业额}\times100\%$	一般情况，超市的综合费用率在15%～18%
	资产报酬率$=\frac{净利润}{资产平均余额}\times100\%$	用来衡量企业的经营绩效，一般参考标准应在20%以上
发展性绩效评估	营业额增长率$=\left[\frac{本期营业额}{去年同期营业额}-1\right]\times100\%$	一般参考标准是高于经济增长率的2倍以上
	净利润增长率$=\left[\frac{本期净利润}{去年同期净利润}-1\right]\times100\%$	一般至少应大于0，最好大于营业额增长率
效率性绩效评估	（各项）资产周转率$=\frac{年营业额}{各项资产平均余额}\times100\%$	一般情况下，各项资产（如存货、总资产、固定资产）的周转率越快，利用程度越高
	人均生产率$=\frac{营业额}{员工人数}\times100\%$	此比率一般应是越高越好
	单位面积率$=\frac{营业额}{卖场面积}\times100\%$	用来评估卖场面积是否有效运用
	损益平衡点$=\frac{固定营业额}{1-变动成本率}\times100\%$	用来测定超市需要实现多少营业额，才能不亏损，一般来讲比率越低越易获利

三、经营绩效的改善

超市评估绩效之后，对于未达到目标或标准者必须分析原因，针对具体情况具体分析，找出问题所在，提出相应的解决办法，从而促进企业更好的发展，实现自己的经营目标。因此，超市管理者在超市出现问题时，应采取措施扭亏

为盈，具体有以下几种方法：

1. 改善财务安全性

超市投资大，获利率不高，如果经营不善，就会导致巨大亏损。因此，超市必须保证有充足的自有资本。如果只想靠现金付款，或开长期支票，或靠借款来获取资金，对超市经营而言则存在相当的风险。因此还应该采用其他对策来改善其安全性。例如，可以通过减少资金占压的方法来避免不当的库存金额，通过库存管理分析以制定适当订购量，通过对商品进行 ABC 分级管理以淘汰滞销品，以及在不影响商品的进货价格以及品质的前提下，延长货款的付款期限；或减少设备投资，合理配置规划资金。

2. 改善收益

收益的常用关系式有

净收益＝营业利益+营业外收入－营业外支出

毛利＝营业额－进货成本－损耗

营业利益＝毛利－销售费用及一般管理费用

由以上可知，改善收益的方法除了促进营业额的增长外，还有其他几种方法：

（1）降低进货成本

其主要方法是通过集中采购或同供应厂商议价的方式，降低商品的采购成本。直接引进，或者直接从国外进口也是一个比较好的方法；此外，还有开发附加值高的有特色的产品，或者随市场行情调整商品结构等其他比较有效的方法。

（2）减少损耗

减少损耗主要针对这样几个环节：首先针对商品采购、价格制定、进货验收、卖场演示、变价作业、退货作业、收银作业、仓储管理、商品结构等流程处理不当而引起损耗进行处理；其次对生鲜品的技术处理、运送作业、品质管理、陈列量、商品结构的不恰当管理导致的损耗做处理；再次由于设备质量较差造成的商品损失也应及时处理。除此之外，财务中出现的诸如传票漏计、计算错误，顾客偷窃、员工偷窃，不当折价、高价低卖等其他管理不当造成的损失都是管理者需要注意的。

（3）减少销售费用及一般管理费用的支出

降低占超市大部分费用的人事费、折旧费、租金及电力费用等此类销售费用及一般管理费用的支出。首先表现在提高人员效率以降低人事费，即将 EOS、POS 系统导入卖场，使作业流程电脑化，妥善安排营运计划，有效运用兼职人员节省物力、人力的规划以及设备的使用，简化管理部门；其次大规模投资将使折旧费增加，因此可以在不影响价格的前提下，减少投资以降低折旧费；此外导入专柜也可以分担部分租金；装备节电设备，可以节省电力费用；严格控制费用预算以减少其他额外费用也是一种直接有效的方法。

（4）增加营业外收入

超市常从这样几个方面增加营业外收入：如引进专柜、收取租金，或收取新品上架费。由于引进新品上货架，必须以淘汰某项旧品下货架为前提，加上通常会增加超市的一些事务性工作。因此，一些超市对于厂商要进入连锁体系销售的新品收取上架费。其次超市可以将店内墙壁、柱子出租给厂商或广告商，在不影响整体美观的情况下收取看板广告费；或者与商品供应商协商，在商品销售量或年度营业额达到某一水平时，收取不同比率的年度折扣。此外超市也在新开店、周年庆、节庆、平常促销向厂商收取广告赞助费。

（5）减少营业外支出

营业外支出主要指利息支出，以及较少发生的投资损失、财产交易损失。所以谨慎做好投资评估，可以减少投资损失等导致的营业外支出。

3. 改善销售

销售状况的改善有以下一些常用的方法：

（1）寻找优良商圈

首先分析该地区的消费者密度、顾客等级、发展潜力、收入水平以及消费能力。其次考察此地的道路设施、人口流量、交易网、交通线、停车方便性、交通安全性等交通条件；而后对本地区的竞争企业以及竞争力进行充分调查、比较、分析。

（2）商品力的提升

商品力主要表现为商品结构、品项齐全度、品质新鲜度、商品特色及差异化、价格竞争性。

（3）销售力的强化

一般超市通过卖场演出或促销活动来强化超市销售力。其中卖场演出的具体形式还包括陈列具有美感、量感、价值感；气氛热闹、叫卖、试吃等。

（4）提升人员效率

提升人员效率，首先要考虑人员效率及劳动分配率两个影响因素。换言之，提升效率需要对人的质量和数量给予合理的重视。质量方面表现为制定各阶层、各部门人员的从业资格条件，并据以选人；制订奖励办法，有计划地培育人才，创造良好、易执行的工作环境、充分发挥员工的潜能。数量方面，表现为制订各部门标准人员编制，严格控制员工人数，简化事务流程，使用简便、高效设备，训练并培养员工的第二专长、第三专长，使不同部门人员可相互支援，妥善运用兼职；同时宜采用连锁经营，各店的作业可在本部集中。

复习思考题

一、选择题

1．（　　）是连锁超市经营众多统一中的核心内容。

A. 统一管理　　B. 统一核算　　C. 统一运作　　D. 统一定价

2．一般认为，（　　）应该是连锁超市企业的财务管理目标。

A. 股东财富最大化　　B. 利润最大化

C. 投资报酬率最大化　　D. 资本利润率最大化

3．连锁超市财务管理工作的首要环节是（　　）。

A. 筹资管理　　B. 投资管理

C. 资金营运管理　　D. 成本管理

4．下列（　　）属于投资决策分析中不考虑资金时间价值的分析方法。

A. 净现值法　　B. 净现值比率法

C. 投资回收期法　　D. 内含报酬率法

5．现金作为一种资产，具有（　　）的特点，因此，超市应加强管理。

A. 流动性强，盈利性差　　B. 流动性强，盈利性也强

C. 流动性差，盈利性强　　D. 流动性差，盈利性也差

6．营业额增长率一般参考标准是高于经济增长率的（　　）倍。

A. 1 倍　　B. 1.5 倍　　C. 2 倍　　D. 3 倍

7．下列反映安全性指标的是（　　）。

A. 流动比率　　B. 毛利率　　C. 人均生产率　　D. 损益平衡点

8．超市经营规模化的核心是（　　）。

A. 独立经营　　B. 连锁经营　　C. 股份经营　　D. 合资经营

9．连锁分店数量高速增长的关键原因是（　　）。

A. 标准化　　B. 规模化　　C. 现代化　　D. 科学化

10．毛利率的参考标准是（　　）。

A. 10%～15%　　B. 16%～18%　　C. 20%～25%　　D. 25%～28%

二、填空题

1．连锁超市筹资应遵循的原则有规模适当；筹措及时；来源合理；________；________。

2．超市必须建立小规模的现金储备，其数量要保证能应付大约________的业务周转。

3．管理现金流量的最有效方式是_______。

4．超级市场的经营成果及财务状况，则主要通过________及________来反映。

5．毛利率的参考标准最少也要达到_______。

6．流动比率的参考标准是_______。

7．对于经营绩效的评估主要采用比率分析法，从安全性、________、_______、_______进行分析。

8．提升人员效率，首先要考虑人员效率及_______两个影响因素。

9．商品力主要表现为________、品项齐全度、品质新鲜度、商品特色及_______、价格竞争性。

10．净资产负债率一般用来评估_______。

三、名词解释

1．财务管理目标　　2．筹资管理

3．投资管理　　4．成本管理

5．存货经济订购量　　6．经营绩效

7．加速折旧　　8．资产负债表

四、简答题

1．连锁超市成本管理的具体内容是什么？

2．连锁超市持有存货的成本包括哪些内容？

3．连锁超市经营绩效的评估包括哪些方面？

4．超市管理者在超市出现问题时，应采取措施扭亏为盈的方法有哪些？

5．连锁超市经营绩效评估的主要资料来源是什么？

五、绘制图表题

1．绘制筹资方式与筹资渠道配合表。

2．制表说明正规连锁超市财务考核指标。

3．绘制连锁超市制定财务目标的步骤。

六、计算题

1．某超市全年需销售甲商品 720 件，该种商品单位成本 20 元，平均每次订货成本 40 元，单位储存成本为 4 元。试计算：①每次的经济订购批量；②最低的相关总成本；③最佳进货批次；④平均占用资金。

2．某产品的单位进货价格为 25 元，每年占用成本 5 元，每次订购处理成本为 10 元，市场需求量约为 100 件，应购进多少最佳？

3．A 公司生产的皮鞋每双成本为 100 元，每年储存成本占单位成本的20%，每次订购处理成本为40元，每年需求量为400件，试求出最佳订购量？

4．某超市购置设备一台，原值为 20000 元，预计净残值 200 元，使用年限为5年。按双倍余额递减法计算第二年的折旧，年数总和法第三年的 折旧。

5．一家 200 平方米左右的超市，每月的固定费用平均是 200 万元，变动成本为销售额的 60%。问超市实现多少营业额，才能不亏损？

6．某超市的全部流动资产为 60 万元，流动比率为 1.5，该超市刚完成下列交易：购入商品16万元，其中8万元为赊购，试计算交易后的流动比率？

7．某超市的部分年末数据为：流动负债 60 万元，速动比率 2.5，流动比率3，年内销售成本为50元，试求年内存货周转次数？

案例分析

海尔财务管理的“三个零”

创立于 1984 年的海尔集团，20 年来持续稳定发展，已成为在海内外享有较高美誉的大型国际化企业集团。海尔集团坚持全面实施国际化战略，已建立起具有国际竞争力的全球设计网络、制造网络、营销与服务网络。为应对网络经济和加入 WTO 的挑战，海尔从 1998 年开始实施以市场为纽带的业务流程再造，以订单信息流为中心带动物流、资金流的运动，加快了与用户零距离、产品零库存和零营运资本“三个零”目标的实现。

零库存，就是三个 JIT（适时生产），即 JIT 采购、JIT 送料、JIT 配送。这使得海尔能实现零库存。这里，海尔的仓库已经不叫仓库了，它只是一个配送中心。它是为了下道工序配送而暂存的一个地方。零库存不仅意味着没有大量的物资积压，不会因为这些物资积压形成呆滞物资，最重要的在于可以为零缺陷铺平道路。就是说，这些物资都是采购最好的，采购最新鲜的。它可以使质量保证有非常牢靠的基础。

所谓零距离，就是拿到客户的订单后，以最快的速度满足客户的需求。包括生产过程，也是柔性的生产线，都是根据订单来进行的生产的。海尔在全国有 42 个配送中心，这些配送中心可以及时地将产品送到用户手中去。通过这种做法，可以实现零距离。零距离对企业来讲，不仅仅是意味着产品不需要积压，赶快送到用户手中，它还有更深的一层意思，就是说，企业可以在市场当中不断地获取新的市场，创造新的市场。就像美国的管理大师德鲁克所说的：“好的公司是满足需求，伟大的公司是创造市场。”

零营运资本，就是零流动资金占用。海尔因为有了前面的两个零，即零库存和零距离，因此也可以做到零营运资本。也就是说，在给分供方的付款期到来之前，可以先把用户欠的货款收回来。为什么呢？因为海尔可以做到现款现货。因为它是根据客户的定单来生产的，所以这个产品一到用户手里，用户就可以把款付给企业，这就使得海尔顺利进入良性运作的过程。

物流带给海尔的就是这三个零。但最重要的是它可以使海尔寻求和获得核心竞争力。海尔的 CEO 张瑞敏认为，一只手抓住了用户的需求，另一只手抓住了可以满足用户需求的全球的供应链，把这两种能力结合在一起，这就是企业的核心竞争力。到目前为止，海尔通过业务流程的再造，建立现代物流，最后获得的就是在全世界都有能力进行竞争的核心竞争力，最终称为世界名牌，成为一个真正的世界500强的国际化企业。

（资料来源：吴安平，王明．2005年．财务管理学教学案例．北京：中国审计出版社．）

思考与讨论

1．从本案例可以看出“三个零”给海尔集团带来了什么？
2．海尔的零库存模式需要什么样的条件？
3．你从本案例得到什么启发？

参 考 文 献

曹泽洲．2007．连锁企业门店运营与管理．北京：清华大学出版社．

陈广．2007．家乐福内幕．深圳：海天出版社．

程淑丽，马萍．2007．零售企业规范化管理操作范本．北京：人民邮电出版社．

崔利群，谢群英．2006．现代超市物流与配送．北京：经济管理出版社．

董超．2005．超市营销策划．北京：中国劳动与社会保障出版社．

窦志铭．2005．连锁店经营管理实务．北京：中国财政经济出版社．

冯虹，陶秋燕．2006．现代人力资源管理．北京：经济管理出版社．

后东升．2007．零售店定价策略．北京：中国宇航出版社．

金娟, 王颖, 毕春辉．2008．连锁超市经营管理实务．深圳：海天出版社．

寇长华，曾庆云．2008．连锁企业物流配送管理．北京：中国财政经济出版社．

郎咸平．2006．零售业战略思维和发展模式．北京：东方出版社．

李光伟．2009．连锁超市营销．北京：北京大学出版社．

陆学锋．2005．信息通信网络技术．北京：清华大学出版社．

宋文官，易艳红．2006．连锁企业信息管理．上海：立信会计出版社．

宋文官．2006．连锁企业信息管理．上海：立信会计出版社．

唐树伶．2006．连锁商业营销与管理．北京：清华大学出版社，北京交通大学出版社．

藤佳东．2005．信息管理学教程．大连：东北财经大学出版社．

王吉方．2007．连锁经营管理．北京：首都经济贸易大学出版社．

吴建国．2003．连锁企业人力资源管理．上海：立信会计出版社．

肖怡．2006．企业连锁经营与管理．大连：东北财经大学出版社．

张晔清．2005．连锁企业门店营运与管理．上海：立信会计出版社．

赵越春．2006．连锁经营管理概论．北京：科学出版社．

郑光财．2005．连锁企业物流管理．北京：电子工业出版社．

中国连锁经营协会．2005．中国连锁经营年鉴（2005 年）．北京：中国商业出版社．

周殿昆．2006．连锁公司快速成长奥秘．北京：中国人民大学出版社．

周文．2003．连锁超市经营管理师操作实务手册．长沙：湖南科学技术出版社．

周勇．2005．连锁店经营管理实务．上海：立信会计出版社．

朱顺全．2006．管理信息系统学教程．北京：中国传媒大学出版社．